Richard Harland

THEORY FROM PLATO TO BARTHES

An Introductory History

从柏拉图到巴特

西方文艺思想史

[澳] 理查德·哈兰德 著　韩晗 译

中央编译出版社
CCTP　Central Compilation & Translation Press

来吧！我们建造一座城和一座塔，塔顶通天，为要传扬我们的名，免得我们分散在全地上。

——《圣经·创世纪》，第十一节

各民族的精神产品成了公共的财产。民族的片面性和局限性日益成为不可能，于是由许多民族的和地方的文学形成了一种世界的文学。

——马克思、恩格斯，《共产党宣言》

序

现代文学理论和艺术理论基本上源于西方，"五四"前后陆续传入中国。二十世纪五六十年代，由于历史的原因，苏联的"社会主义现实主义"曾经是文艺界单一的主流话语。八十年代改革开放，多方位吸收全球文化，才真正形成百花齐放、百舸争流的局面。目前，在"中国特色"的旗帜下，文艺界和文艺理论界正在与国际接轨。

倒退几十年，在如今被称作"大师"的三四十年代的文化人中，其实有不少人并不注重纯粹的文艺理论。即使是史学研究者，也往往采用传统的、经验式的治学方法。比如我的父亲周贻白，三十年代搞前沿的话剧和电影创作，四十年代从事"中国戏剧史"研究。五十年代在中央戏剧学院的讲台上，他无意中说了一句话："我没有学过马克思主义理论，照样搞中国戏剧史。"这句话被学生揭发，在"文化大革命"中成了他的头条罪状，罪名是"反对马克思主义"。

平心而论，他的《中国戏剧史》实际上在学术思想上广泛接收了西方的文艺理论和戏剧观，包括戏剧的"综合艺术"概念以及分解为"剧场"、"演员"、"舞台美术"等侧面的研究。在他的藏书中，不乏二十—四十年代的翻译著作，如：[俄]蒲力汗诺夫的《艺术论》(鲁迅译)、[俄]克鲁泡特金的《俄国文学史》、[日]木村毅的《世界文学大纲》、[日]田中湖月的《文艺鉴赏论》、[日]有岛武郎的《生活与文学》、[日]铃木虎雄的《中国古代文艺论史》、[英]德生的《文学研究法》、[法]罗丹的《艺术论》、[美]摩根的《蛮性的遗留》、[德]格莱赛的《艺术的起源》，还有英国、法国、德国、意大利、日本、希腊、印度的文学史译作。他反对的只是不从基本事实出发的、形而上学的空头理论。

对于学术研究来说，历史与理论研究还是必要的。前几年，我在带"广播电视艺术学"博士生王艳玲的学位论文时，将她的论文题目定为《在无序中探索有序》。这篇论文主要研究二十世纪九十年代的中国电视文艺批评，文中认为：改革开放后的九十年代，中国处于历史和文化的转型期。文艺批评茫然无序：或表现为随意性的即兴批评，或表现为意识形态的批评，或表现为伦理道德的批评。也有哲学批评和美学批评，但是批评家往往形成狭隘的学术话语圈，而且圈子越来越小，与创作者和接收者对不上话。像西方那样以文化为视角的理论批评倒并不多。因此，有必要借鉴西方的学术视角和学术方法，在大众文化时代建设健康有序的文艺批评——包括电视文艺批评。这篇论文是很有见地的。[1]

多年来，我们研究中国文艺的发展史都借助于西方文艺理论，使用的话语和学术方法基本上也是从西方引进的。但是，我们没有很好地找到不偏颇甚至有序的改进方式及路子。在摸索过程中，倒是经常会犯一些错误。仔细想来，问题在于相当一部分学者没有了解西方，没有完全"读懂"西方——包括不熟悉西方的话语。在没有很好了解对方的前提下，又如何与西方对话呢？

文艺与文学相通，它们的共同根基是文化。不管从事文学艺术的哪个专业，我都主张要有大文化、大艺术的根底。比如研究戏剧戏曲，我就主张要有"大戏剧"观念。

对于西方文艺理论著作的翻译，这几年成果颇多。年轻的翻译工作者尤其有学术敏感，每年都会向学术界推荐一些西方的现代研究成果，这无疑是好事。但是，如果没有彻底"读懂"西方，不了解西方新观点、新看法所由构建的基本理论与基本范畴，又如何能够真正解读？又如何能不被误读？

当今"文艺学"已成为现代学科，渐渐热门。该学科的研究范围越来越宽，研究内涵也越来越深。值得一提的是，我所在的中国传媒大学戏剧戏曲学专业师生今年有两部译著完稿，都是有关西方文艺史和文艺理论的。一部是美国资深学者布罗凯特的《世界戏剧艺术史》，另一部是这本《从柏拉图到巴特：西方文艺思想史》。在西方，这两本书的理论都是最新的，属于大学系统的专业教科书，而且不难读。它们所涉及的文学艺术的基本概念和基

1 《在无序中探索有序》已出版，新华出版社2007年3月版。王艳玲现为天津师范大学教授。

本史论应该是当今我们的学界所需要的。

　　本书的译者韩晗是我的硕士生，准备继续攻读博士学位。韩晗很年轻，勤于笔耕。就读前，他已经出版了4本散文随笔，发表了百篇左右文章，其中包括论文和译文。去年，他加入了中国作家协会。目前他的研究方向是戏剧戏曲学，但并不妨碍他对文学理论、美学原理的探索与思考。最近一年，他又在学术性的核心期刊上发表了近十篇论文，有几篇谈及文艺理论。本著作的翻译同样有助于他在文艺研究方面的学习、总结与思考。作为他的导师，我希望他能够在创作、翻译和研究的道路上做快乐学问，过美丽人生。我想，这是每个做学问的人都梦寐以求的。

　　是为序。

序

周华斌

2008 年 6 月 13 日

于北京安内

　　周华斌，著名美学家、戏剧理论家，曾任中国传媒大学研究生院院长，现为中国传媒大学博士生导师、教育部艺术硕士教育指导委员会委员。

重建巴别塔

——当代文论史的书写危机与哈兰德的《从柏拉图到巴特》

> 一部艺术批评史，必然要从美学和历史的事实获得滋养。
>
> ——文杜里，《〈西方艺术批评史〉导言》

　　对于中国大陆的学者来说，澳大利亚卧龙冈大学资深教授理查德·哈兰德无疑是一个相对较为陌生的名字。但西方学界对其并不陌生，因为这位学者型作家一方面以科幻小说闻名西方文坛，一方面又在文学史、文学理论的整理与研究上独具慧眼，成果迭出。其代表作《从柏拉图到巴特：西方文艺思想史》（又译《从柏拉图到巴特的文学理论》）从遥远的柏拉图时代直接贯穿到了当下最为时髦的结构主义、后殖民主义思潮，跨度数千年。文风洋洋洒洒，如神来之笔。记叙评论时而气势磅礴，时而诙谐幽默，不失大家撰史的特有风范。

　　笔者欣喜地发现，在这样一部文论史中，哈兰德给我们赋予的信息远远不止是一些堆砌的理论知识与文史常识，也不是其特有的作家文风。更重要的在于，哈兰德为我们提供了一种关于文论史写作的姿态，并为我们解决了一系列的关键问题：怎样书写文论史？什么是文论史写作时最应关注的基本问题？

通观《从柏拉图到巴特：西方文艺思想史》，笔者认为，哈兰德的出发点并不是将从古到今的数百位哲人与千奇百怪的美学思想进行简单地梳理。他的出发点与曾经的文论史书写者非常不同，哈兰德从文论史的内部结构出发，着重以一种开放性与问题性的态度，来内省作为文学理论的一种独特文化图景。实际上，笔者可以感知到，哈兰德已经深切地发觉了之前文论史家对于文论史归纳、总结所出现的困境与问题。相比之下，作为文学史重要组成的作品史明显比文论史拥有更多更值得去阐述的叙述空间。

无论是二十一世纪的西方文论研究的状况，还是我国文艺学与比较文学的学科现状，其写作模式越来越倾向于"马赛克主义"的书写。本来在时代上先承后续的文学理论，只要被打上了"后现代"的标签，就会出现"多元化"的景象，处于此景象中的每一个理论"既不愿吸纳他者，也不愿被他者所吸纳"。[2]仿佛后现代成为了导致当代文论史走向书写困境的桎梏，这在之前任何一个时段都是没有过的。

如果把一切原因都归咎于后现代，这明显是不明智的，也是有失公允的。因为我们在书写文论史的过程中就已经将自己置于一种悖论当中了。一方面，我们力图描述新出现的文论图景，一方面，我们又在为花样迭出的文论图景制作更多的问题与桎梏。这种类型的文论史书写明显是不利于文学理论的进一步研究。在后现代伪命题面前，对于文学理论的解读开始出现各种各样的策略，尽管这些从文论出发的策略并非都指向文论本身，但它们却间接地指向"变异"后或是已经被"书写"的文论结构。作为评论家的哈兰德，却能勇敢、果断地打破以往文论史的书写原则，抛弃了后现代的叙述束缚，将不同国家、不同文化与不同思想流派的文学理论予以重新的结构并在书中营造出全新的理论图景，这是尤其可贵的。

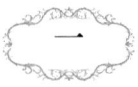

一

在《从柏拉图到巴特：西方文艺思想史》中，哈兰德提出了一个迫在眉

2 阎嘉《21世纪西方文学理论和批评的走向与问题》，载于《文学理论精粹读本》，中国人民大学出版社，2006年，5页。

睫的问题：即时代与文本究竟应是何种关系？在目前文学理论史的书写中，这个问题似乎变得尤为重要。因为文论观照的是文本而文论史则又是各个不同时代文论的集合。至于这个集合究竟以何种形式结构？则又是理论家们所关注的问题。哈兰德把问题更为深入了，他将问题置于个体的文学理论之下，他认为文学理论一方面被时代所决定，宏观上形成不同时代不同文化下的文学史；一方面，文学理论又是从具体的、个体的文本出发。在哈兰德看来，文学理论的地位本身就是尴尬的，它既被时代叙述，其自身又叙述文本。那么对于文学理论史的书写就彻底抛弃了单纯的"时代性"问题，即在书写的过程当中，时代不再是定义理论的唯一标签。当对文本与时代同时进行分析、叙述时，理论也就自然而然地呈现了。

德勒兹和瓜塔在《千层高原》中曾如是描摹传统知识状况与后现代知识状况的分野。他们认为，从柏拉图开始，人类思想就被他们所谓的"知识之树"所宰制，毕竟思想不是一棵树。用一元的、线性的与因果的时间顺序形式来阐释思想，明显是有失偏颇的。当他们提出这个问题的时候，文艺思想开始随之走向了另一个极端。关于文学理论的叙事再也不遵照时空的顺序来进行阐释，而是主张一种处于非中心的"游牧思想"。在这种思想的引导下，一切理论、观点都可以随心地比较，文论史变成了坍塌时间框架的一堆散件。

无论是"马赛克主义"还是"游牧思想"，实际上都是文论史进行叙事时丢失了两个最为重要的要素：文本与时代。尽管尼尔·路西曾一再强调历史之死所渗透出来的含义并非是历史自身的缺失，而是历史作为符号的一种消亡[3]。在其中，历史"不再与它自身之外任何东西有关"并"已同它的指涉分离"。这种叙述的危机实际上早已戕害到当代文论史的表征书写。文论史已经既无法为历史代言，也无法为文本代言。失去了时间规制的文论史，于是在书写者的笔下被象征性地打上了"印记"，在这样的背景下，文论史自身究竟有多大的分量就变得非常难以界定了。

哈兰德首先从文本出发，他在书的第一章的起始如是写道，"小说、叙事、戏剧以及诗性语言……这些均诞生于遥远的远古社会。但是他们却拥有一个相同的起源，包括他们的思想与理论。"哈兰德并没有简单地把文论史

---

3 阎嘉《21世纪西方文学理论和批评的走向与问题》，载于《文学理论精粹读本》，中国人民大学出版社，2006年，5页。

当作学术史来书写,虽然文字中极少涉及到某个具体文本的引用与评论,但是这些理论之下的文本哈兰德则了然于心。他在谈到俄国形式主义时主动谈及了艾肯鲍姆对于席勒剧本《华伦斯坦》中情节节奏的评价,"主人公因为自己的拖延而促使整个表演的速度变慢,结果导致整个结构与技术都不得不因主人公自己的拖延而变得整体拖沓。"

通过这段并不起眼的引用,其实就已经显露出了哈兰德在书写文论史时一个核心的思想,即从文本自身出发,力求做到一种叙事的真实。任何文学理论与文学观点都是建构于文本之上的,这无法回避。但是后现代与现代性的叙事者总是习惯于为各种各样的理论规范一种语境——实际上这种语境是并不存在的。哈兰德敏锐地觉察到这种语境自身的不合理性,并果断地予以了消解。他认为,"稳定性目标"即"文学批评与文学理论的真实性"是一个需要长久积累的目标,而导致当下文论史书写缺乏目标性的原因就是书写的"出发点"本身各式各样。

哈兰德非常看重时代的作用,这一点与其他的批评家不一样。后现代也好,结构主义也罢,在哈兰德看来,都必须归于不同的时代。他认为,"大量的讨论就在不同的时代里显示或隐藏"。在哈兰德看来,文论自身所携带的时代意蕴远远要高于文本所携带的时代价值。文论作为一种独特的符号系统,再也不像单薄的历史本身一样,以一种先验的能指而存在。

二

罗兰·巴特认为,写作并不能把人们引向写作之外的某种东西,而是引向写作活动的本身。同样,文论史的书写并不能将阅读者引向文论史之外的文本与时代,而是只能将读者带入文论本身之中。但是缺失了文本与时代的文论史,必定又不能称其为文论史。在这样一个叙述的悖论下,文论史的书写陷入了危机之中。

思潮和流派的研究很快在文论史的写作中将传统的文学史书写取代。虽然文论界认为这种写作的范式肇始于勃兰兑斯的《十九世纪文学主潮》,但是这并非意味着勃兰兑斯的书写就是丧失历史主体性的。通观全书,勃兰兑斯所使用的方法论与研究策略始终是现代性的——这并不能说明勃兰兑斯的作品就被打上了现代性的符号而变得诡异晦涩。相反，作为文学批评圭臬之作的《十九世纪文学主潮》全书贯穿的是社会时代的恢宏视野与政治热情。擅长心理－社会学的分析方式的勃兰兑斯与普列汉诺夫不同，他能够"从作家心理、时代情绪方面解释与文学相关的社会学现象"，并"说明文学现象及其反映的社会现象"。[4]哈兰德不但秉承了勃兰兑斯的文论史书写姿态，更难能可贵的是他能够在二十世纪以来的后现代、现代性种种理论中进行探索归纳，从时代与文本两个关键要素出发，逐一厘清。

就当下文论史的书写而言，尤其是二十世纪后半叶的文论史，常常由于时代太为局促而导致其书写陷入了所谓的"丧失历史主体性"的窠臼当中。一部当代文论史，往往就成为了纠缠不清的比较文学理论教材。当这种书写形式成为一种潮流之后，对于之前的文论史书写也开始尝试用各种各样的理论去解释、阐述。"标准"（或立场）在这里与"历史"一道丧失了。文论史所携带的信息再也不是透过时代进行的文本性归纳，而是单纯一个又一个的理论。这便是当下文论史最大的书写危机所在。

但是在哈兰德的《从柏拉图到巴特：西方文艺思想史》中，我们却不必担心有此之虞。一方面，他对所有的概念、理论、原理以及范畴都能够非常清晰地进行归纳、总结。在他的文论史中，理论往往伴随着人名，人名则又是在文本的基础上丰满起来的。尤其在提到"现代主义与先锋派"这个敏感问题时，一开始哈兰德并不急于列举各种各样的理论与观点，而是从"第一次世界大战"这个命题出发，"世界大战改变了两个状态。首先，在科学中的自然主义信仰、进步以及人类的合理性……其次，人文思想在这场运动中也遇到了显然的变化。其中某些还将在下一个时期得到了证明。但最遗憾的是，一战本身却是人文主义思想的一个最好反证，并且科学技术在这场战争中的主导作用也是相当之大，不容忽视的。"

实际上，第一次世界大战、第二次世界大战与美越战争也是二十世纪世界文学理论的三个分野点。现代、后现代理论思潮就在这些战争的间隙中生发。因为从现代结构主义的观点来看，战争毁灭了人，也"重构"了人，在重构的过程中，人类逐渐学会了反思自我。在这样一个过程中，开始因为思考而不断涌现了各种各样的"人"。在这些不同的思想范畴中，背后都有着

4 朱寿桐《宽容的魔床：勃兰兑斯〈十九世纪文学主潮〉导引》，江苏教育出版社，1993年，280页。

时代与文本作为支撑。正如哈兰德在序言中所说的那样，《从柏拉图到巴特：西方文艺思想史》并不存在"终结性"的词汇，其眼光也是"国际性"的，因为二十世纪本身就是一个全球性、多元化的年代。一方面，书写者要考虑避免时代作为一个隐喻符号的缺失，一方面又要关注于文本作为一种要素的存在。在这样的条件下，如何才能进行真正意义上的文论史书写？无疑，这又成为了一个较为重要的命题。

在事关文论史、哲学史的书写过程中，曾经存在着一个巨大的命题：即怀特海所提出的，"全部西方哲学史就是注释柏拉图哲学的历史"。文论史的书写者充当着一种转述者的角色，在转述的过程中，文论史自身就扮演了媒介的角色。文论史的书写危机，所渗透出来更为本质、更为真实的问题就是受众对于文论史本身的信任危机。

在现代性的前提下，哈兰德对于文论史的书写并不是采取了中和、整合的态度，而是果断地从另一种途径出发，打破了文化与文化之间的互异性，重构了一种新的、人类的文论史。尽管二十世纪是发现并重构"人"的时代，但是"人"也在这段时间出现了迷失。先锋派、非人化与意识形态的终结成为了二十世纪思潮中最为典型的特色之一。

虽然哈兰德在文论史中勾勒了一幅跨度五千多年的思想图景，但是他却没有把整本书都用来注释经典。众所周知，我们当下所看到的亚里士多德《诗学》与亚里士多德当时的观点早已谬之千里，亚里士多德早已成为了一个被赋予内涵且"能指"的符号——自然其他的"经典"也不能幸免。哈兰德只是客观地认同，"亚里士多德所提供的东西乃是最快到达经典的一流资料"。尽管文论史实际上就是由经典贯穿的史述。但如何解读经典，重构经典的秩序？这也成为了当下文论史书写所要面对的一个重要问题。

本雅明曾主张"没有哪种文明的文献不是同时也成为了野蛮的一种文献"。这个观点至今仍在影响着人们对于所谓经典的判定。哈兰德并不迷信经典，但是也不会忽视经典的巨大作用。在哈兰德看来，文论史中只要是提到的作家都是一视同仁的。这种"泛经典"的文论史思想无疑是独到的。仅就"新批评"这种文论的比较而言，哈兰德并没有故弄玄虚，也没有统统打上现代性的标签，而是公正地予以观照。这是与同时代的批评家相比最具特色的地方之一。

"新批评"在当下的批评家们看来，实际上是一种对于经典的悖反。自兰色姆的《新批评》于1941年出版以来，就被打上了各式各样的标签。新批评学派虽然认同文本是"有机形式主义"的独立体，主张对某个具体文本的"特异性"、"张力"进行评判，但是在哈兰德的眼中，"新批评"更大的意义则是在于"标志着文学理论最终反映着我们历史时代的文学创作"。这是一种高屋建瓴的判定，在这个判定之下所隐藏最大的两个符号——一个是文本，即"文学创作"，一个就是"历史时代"。就艾略特《荒原》的解读而言，一直以来就有着各种各样的解释与阐述。约翰·吉洛利认为，《荒原》直接催生了美国的新批评与英国的李维斯主义。但巧合之处在于，哈兰德也提到了新批评、李维斯主义与美国南部文艺复兴，但是他对于李维斯的评价，却敏锐地从李维斯对劳伦斯《恋爱中的女人》（*Women in love*）的再解读——提出文学作品的语言纯洁性入手，深入地谈及文本与语言的重要性与兴趣所在。当然，哈兰德也发现了在特殊的时代中，李维斯对于批评家、受众这两个重要要素的作用，并深入到对于文本"标准"的讨论——无疑这是非常有价值的。在论及李维斯主义的最后，他如是引用：

"（李维斯认为）迄今为止就价值所带来的东西而言……对于作品的标准乃是一种固定的、确凿的安排。每一部作品都可以让其自身有冲突的反映或引子。在具有新背景意识的批评家中，这种评判是非常自然的。"[5]

四

意图建构一种"泛经典"的文论史，那就必须要将不同的文论史的书写体系与评判角度纳入整个大的体系之中。从学科建制的角度来看，我国的文艺学与比较文学学科起步较晚，但成果却极其丰富。1963年朱光潜先生的《西方美学史》由人民文学出版社出版，这是中国人自己独立撰稿、完稿的第一部文论史。在此之后，关于西方文论史的书写就如雨后春笋一般蜂拥而

5 理查德·哈兰德《从柏拉图到巴特：西方文艺思想史》，外研社，2005年。

出，仅就《西方美学史》这个书名而言，在朱光潜先生之后，较为著名的作品就有吴琼、张广智、凌继尧三位学者的专著。而文论史则又以缪朗山、马新国、张首映、朱志荣与李思孝等几位学者的作品最为著名。

但是就这些作品的书写而言，其话语范畴与叙事逻辑仍然是以"意识形态主导性"为主的。尽管这种"主导性"自身有多重逻辑系统。但是在深层次的逻辑背景下则是相通的。无论是二十世纪六七十年代的"苏式马克思主义文学理论"，还是八十年代的"人的文学"、"向内转"，抑或是世纪末与世纪初的"大反思"，这些大的书写潮流实际上就是一种"正统"的标榜以及对于这种"正统性"的追求。

马尔库塞认为，所谓艺术品的"正统"，只是"指那种从占统治地位的生产关系的总体出发，去解释一件艺术作品性质与真实性"。[6]这种理论的立场是严格地站在与"时代"相对抗的角度上来进行叙事的。正统的本质在这里所体现最明显的特征就是：认为时代与时代之间存在着重重矛盾。这就从宏观上直接性地导致了对所有时代均持以否定的态度,最后的选择就是对于当下时代的"否定"。

纵观目前国内文论史的书写，普遍存在着两个最大问题：结论与结构。所谓结论，即对于二十世纪的文论轻描淡写，认为新批评、后现代等新的理论，只能算是文学批评，而不能够称为文学理论，自然就没有资格被写入文论史；而结构则是整个文本书写的残缺性。当然，这种删改有的是囿于作者的认识，有的是片面地服务于主流意识形态。结论问题与结构问题共同构成了当下文论史书写的发展桎梏。所谓残缺，既有文本自身的不完备，对于某些时代、某些作品与某些思潮避而不谈；也有是为了主流意识形态需要，进行断章取义。尤其前者在文论史的书写中分外明显。当然这种情况到了后来逐渐出现了好转，但是对于与主流意识形态即"正统"相悖的经典仍然也只是匆匆几笔，甚至还会写上带有个人情绪的评价。

这种写作姿态实际上暴露出了文论史在后现代的书写危机。不止是中国,即使在西方文论界对于部分作品尤其是当下的作品在经典性问题上也存在着较为普遍的质疑。当下对于部分经典的质疑甚至否定，乃是根源于自由主义者们的思想。他们普遍认为，真正的经典应该独立于占统治地位的主流

6 贺照田《当代中国的知识感觉和观念感觉》，广西师范大学出版社，2006年，2页。

意识形态之外，而当下所谓的"经典"却认为其是"精英主义、男权主义与种族中心主义"的代言。[7] 在这样的思想下，自然也没有经典，当下所创造出来的，就更无经典性可言。

当然中国文论史的书写并非遵循着自由主义的思潮姿态，但是这种漠视经典最后否定经典的态度，却是极为相似的。因为后现代的学者们往往促使经典与"主义"相联系。哈兰德摆脱了从丹纳、普列汉诺夫一直以来的意识形态－社会批评原则。在《从柏拉图到巴特：西方文艺思想史》中，他所采取的评判标准是客观、学理的。哈兰德并不认为文学一定要从属于某种正统，文学家更不是政治家的吹鼓手与御用文人。他自己对于当下流行的这种评判标准如是定义，"反对通过文本来表现一些不受欢迎的政治意识形态……文论家与批评家却能在社会中发出振聋发聩的呼声——丝毫不逊色于政治哲学家与政治理论家。"而理论生成的环境，则"既不是区域性的，也不是个体性的，而是以一种更大的方式予以展现"。

五

事关文论史的书写，哈兰德看似为我们解决了很多问题，但是具体而微的问题在哈兰德这里却是无法获得解决的。比如说对于文论史的认识问题，到底文论史是一种何样的书写形式？文论史书写是否需要完整的结论？文论史与文学批评史、与社会史究竟是何种关系？

就目前西方文学理论研究的现状与我国文艺学学科的现状而言，文论史的书写一直被归纳于学术史的书写范畴当中，而学术史又是文化形态史的一个组成。作为线性研究而非平行比较研究的"形态史"研究，我们对于文论史的书写无疑又掉入了另外一个窠臼当中。"记而不论"于是成为了我们长期以来撰写史论的一个通病。

早在一百年前，克罗齐就提出了"一切历史都是当代史"的论断。在后现代－后结构主义的语境中，对于历史的定义再次遇到了重建。文化理论与文论的研究，于是也因为"历史"这个自身符号的消解而变得平淡乏味。

7 E. 迪恩·科尔巴斯《当前的经典论争》，《文化研究精粹读本》，中国人民大学出版社，2006年，363页。

在不同文化的语境中，建构一种共通的理论，从而直接获得真理。这是当下文论史书写企图获得的终极目的。而理论的自身就是由"话语"这样一种符号的集合而形成的。在当下的语境中企图寻求一种共通的话语并不是一件容易的事情。话语在传播的过程中自然会出现各种各样的谬误。在这样的状态下，我们最需要解决的问题就是：如何才能在这些谬误中获得真知？

哈兰德的《从柏拉图到巴特：西方文艺思想史》或许能为我们进入文论史提供更多的解读可能，甚至我相信在当下文论史书写的危机面前，还可以起到指出迷航的作用。但是须知重建一套通适的话语理论是相当困难的，毕竟在不同的语境中，沟通会让我们产生越来越多的困惑——这便是我们在解读文学理论与书写文论史时所面临的困境。哈兰德虽然有自身的局限性，他尽量着力勾勒描摹的理论图景虽然壮阔，但却只是属于他自己。我们在阅读《从柏拉图到巴特：西方文艺思想史》这部巨著的时候，就应该厘清我们所能感知的问题与困惑。因为任何一个人与任何一段时代，都有着自己独特的叙事策略与历史观，这是谁也代替不了的。

韩晗

于中国传媒大学

前 言

　　就文学理论的"杂谈"而言，这本书包括了一些在这几年变成标准的观点与看法。首先，这种认知并不是理论性的文学批评、理论性的假设与暗示，而是隐藏在批评的"非常实践性"的形式之后、体现以文本为导向的阐释与评价。提到文学的批评写作，我时不时地会提到"文学理论"与"文学批评"，这取决于对于创作中所呈现一切的关注。但我所关注的则一直需要理论的支撑，这是无疑的，亦是清楚的。

　　其次，当下文论界已普遍认为，文学批评并非一种持续性的单独行为。我们不再关注于知识的本体，而是通过一致性的方法论，并逐渐积累与稳定性目标的关系。一开始，目标自身自然地出现了改变。如伊格尔顿，在其他作者之中脱颖而出。"文学"作为一张网，在每个时代里面自然都有着不同的鱼。更多时候，对于文学的讨论则肇始于不同的目的与出发点。所以就我而言，"杂谈"的出发点是不统一的，唯一遵循的就是文学批评与文学理论的真实性。旧式新批评的思想死亡了，我需要将其置于并不真实的理论与批评中。通过不同的文本、不同的需要，一大堆的讨论就在不同的时代里显示或隐藏。时代与文本是本书中重要的两个部分，我将会用尽可能的空间来描述他们。

　　第三个值得关注的问题就是文学批评的国际化。仅就英美文学批评便可见一斑，美国结构主义依靠法国结构主义而存在。而法国又是从俄国结构主义衍变而来，王政复辟和奥古斯丁时代的英国文学批评又是与法国新古典主义分不开的。而法国新古典主义则是从意大利的亚里士多德那里批发而来……凡此种种，不一而足。这本书讲的是整个理论史，因为只有放眼整个理论史才能对理论有所把握。

当然，整个文论史并不能三言两语了事。我已然指出了非常宽泛与非常基础的理论趋势。我需要抛开之乎者也与艰难晦涩的叙述形式，需要开门见山地提出问题。比如在书中，我将法国新古典主义时代描述为"不一般的统一时代"——故而是王政复辟时代与十九世纪文论相比为前提。但与早期批评家所谓"不统一"的层面上相比时，它没有被发现有什么不同之处。相比之下，这种心照不宣的标准被当下许多批评家显露在法国新古典主义的属性之上。这需要在含义中站在更高的层次上去理解。从这方面来看，请允许我在这里发布一个总括的、限制性的声明：本书并没有声明任何终结性的词汇，这本书的意义，在于指南，在于抛砖引玉。

与此同时，我的理论知识几乎不能从我的理论立场中挣脱出来，这个立场建构在上层建筑——语言的符号之上。无疑，我的理解被我其他的事业——科幻小说、奇幻故事的创作所感染。这种深层次的个人性则是无法避免的。但我仍然去努力，避免太过于个人的判断。综上所述，我需要去尝试去师承早期理论家们的判断力，而不必过早地凭借当代理论而去谴责他们的非常的不落俗套，以及其优势地位的旁落。我的一般性指向，乃是为了展示这种眼光是如何从他们出发，来营造一种完美的图景。无论这是如何的奇怪甚至是乏善可陈的，他们都会在本书中一一展现。

致谢

最后，我虔诚地感谢为我这部书搜集资料的优秀助手，尤其是赛德·沃瑞汉姆、马修·图博瑞迪、理查德·里菲尔、克林·麦考龙以及约翰·诺尔斯。笔者再一次地以我最虔诚的谢意致以J.柯勒教授阁下。很多年以来，他一直无私地提携我，完成这部作品。

当然也要感谢我在卧龙冈大学的一批学生，是他们帮我厘清了书中的艰深晦涩之处。对于沃龙冈大学的澳大利亚研究委员会以及"批评家"科研项目对拙著出版的经费支持表示由衷感谢。最后感谢企鹅出版集团，他们准许我在书中大量地引用《经典文学批评》这部书里的内容，值得一提的是，这部书是由T.S.多希先生在1965年翻译完成的。

理查德·哈兰德

Contents 目 录

从柏拉图到巴特：西方文艺思想史

4

第一章 经典时代的文艺理论

古希腊戏剧面具

小说、叙事、戏剧以及诗性语言——这些均诞生于遥远的远古社会。但是他们却拥有一个相同的起源，包括他们的思想与理论。在许多不同的出处中，希腊人都被认为是第一个采取口头著作的形式将其问题提出并将其回答的人群。

显然，希腊文论的"文学"的概念明显与我们当下"文学"这个概念不尽相同。甫一开始他们就将其紧密地与特殊的社会因素联系到了一起，于是，戏剧只能在某些节日上演，荷马史诗只可在某些特殊的条件下诵读，诙谐句（epimician）或庆功诗往往就会在某些约定俗成的庆典仪式上即兴完稿。这一切其实并非如当下坊间那些事关文论的杂书所叙述的那样，此类形式实际上蕴含了大量的宗教元素。所以说"风格"这个词的概念也随之自动从希腊文论中跳出，不同的风格很快就被以对作品抽样检查的方法所甄别。继而，它们在发展的过程中又各自被不同的社会原因所阐释（或定义）。

就在那个时代，宗教仪式的结构由于受到责难与质疑而遭到了修改与颠覆。在雅典的戏剧庆典中，不同剧作家的戏剧作品要予以展演，进而进行竞评，在评出名序之后，依次获得奖品。其中两个势均力敌的竞争者会被邀请参加一个诗会，然后再一决优劣。其中的评判立场完全基于与现场互动的观众。在当时的雅典，观众的立场完全引导着批评潮流的方向，这不得不督促剧作家们不断改进剧本，迎合观众，从而在竞争中脱颖而出。

需要说明的是，希腊人的戏剧、史诗与赞美诗均可展示于观众。当下的诗歌或许可以被认为单纯是作者（自我）与文本两者之间的一种交流，但是在希腊诗歌中，观众所起的作用则是无法替代的。当书面表达取代口头言说而促使写作姿态不得不直面受众的时候，我们可以毫不苛刻地看到一点，那就是"文学"的概念已经受到了几乎普遍的热心关注。

至于古希腊文论中的文本，我依然使用古希腊术语"诗学"（poesies）来进行阐释，这个概念翻译为现代语言就是"诗歌理论"，但是这两个概念的核心却完全不同。当我们在当下想到"诗学"的时候，首先我们就会想到抒情诗的滥觞，在古希腊则不然，抒情诗与史诗、戏剧相比，所占的百分比要小得多。特别是亚里士多德与柏拉图的诗学主张，在观念的定义上却是来源于史诗与戏剧的。这种诗学理论并不能完全适用于抒情诗的结构形式。事实上，亚里士多德与柏拉图在当时关注的全是他们那个时代极其引人注目、颇具盛名的作品——诸如埃斯库罗斯（Aeschylus）、索福克勒斯（Sophocles）、欧里庇得斯（Euripides）的悲剧，以及阿里斯托芬（Aristophanes）与米南德（Menander）的喜剧。

　　古希腊文本中的"文学"不仅仅只是相异于当下文本中的"文学"，作为口头言说的形式，它与文学周围的领域也有一定的联系。特别需要指出的是，古希腊人并没有区分开诗性话语、法庭辩词、政论语言以及公共演讲之间的差异，其分界线极其暧昧。泰奥佛拉斯多认为，"听众的方向直接影响到修辞学与诗学……当哲学家在陈述事实的趋向时，诗学语言却从演讲厅中

古希腊演说家的塑像

古希腊演说家、戏剧家曾云集于此的艾皮道罗斯剧场

悄然溜走"。但修辞学却涉及绝大多数的口头言说。在我们当下，客观的理想状态与希腊文化的特征是有着很大区别的，希腊人认为，大量的演讲、论文是按照受众的意图来进行的，试图使其相信甚至心悦诚服。

重要的是，这和当下的文论有着某种程度上的类似。我们周围的观念较之希腊时代已经有了翻天覆地的变化，当新闻学、科学的理想模式普遍受到质疑时，在所有语言中，"阶级"（persuasion）所扮演的角色将会更加重要。随着文化学研究的兴起，文论与其他人文学科领域的分界线日趋模糊，当文学的门类受到质疑时，修辞学的潮流又开始出现了回归的趋向。

一、修辞学批评

（诡辩学派、亚里士多德、维凯拉斯、西塞罗、戴尼斯、坤体良）

在经典时代中，修辞学的研究范围远比诗学研究要广得多，然而这种学科的研究并不适合当时文化研究的环境，相反，辩论学作为一种工具，为受过高等教育的希腊人在法庭与政坛上获得了高人一等的话语权。修辞学派在教授方法时也显露出其交易上的猫腻——以冒牌而非批评为目的，整个修辞理论界充斥着功利思想，最后甚至于最严谨的批评论著都堕落为《演讲秘诀》、《万事不求人》之类的枕边杂书，最后终于导致了这个学派的销声匿迹。

尽管如此，修辞学研究仍在当时对我们如今所提出的文学方法予以了探究，甚至还涉及到当下所指的文学目的性。在经典的时代，修辞批评则往往着重于发音方法、遣词造句以及比喻等。此外，修辞学的教育还涉及到文本的杜撰，甚至包括一些故事、趣闻以及神话学与历史学的专家从某些客观实在与景象出发，为了演说而创造出的一些讲稿。就这些例证而言，著名诗人对它们的引用并不比著名演说家少。

最早的一批修辞批评家均为"雄辩"而发出强烈的呼声。在公元前五—四世纪的诡辩学派中，语言的力量有着极大的冲击力与诱惑力。高尔吉亚曾说："辨者之语，所向披靡"，"辨者心齐，海填山移"。从以上这些论断中我们可以看出，其结果的出现则是严格按照自然法则的。"演说之于国家（社会），犹如良药之于病人"。当雄辩的呼声正高之时，对于客观事实的呼声却在降低，于是普罗泰戈拉显然就相信"万物之于我所见，正如之于汝所见"的定义。诡辩学派主张相对的、运动的世界观。毫无疑问，语言的实用主义显然损耗了真实存在，客观的观点在这里也受到了扭曲。同时我们也可以看到，在当下的思想家里，福柯与利奥塔的观点明显师承于语言实用主义这个观点。庆幸的是，这两个思想家的主张在现在的人看来，就是诡辩学派卷土重来的端倪。

在诡辩学派之后，修辞学的发展开始变得长于技巧而拙于思辨。亚里士多德的《修辞学》无可辩驳地将修辞学引领到了一个新的时代，在古希腊和古罗马的时代，修辞学研究依旧盛行，在图书馆的分类与专业术语中也越来越系统地出现。但是对于真理并没有进行更深入的探究，相反，真理与道德被邪魔外道所利用。鉴于此，演说家和雄辩家们就被人们视作是理应正直的人。值得注意的是，罗马人热衷于用附加的分界标准来调和道德与信仰的关系，至于爱好与兴趣上潜在的理论探求则成了明日黄花。

在公元前一世纪，诞生了继亚里士多德之后的又一修辞批评学成就——两大图

亚里士多德

书分类法的确立。一方面，文本显露出了崇高、温和与质朴的风格。必然地，崇高的风格讲求大气的情感与恢弘的词藻；而质朴的风格则必然要求沉稳的基调与低抑的语句；但这并非一目了然，温和的风格亦有自己的特征——其表达方式是沉稳而不潦草，讲求友善、流畅、自然的美学原则。实际上，每种风格就是形成于观众的评价与其理念的一种形式。正如西塞罗与坤体良所说，带有恢宏崇高风格的作品更容易使人臣服，而带有抑郁低沉风格的作品则更容易使人信服。至于折衷的作品，则更容易给人以中和之美的感觉。修辞学家认为，没有哪一种风格要优于其他的风格，对于任何一种风格而言，都只是尺有所短、寸有所长的问题。

转喻与描写显然是两个同样重要但同样棘手的范畴。如果说转喻的本质只是单独的词义转换的话，那么描写则是一种思维的集群与篇章的转换，转喻则包括比喻、提喻等方法，尽管说明性短语并没有常在同样定义的主张中再现。

转喻与描写在当时被认为是加在原本存在物质上的遮盖与装饰。在被修辞批评所讨论的其他风格中，人们认为这种情况仍然存在，这种观念在修辞学的教育语境中亦随之体现。后来者于是掌握了如下的理念与方式：现在所获得的"形式"，乃是为了将来能够获得"内容"上的东西。"形式"与"内容"这种传统的区分法涵盖了修辞批评中所有的分类形式。当修辞批评主义者要求形式与内容要一一对应时，"形式－内容"的分界滥觞也就已经出现了。

修辞学的另一个传统观点便是强调"整体"中的"细节"部分。"整体－细节"并未构成对于修辞的主要影响，同样，必须把教育环境这个实际牢记在心。在忽略"决定同一物质同一可能"这个命题之后的"同一律"中，对其叙述则陷入了一种困境——一个有机结构上的"整体－细节"原理则成为了另一个问题，但当修辞批评主义者陈述有效的有机结构原理时，他们并不能将诗歌作为例证。最后，不得不从叙述文体、小说与戏剧的结构等入手分析，得出的结论是其结构与演说所需要的结构并无太大关联。修辞学批评与文学批评最终都主要汇聚于语言表达的局部（或是一般）的标准之上。

总而言之，修辞学是一门十分保守的学科，德莫特里（Demetrius）、西塞罗、狄奥尼索斯（Dionysius）、坤体良，这些极负盛名的仅仅比雅典时代相对次要一些的人物，若是拿来和所谓文艺创作技巧相比较，所谓单纯的

从柏拉图到巴特：西方文艺思想史

6

"专业作家"明显要比他们渺小得多。纵观修辞批评史，其间并没有发生激烈的交锋与后来者那样的"文学革命"——因为文学批评被其自身的目标——文学易变性而象征性地受到了感染和影响。但是，就艺术性高于技术性的演讲而言，它在很大程度上持续超越了姿态与经验的流变。在封建专制的罗马帝国时代，公共舆论失去了自身的实用价值，而变得无所致用。演讲仍然按照既定的方式与途径发展。无论是其后的中世纪剧变，还是更后来文艺复兴的强大冲击力，我们都将看到，在罗马帝国溃败的一千二百年后，修辞学仍在顽强地捍卫着属于自己精神传统的理论遗产。

二、柏拉图

（以及新柏拉图主义）

柏拉图的语言则全然不同。哲学流派与修辞学流派一样，在古希腊采取开学授课的方式，但在东方，理论的作用却往往被技能所替代了。在那个时代，专注于哲学并非他们的兴趣所在，在古希腊，哲学家们都集中精力努力使自己成为一名百科全书式的通才。比如说《诗学》只是亚里士多德在事关形而上学与社会—政治学之中一个领域的见解而已，且《诗学》的整理者是相当不幸的——这位可怜的整理者是从《理想国》的第二卷、第三卷以及第十卷中搜罗出来的。

柏拉图定义"诗学"的本质乃是一种"模仿"或"拟态"。"诗歌乃是自愿或强迫地去模仿人类的一种动作形式，然后从而相信自己在这些行为中的高下优劣，进而在最后决定自己的悲喜"。此叙述并非尽指文学，而有喻其他之意，当然也可衍伸到戏剧形式——在这种意识下，舞台剧与史诗、抒情诗开始进行在经验上的全面再创造。将一些听众请入剧院，然后怂恿我们进入现场——但是要作出一副不在场的样子。与过去不同的是，戏剧的本质成为了最具公信度的三大"文学"评判标尺之一。针对另两种标尺而言，柏拉图与援引叙述的本质截然不同。因为古希腊诗人是在历史与神话中寻找故事并开始"记叙"的。同样，他对语言描述本质的叙述亦不尽相同。因为这种本质在"言说"与"表述"上已然凌驾于诗学之上。

我们应该注意到，柏拉图仍然是在更严格的意义上（尽管仍然相关）使

柏拉图

用"模仿"这个概念。在直觉上他区分了"模仿"与"拟态"。他认为，拟态是直接源于"角色复制"的一种表达形式，而模仿则是对于"言说"与"行动"的一种叙述结构。"诗人只是在'自我'中进行述说，而未曾尝试去将他人的'述说'在另一个方面予以关注"。

鉴于其受限制的思想与创造力，当诗学成为故事叙说，史诗成为语言复制的时候，对于这两种普通的模仿与戏剧中那种特殊的模仿，柏拉图并不欣赏。

对于任何形式的照搬照抄柏拉图更是尤为厌恶。引入"伦理"这个概念的初衷，只是为了定义"正直"的一种形式。柏拉图哲学是渴望"真"（the true）的，"真"的原意是"原版"、"真正"、"源头"。在雅克·德里达蜚声文论界的时候，通过一个偶然的考证，德里达便发觉写作本身就是"危险"的、"不正直"的。因为写作是从"言说"（speech）中复制而来，从而与写作者本身产生了差距，并背离其原意。柏拉图认为，眼见是最真实的，却是最次要的真实中最不可信的。

我们在柏拉图戏剧式的对话中可以看到，他关注的是如何才能鼓励人们使自己生活得卓尔不群。此定义堪称第一个同时影响表演者与叙述者双边的概念。将某人的话语进行动作的演绎，正如用自己的脚去试别人的鞋一样。但此主张仍然对一部分听众产生了影响。这些听众将阐释与共鸣看作是戏剧模仿的一种手段，对此类模仿，柏拉图认为对于模仿者来说极其简单，并且已经被他们演变成为一种特殊的倾向。柏拉图对于这种模仿质问道："你们注意到这种模仿了吗？假设在他们童年时期就一直持续下来，并且业已成为习惯，那么他们所模仿的是被模仿者的身体、声音，还是意念呢？"

现在的观点认为，柏拉图是对于一些不相衬的角色扮演中的准则危机提出了警告。和当下道德家们的观念一样，柏拉图尤其看重并强调某些角色扮演对于青春期少年的影响，且尤为不赞成丝丝入扣的模仿。因为他已经发现，这些模仿是如此的呆板，如此的愚笨，甚至已经近乎于原始。

柏拉图一方面对于那种"角色"持相当的反感态度，一方面在诗歌中象征性地选择戏剧形式予以表达。由于柏拉图尊重思辨性思维，故他一般是通过完全的真相来进行观察，而拒绝那种受到情绪影响甚至决定的冲动情感，但是他同时也指出：理性的思辨性思维并不适合戏剧表现。

"冷静与理性的情绪常常需要真正冷静的人才能做到。一般来说，模仿这种情绪是相当困难的——即使某人有心去尝试模仿，但针对这种情绪仍然很难去捕捉。比如说对于诗的模仿，那并不是其真正的、本质的思维产物，而是基于一种愤世嫉俗的、多变的心理机制。"

当柏拉图指出"愤世嫉俗"与"多变"的角色并使其更引人注意时，从其主张的本质来看，他根本不期望受众去模仿甚至于理解这些演员。就此而论，诗歌必定会如悲剧一样，在模仿的过程中选择令人情绪激动的感情基调。但是柏拉图仍然怀疑这种悲伤的感性是否真是悲剧所赋予的？"当他者的不幸愈发严重时，对于自我的不幸却很难抑制怜悯之情"。这便是"他者"的结局侵占了"自我"。同样，假定观众长时间处于无法自拔的感情当中，这种感情肯定会无法控制而宣泄。

在自由的场景中，作为着力于模仿外在表征世界的诗歌、戏剧"模仿说"显然是和柏拉图的观点相抵的。与哲学、科学或是任何形而上的知识形态相比较，诗学总是在感性上拥有有形的元素，就柏拉图而言，诗学从未声称过"真实"，他同样也反驳希腊时代一个广泛的观点——诗学可以传递与赋予智慧，只有迂回地了解他的整个哲学思维系统，才能抓住他观点中的逻辑。

柏拉图看来，感情的表征世界是第二位的，派生的。其最客观的真实便是潜在的、抽象的真实，他不同于电磁学、机械学与工程力学等学科，可以用方程式解决实际的问题。因为科学家们也认为感知的表征世界是第二位的、派生的：滚动的球这种运动形式相对于物体自身的惯性便是第二位的；就包含原子的量子平衡运动而言，这种纯理论运动之于整个物质的变化便是派生的。柏拉图不止是一个科学家，他的很多思想、看法便是极为世俗的，在整个抽象思维的系统中包含了很多奇特的以及非数理性的实体。柏拉图认为，改变我们主体的心理设想是容易的、灵活的。关键在于一种神秘的客观现实正抽象地支配着我们，目的是防止我们颠覆业已存在的几何规则。传说如上这一系列主张来自于柏拉图。我们可以这样说，他已经解决了现代科学进程中一半的问题。

柏拉图认为，对于抽象真实的模仿远不如心理的表征世界重要。所以当诗歌在对感知的表征世界进行模仿时，在事实上他们就已经成为了一个仿制品，代之以向真理渐进。他们却业已疏离真理，其所作所为乃是在人们不了解真理时，将真相很容易就予以消解了。就此看来，与其说是真理，倒不如说是幻想。此外，当正在模仿单个的"人"或是特殊的事物时，他们就已经疏离于整个抽象本身了。对于不必要增加的"感官描述"，只能使原本注意到真相的重要注意力进行转移。

无论谁去思考柏拉图的观念，我们必须承认他对于异端所进行的的挑战是彻底的，假使诗歌正成为希腊人生活中一个不可撼动、成体系的组成。那么在戏剧对白中的攻击就会变得令人注目。鉴于修辞学从不知道检省自己的研究过程，当然柏拉图也从不说明他的价值所在。据柏拉图自己透露，凭借《理想国》这本书，他可能是世界上第一个站在理论高度上质询政治问题的思想家。

思想一旦上升到理论高度，就会被推衍出更多的象征性的思想观念。事实上这种观念与当下文论中的一个趋向极其相似——事关自然现实主义的质询，尽管在当时的希腊并没有这种思潮存在。在自然主义的观点体系里面，对于感情和知觉的照搬是非常切实的。至于"模仿"的定义，相较之于当下自然主义的观点，柏拉图仅仅只是认为"模拟"阻止了我们对于真理的认知。通过模仿，真相的表征则很难将其潜在的诱因暴露出来。在当下的观点中，现实主义者认为意识形态的能力依据互相的推算形式，从而形成他们自己的假设。这种行为注定的结果就是失败，尽管当下政治理论家们的观念已经和柏拉图形成了霄壤之别，云泥之判，但两者观点中的精华部分仍然是英雄所见略同。

在柏拉图理论的最后，还有一个值得一提的小尾巴。公元三世纪到五世纪，新柏拉图主义者重新解释了"理想国"这一抽象观点。他们认为，此神秘观点犹如天书一般玄奥，与柏拉图当初的抽象观点并不相同。在数学、哲学这些逻辑体系中，很多新的抽象主义观点并没有得到相应发展，但似乎都可以归结到艺术这个范畴中进行探讨。所以新柏拉图主义者提出艺术家们可能会回避感性的表征世界与获得真理的直接渠道。美学大师帕提留斯说，尽管（新柏拉图主义）让我们把复相看得更加赤裸，但还是需要回归到自然本身根源的原则定义。"

通过帕提留斯这句话，我们知晓"灵魂之主义常驻于存在事物的思维之中"或"只要相信感召的价值，那么其中的精神家园、永恒的准则以及各种各样的力量都会得到关注"。新柏拉图主义者从不在诗学上使用太多理论，但是他们为柏拉图主义日后的发展做了一个新的转机——这个转机近乎于一个预言，诗歌的真相，自然而然也就成为了预言的真相。

三、亚里士多德

亚里士多德作为柏拉图的弟子，与其老师相似，后来他也在家乡雅典开设了属于自己的哲学学校。相对于纯粹的绝对理论而言，亚里士多德则更对叙述与事物的分类法尤为感兴趣一些，且并不关注最终的原则与准绳。在诗歌理论中，其幸存的主要著作是关于文论的，起初他曾追随柏拉图定义"诗歌是一种模仿"，尤其是对于戏剧的模仿，但是鉴于柏拉图只是反对模仿，亚里士多德就认为这种源于模仿的冲动却是属于一种自然的，有功用于身体的情感。

"模仿的本能是一个人在他早期时代就固有的，人之所以区别于动物，乃是人有着极强的模仿力，以及人能通过模仿来完成他早期的功课，甚至于我们自身就有一种热衷于模仿的遗传本能。"

显而易见，亚里士多德对于柏拉图的诗学观点予以了驳斥。

纵观柏拉图与亚里士多德之争，乃是基于性格迥异，而非概念、观念结构的相左。亚里士多德的世界观是基于一种生物框架的支配，他并不是热衷于理想国之类的抽象观点，在他看来，任何生活方式都离不开现实的奋斗。

正如果实只能存在于长成的树木上一样，这便是生命原理的概念。凭借虚构的幻想万物就能"要"到他们想要的东西么？

在我们这个后达尔文时代中，种种概念已经丧失了大量的科学精神。但正如诗歌中所提及的那样，善于杜撰角色、故事的作家们常常会因为习惯经验而联系上，这与作家原初的想法显然相去甚远。"艺术模仿"自然是亚里士多德主要的原则，在艺术世界中，应如同自然一样，致力于挖掘隐藏的潜能，总而言之，自从大量的偶然因素——如同他们需要真实世界中的一样，促使保护其事物发展，亚里士多德就要求艺术要"以自然为基础，并要比自然走得更远"。

显而易见，亚里士多德学派观点中的"模仿"并不只是消极的照搬照抄。故其观点与现实主义、现实观点常常相混淆。亚里士多德断言"悲剧中的角色是栩栩如生的，与现在相比，喜剧中人物的典型性格变糟糕了，悲剧则变好了"。他四处宣扬其观点，"他们非此即彼，非观即言，非是即否"，其第二个观点便是为神话及其伟大的传统留下余地，当第三个主张在亚里士多德的理论中以目标的形式再度出现时，关于模仿说的观点在某种程度上也确实体现了其精确与严谨。

亚里士多德主张：诗学是一种与时俱进的真理，并非细节的外化，而是基于大多数人的一种认同。此外，他还援引了柏拉图的观点——诗学之所以被世界所桎梏，其原因乃是被纯正的抽象主义所桎梏。亚里士多德设想另外一种规律：种子的规律。因为长成的树木会因为其果实而同一，但如采取人为手段则会促使其相异。在这里，亚里士多德就诗歌与历史叙事作品进行了明显的区分"诗歌比历史的哲思性、价值性要高得多，因为历史求真实，而诗歌求真理。对于真实生活的人和事，诗歌必通过潜在的手段来了解人的意识"。

对于此概念，亚里士多德宣称，"未必的必然比必然的未必要好"、"能说服人的谎言比不能说服人的实话要好"。我们报以希望的意念，则源自于诗歌与观众认识中的普遍原则。而其他的行为，乃是偶然因素介入的结果。但是假设我们不理解其后的规律原则，我们将觉得这一切是难以令人信服的。

亚里士多德经验、阅历上无可及我们的感知在秩序进行阐释的主题乃是极为繁里士多德在他自里所说的那样，能促使其走向反这种复杂性的层掩饰下适得其反。当下人的眼中不过分的简朴，而是质朴。就其例子而当拥有男子的个却必须孱弱无知理可知，对于一棵该树的理解与这

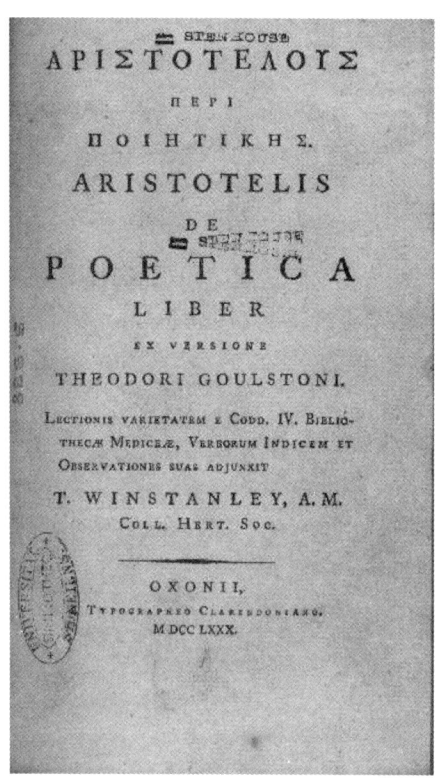

《诗学》，1780年希腊文版

在这里指出了在争辩的事实，以可能性上按照此无疑性。但是此芜庞杂，正如亚己那次即席评论"这一切足有可面"。遗憾的是，面将会在经验的柏拉图的例子在只是一种形式上一种在理论上的言，一个角色应性，但是女角色则是荒谬的。同树而言，人对于棵树上的果子对于这棵树的"想法"则是截然不同的。究竟谁能决定物种的需求？这种困境常常出现在亚里士多德的理论中。

这种"物种观点"常常在亚里士多德的理论风格中出现，每种风格犹如每个植物的物种，都有其独特的生长原则与成长方式。史诗大异于悲剧，每种风格的发展都会超越其时代。"悲剧地渐进式发展，每一种元素都在发展中获得了功用，直至其许多趋于自然形态的变化以至于停顿。"的确，让几千年前的亚里士多德将其渐进式的希腊悲剧观与进化论划上等号，是一件困难的事情。但其关于停顿的观点，则极具探究价值。

风格（Genre）理论的优势在于一方面避免了用同种目的去衡量所有作品的弊端，另一方面避免了只有通过对于作者个人情感的细致入微的剖析才能发现其独特个性目标，才能认识独特文本的观念。但在实际上，亚里士多德并未从任意两个陷阱中率先逃脱。他认为，悲剧的风格比史诗的风格崇高，在诗学中，他在最后对于史诗进行了一次短评。他在根本上就他对于早

期悲剧的看法进行了再引用的诠释。甚至由于偏爱。他的悲剧思想不得不被索福克勒斯的"俄狄浦斯情结"所决定。正鉴于此，所以有相当多的褒扬是藏匿于哲学理论之后的。

就亚里士多德而言，其主要目标是对史诗与悲剧的提出并且将其目标统一化——艺术构想于生物模型之上时，其目标则是足够自然化。自他将诗歌定义为"动作的模仿"起，他就认为，这种统一理应首先是动作的统一。在那里，事件将会依次发生，戏剧表演动作中的各个组成同人体的肢体与口舌一样，作用不同但却功能互补。就动作统一化的准则而言，亚里士多德认为，"不同种类的细节在同一个体系中必须按部就班地进行，稍有越位或是夹塞，导致的结果就是所有的功用大减，甚至导致全盘皆输。"

亚里士多德的第一个致力方向就是对观众作用的探求。艺术作品必须注意到观众的局限性与容量，所以这种问题的解释将会参考观众们的记忆。

"如同多种成分有机搭配组成生命或有机体一样，它们是很容易被眼睛看出来的。所以我们必须要做足准备，否则在受众的记忆面前，我们将脆弱地不堪一击。"

同一目标中，文本导向（text-oriented）最高层次的必要条件就是受众导向(audience-oriented)，这个附加的必要条件赋予了亚里士多德评判悲剧的权力。这是一种相对紧密的统一形式，而史诗的统一形式不够紧凑，故地位亦不如悲剧。

就一悲剧而言，亚里士多德如是给悲剧的感情效用下定义：这是一种使受众产生独特反映的风格，悲剧的本质是一种能力，这种能力可以使受众感觉怜悯或是惊恐。在这个原则下，怜悯与恐惧被看作是一种感化力。这种恐惧感化犹如一种凄楚的情感，而这种怜悯则是一种以自我为中心的恐惧，这种源自于恐惧的怜悯大概是关系到一种敬畏与恐惧之情。

鉴于对于感情作用的关注，亚里士多德积极推广这种诗歌的形态。而这却是柏拉图积极反对的，但亚里士多德却不关注感情这个固有的、危害性的存在———如人体中的某些组成，必须使其趋于健康和安定。正如虚拟的情感一样，事实上这种情感相对于生活来说是多余的。它并不能保证是有功用的，尤其是亚里士多德声称怜悯与恐惧情感这个历程对于受众来说，其本身带有悲剧的净化作用。至于亚里士多德的准确含义，仍然要通过辩论来获得，但现在这种净化的定义不但被充实、精炼了，还被广泛所认可——通过情感包蕴中理智的沉淀，愈加强烈情感的控制，以及感情平衡中正在逐渐扩张的感性。

通过在感情模式中的功用，事关现实生活中愤怒的情绪状态中，我们常常会在最后变得情不自禁，亚里士多德反驳柏拉图的观点时说，人们如果过度沉溺于虚构的情感中，在生活中他们将会变得过于敏感。

在给悲剧的功用下完定义之后，亚里士多德认为，英雄是构成这种功用的主要元素。他认为，无论是一个完美的人走向失败，还是一个十恶不赦的人受到报应，都不会引起人们的怜悯和恐惧。所谓一个英雄，既非德行昭著，亦非恶贯满盈；既非公平仗义，亦非堕落糜烂，只是一个人由于自己的方式错误或是性格软弱而招致大败，故称之为"悲剧的弱点"。在亚里士多德的理论中有三个重要的观点是显而易见的——首先，在生成必需的情感功用这个过程中，角色作为从属地位的状况逐渐在定位动作中表现；其次，当因为模仿而使怜悯恐惧的最后目标变为大量不合时宜的问题时，这便意味着拟态与现实主义之间的不和谐；其三，总而言之——举亚里士多德目的论的形成过程，从结果到方法进行逆向地推演。

柏拉图的目的学理论导致讨论进入了一种"自学"的境界：当一种目标已经明确，他就向学生传授如何到达这个目标的方法，"我必须继续告知什么是值得关注的？以及在情节的意义中应对什么进行保护？"如诗歌中循环的朗诵。在相同的精神状态下，他从是否可以在存在的戏剧中举出一个例证——有或是没有服从这一理论？其观点虽是权威，但在"客观"的科学叙述中并不尽然。在那个时代，他的观念无可辩驳地引领着希腊剧坛，并影响着当时的戏剧文学。整个经典时代的文学理论中都弥漫着他的思想观念。值得注意的是，"模仿"这个概念虽然在亚里士多德的观念体系中的含义大异于修辞学理论体系中的"模仿"，但无论如何，他们的语言风格与表达手段仍然相同。

四、贺拉斯

当希腊文化普及到希腊所有的城邦之时，罗马帝国却以风卷残云之势灭掉了希腊。尽管如此，罗马文化仍然在努力模仿甚至意图赶超希腊文化体系的影响与地位。在贺拉斯那句极负盛名的台词中如是说："希腊的城池虽然现在被野蛮的侵略者所攻陷，但侵略者却被希腊的文明所征服。"在整个罗马王朝中，希腊语必须责无旁贷地成为所有罗马中产阶级的第二语言，而拉丁语却仅有少数罗马人去学习。

在建立自己的理论体系之前，罗马诗歌是在向希腊诗歌看齐的。这种日渐的背离与创新在其后的讨论中获得了认可，但是事关从过去希腊文本中所形成的原初号召力仍然毫无疑问地存在。在最原初的时代中，罗马诗歌——即拉丁文书写的希腊诗歌存在于较次的从属位置上。同样，其文学与文论亦不受重视。

Q. HORATIVS FLACCVS

Me doctarum ederæ præmia frontium Dis miscent superis
Ex Numismate in Thesauro Christinæ Reginæ Aug

贺拉斯

贺拉斯，一位在奥古斯都王朝扬名四海的作家，其观点主要见于《信札一》与《信札二》及其信札集——《诗艺》中。贺拉斯在这些著作中所用的语言风格似诗非诗，一如其晚期为自己诗风进行辩护的风格。

贺拉斯是一个主张经验实践可超越价值的学者。在《诗艺》中，这个观点被两个"准诗人"所提出，而他们的父亲正是古罗马的执政官——皮索（Piso）。

从微观上看，贺拉斯与亚里士多德相比，理论成就可谓平分秋色，但是其对于理论的再阐释却远比亚里士多德武断。

"我将教会诗人明白究竟什么是它们的责任和义务？并告知他们如何去

培养自己的才华，以及如何孕育、塑造他们的诗人天赋，他们应该如何有所为有所不为，相对于资产者来讲，在他们所为中，哪些为对？哪些为错？"

我们可以这样说，亚里士多德制定了定义，而贺拉斯则明确了规则。

"您想让您的戏剧一炮走红并且拥有回头客吗？那么请设置一个长度正好为五幕的剧本——不要多，也不要少。不要去花太多精力操心与剧情关系不大的配角，除非他与剧情的发展趋势有牵连，或是一个不得不诠释的角色。另外，在同一时间、同一舞台上，同时进行对话的演员不要超过三个。"

将亚里士多德与贺拉斯之间的区别提出，再与那些江湖上的语言学家们的区别相比较，这些半路出家的语言学家们声称，语法来自于一种直觉，而学院派的语言学家则认定语法知识的获得必须要经过反复的教导。半路出家的语言学家们把例证理想化了，但是学院派的语言学家们并没有这么看待这种证据。正如学院派的语言学家一样，贺拉斯将语言分为了是非两极，以及语言的社会责任。

于是，"风格"这个没有在亚里士多德那里获得规范的概念在贺拉斯那里却获得了规范。就史诗的主题与悲剧、喜剧的韵律而言，贺拉斯说，假如没有这些能力与工具的存在，且定义明确了功用与诗歌形式风格的话，我又何尝不是一个诗人呢？贺拉斯比亚里士多德认可更多的风格，包括他最喜爱的讽刺风格。但是其方法却在实际上增加了更多的限定——在已存在的风格中，多了被证实的，却少了待证实的。

在贺拉斯的概念体系中，关于"高雅"这个概念中发生着一个关键但雷同的变化。高雅为"中和"提供了审美的尺度，这种"中和"的本质就是戏剧元素服务的最终目的。举例来说，就这种长于辩解的角色而言，在年龄与行为之间必须要有一种不悖于常理的应对。"你们应当注意不同年龄阶段的人群，并且对于不同人群需要采取不同的方法论。"贺拉斯继续明确地为孩童、小伙子、中年人以及老年人定义了属性——但尽管这种规则或许对于他们的方式有用。然而，在抛弃内在根本原因之后的循规蹈矩又是十分危险的。亚里士多德也发现了这个问题，究竟哪一部分才能为最终的目的服务？但是就贺拉斯的思考方式看来，最终目的则更容易忽视。

所以说，规则是匠人（craftsman）们才需要的东西，且贺拉斯认为，诗人乃是手工业者的一种，训练成为了必须，虽然其本身并不足以如此。"我本人并不能脱离了超强的天资来看待其价值，抑或，从另一方面来分析，没有倾心于艺术、文学方面，亦不可以出现所谓的天才"，在贺拉斯看来，"天才"的确是一种"能力"的体现；创造力价值再大，不如灵感受用，过于旺盛的创造力则是令人生厌的，而"疯子诗人"则又是可笑愚蠢的。至于他那两个"准诗人"高足，贺拉斯坚持认为，"做诗必须无为而治，整天伏案劳作、皓首穷经，或是吹毛求疵、矫枉过正则不是诗人应有的行为"。他更高的要求则建议将已完成的作品交给他人进行批评与判定。通过这些，我们就能看出罗马文论端庄的姿态。但相对于曾经的希腊文论来说，罗马文学仍居于次要的位置。

尽管相对于希腊文论而言，罗马文论居于一个次要的地位。但是贺拉斯的《诗艺》仍然被赋予了一个全新的审视高度。他继续从真理中声称模仿："一个有经验的诗人，就应是一个模仿水平高的艺术家，需要从芸芸众生中寻找自己的创作对象，以及从他们那里获得真实生命的语言"。但是他也声称"对于其他作家的模仿"以及主张"这种旋律宛如你不愿在陈腐的事实面前浪费时间一样"。从现在的观点看，文论中的模仿看起来与生活中的模仿是相反的。在贺拉斯看来，古希腊文本中所包含与现代人行为举止相同的风格原则，诗人们或许也会从相同的来源中获得创作的内涵。

在贺拉斯的观点中，另外一个变化就是诗歌的价值必须要以道德为核心。这种变化自然而然地顺引出更加苛刻的道德准则。这将导致在罗马政治生活中会出现较强的官方舆论导向——至少在共和时期甚至更早。

亚里士多德举例证明其诗学还在框架上需要改进，通过对于人类本性的风格模仿，以及通过感性化的宣泄，这些都是《诗学》中内在的优秀部分。在这里，学习与净化这两种形式将自动与一种模仿的兴趣相联系——不过当然是对于成熟艺术作品的模仿。无论如何，贺拉斯在这个优点上进行了一次更为细致的甄分——"诗人就是在教化受众时赋予其快乐，并将使受众舒心达意的功效予以杂糅"。审美价值与道德价值并非是同一物体的两个方面，而是两个各自独立的方面。两者在同一文本中同时出现的或然率是极小的，假如出现便是极大的幸运。基于此，很自然就能明白道德教育实际就是一种再造的附属品。这个概念在贺拉斯眼中只是如此——假如枯燥的说教是苦口的药片，那么有趣的情节则是裹在其表层的糖衣。

总体来说，贺拉斯在早期西方文论中确实提出了一些较为深刻的观念。但是在新的嬗变中，他的地位随后即被后来者亚里士多德所取代。当古典批评的概念在文艺复兴与新古典主义时代被重提的时候，这些追随者通过贺拉斯诗学开辟了新的学术视野。就相同的方向而言，较之关于亚里士多德的再诠释，贺拉斯则走得更远。

五、朗吉努斯

在罗马文化转过头向古希腊文化学习的时候，希腊文化自身却出现了退化。这一切从亚历山大的雅典政治获得巨大成功开始。而那个时代则又是原典编撰、语言学与历史学评论的黄金时代。多亏了当时亚历山大主持修建的托勒密图书馆，其间藏书与日俱增，亚历山大的学者就终日置身其中皓首穷经。定稿后的书稿遂被流传下来，然后会被官方认定为是极具收藏性与学术价值的作品，故被图书馆永久收藏。

稍后，希腊语世界完整地融入罗马语中，相同的退化促使了"雅典派"

朗吉努斯事关崇高最好的范例

这个单词的出现。这就势必要求作家们学会如何去模仿公元前四世纪古希腊演讲术的词法技巧与句法技巧，这便是朗吉努斯所强行推广的一种类似于"语境"（context）的最原初奇特意象。

尽管朗吉努斯的年代亦不可考。但是据传他生活在贺拉斯死后一百年的时代里，甚至更晚。他的真名不详，至于"朗吉努斯"这个名字则是源于同另外一个作家的混淆。他仅存一部著作，名字叫《论崇高》。全书贯以恢弘大气唯美的语言方法——倒置法、省略法、隐喻法、迂说法与夸张法等等。朗吉努斯比起同时代相同风格的学者要超越很多。

首先，朗吉努斯是宣扬、鼓吹崇高的。自然和传统的诗论一样，崇高普遍拥有伟大唯美的风格。但是就朗吉努斯而言，崇高不只是在两种选择之间的游走，所有伟大的诗歌与演讲学都变成必不可少的成分。他并没有时间去定义风格的内涵，他渴望的是对于诗性语言在使用上的特殊价值。对于一般性修辞的诠释，他同样也不感兴趣。"崇高语言的作用，并不在于劝服听众，而在于进入观众本身；所谓崇高的气质，使我们有效地身临其境。我看来，只不过是对我们的迎合甚至劝说。"至于倒置法的传统形式，他认为"博大与伟岸，顺理成章地是一种精妙的、有效的解药，为表演的作用而释疑，一些小聪明的形式技巧依然在其关注之外"。朗吉努斯很成功地将一种表演形式进行了布置——这种表演形式取决于诗样语言净化下的巨大心灵震撼。如果没有这种力量，表演也只不过是一种类似于机械的苍白动作。

朗吉努斯的观点从细节上看，与当下诗人、作家所倡导的"我的写作才是唯一真理"无异。但是他却对"文以载道"、"文为时之声"的观点持极为反对的态度。诗人们直至公元一世纪都在遵循着卡烈马修的看法——"文以短而精"。朗吉努斯对卡烈马修的观点则进行了更为猛烈的反驳。"我们赞赏的，事实上并不是精巧的那些东西，他们或许足够娇小可爱，甚至还颇有实际用处，但我们是否可以这样说，尼罗河、多瑙河、莱因河就比大海有价值了？"甚至他还认为，"崇高必须基于缺陷美"的观点远远比"平凡处见伟大"要恢宏得多。换言之，精练之后的文章缺乏的是一种"文气"（Virtuo）。虽然长篇大论会给人一种生涩的味道，可是朗吉努斯却很赞赏这种生涩，正如荷马、品达、德谟斯瑟斯、索福克勒斯等雅典派学者一样，他找到了希腊文明的根基所在。

由于时代气氛使之然，他对于这些基础问题的探索变得索然无味，他的移情（Emphathy）观点尤其深奥。

就朗吉努斯而言，崇高只是读者的一种反应状况，事实上他亦援引了作者以及被注入崇高启示的崇高本身。他说，"崇高只是伟大思想的回音"，但是他的理论在根本上是重以情动人的，而非庸俗地靠插科打诨博得一笑。他从唤醒感情的实际入手，无论是互动或是郁闷（Tedium），狂喜或是无厘头（Ridicule）——他都试着把这一切用文本中的语言来诠释，于是这些便潜移默化地从共鸣这个角度来影响着受众的感情。确实，互动、郁闷、狂喜、无厘头这些之间的划线本身就有些多余，有些华而不实，他并不能如修辞学批评那样提供一些实际功用强的技巧。朗吉努斯最热衷于实际效用的绝境——对于荒谬的颠覆之虞。

崇高在朗吉努斯的阐述中是超越语言的，至少超越普通的文学语言，这便形成了矛盾。他被公认为是一个重文本信息而轻精神默契的学者。但就"传播"而言，在他的研究中却认为心理暗示要比平常的"交换意见"要优越得多。所以那句最伟大的论断如是诞生了——"与其留给读者满脑子枯燥的语言，不如留给读者满脑子的信息与素材"。自然而然，这个观点将会成为读者们在进行创造时对尺度把握的一个组成。对于朗吉努斯的另一句话，我们将颇有同感："我们所听到的，乃是由自己心灵所创造的东西"。在经典时期的文论体系中，这句话显然是特立独行、别有用意的，并且他对于修辞持批评的观点——听众仅仅是温驯的、整齐划一的接受者。

毫不奇怪，朗吉努斯在措辞与语言濒临崩溃之中找到了崇高的例证。其实一个例证足以说明问题。如塞尔莫皮莱（Thermopylae）战争——亦称温泉关战役[8]，在亨若多特斯的报告中所使用的夸张法一样：

"虽然此刻他们正在用剑、手和嘴来保护自己的安全，但是野蛮人仍用飞镖将他们一一送入地狱——这些赤手空拳的战士们用嘴肉搏，而他们的敌人却使用飞镖这样凶残的武器，这对比究竟有什么意味？诚然，这的确是在陈述史实。正如我如下要说的那样，几近狂喜的动作与情感，更是为这种结

8 公元前480年，在希波战争（公元前500—前449）期间，希波双方在温泉关（塞尔莫皮莱山口，色萨利和中希腊交界处的山口，位于拉米亚城南）进行的一次交战，又称塞尔莫皮莱山口战役。此战是希波战争中著名的战役，约有2万波斯人丧生，0.4万希腊人牺牲。后来，塞尔莫皮莱山口英雄们的遗骸被合葬在一个墓中。在一座石狮纪念碑上镌刻着诗人西莫尼达的诗句："来自异邦的人啊，景仰拉栖第梦人吧！我们在此安息，始终信守法度。"英勇捐躯的这队斯巴达人成为希腊人备受鼓舞的坚定无畏的榜样。——译者注

构提供了理由、途径以及不修边幅的语言形式。"

语言工具在朗吉努斯的预设中获得了发展，但就他针对诗学所说的"非公正性"的定义而言，则是基于其在某种方法正超越文学意义本身的连带关系。所以说，这种定义几乎是没什么意义的——尽管他常常试图努力去定义与诠释他们。

在措辞研究下讨论词汇学与句法学，听起来感觉像是二十一世纪的诗学语言概念，但是朗吉努斯仍然对崇高的特殊含义——而非重大的价值与意义充满兴趣。针对广泛而又不易接受的目标而言，他力图把这些简明化了。他说，"在阐释中过分简明则会削弱其崇高性，对文本过分压缩则会使崇高玷污"，取而代之，他更喜欢引申法（amplification）和迂说法（periphrasis）的合理运用，这是修辞学法则中惯用的两个法宝。

值得注意的是，那个时代的作家和思想家几乎没有一个人受到朗吉努斯的感化或影响。在文艺复兴之前，《论崇高》一书一直湮灭在浩如烟海的历史典籍当中，不为人所知。直至十八世纪中期的一小段时间里，该书方在学界引起重视。不幸的是，他的观点到了最后被后弥尔顿学派的刻意曲解所玷污，而且在浪漫主义者们自己创立了属于自己的诗学体系和自己特色的崇高体系之后，就把朗吉努斯这位早期拓荒者的理论抛弃得一干二净。

第二章 中世纪文论

公元406年12月31日，来自日尔曼帝国的条顿骑士团以迅雷不及掩耳之势渡过了莱因河并闪击了高卢帝国。次日，罗马帝国沦陷。

似乎所有事关政坛的轶事都变得混乱而又拖沓——文坛轶事较之则有过之而无不及。罗马－希腊传统文化中遂引入了新颖但互斥的基督教思想教义。换言之，在帝国形成、东部崩溃，却在西方继续偏安一隅的后几个世纪中，罗马－希腊文化分别在几个不同的短命小王朝中以各种各样的形式苟延残喘。

从形式上看，基督教既是一种守旧力量，又是一种革命力量。它保护性地吸收希腊－罗马文化中的各种要素，但是这些要素在被吸收的过程中果断地自我改造了。虽在细节上无从分辨，但在客观的结构上却一目了然。因为基督教不是对于希腊、罗马神学的简单更替，乃是重构整张人类思想地图的脉络，甚至在整个过程中，它在不断地改变一切它所接触的事物。

从文学产生的观点来看，中世纪的晚期是一个尤为重要的年代。那个对上帝信仰的时代——十一世纪到十五世纪，营造出了在本国值得注意的文论——在法国、德国、英国、意大利等国均无一例外。尽管在那个时代成就了《浪漫玫瑰》、《上帝喜剧》、《十日谈》、《坎特伯雷故事集》等传世名著，但是在波涛汹涌的文化革新浪潮中却鲜有较为新颖的思想涌现。在中世纪晚期，仅仅只是批评概念，且这些概念已经在罗马帝国分崩离析之时就已成形。

在文论的发展观点中，中世纪早期文论是相对较为重要的。在罗马－希腊文化衰退的那个时代中，基督教

典型的中世纪晚期修道院装订本，只有几条无色凹凸压印的线条作为装饰。瑞士，1497年

吸收了希腊文化与罗马文化的传统精髓,但这种晚期时代的文化却延拓到了法国甚至巴黎地区。在其早期,作为文化的中心——地中海周围的天主教地区形成了一种强势力量。

在传统的经典文论概念中,大量的主流元素并不能被基督教所接受。模仿的概念被亚里士多德与柏拉图所拓展了,并形成了一个重要的戏剧概念。但是戏剧在当时却受到当局的严酷镇压。因为当局认为,戏剧中的情感表达明显是娱乐有余而教化不足。到了最后,戏剧终于在中世纪即将结束的那个时代消失殆尽,故模仿说也随之湮没于中世纪的黑暗当中。

当时的繁琐之处就是关于"风格"(style)与"比喻语言"(figurative language)这两个概念。尽管罗马-希腊风格的演讲术再也未被重视并且付诸于实践,但是中世纪的文论对于经典时代文论仍然处于一种萧规曹随的状态。随着小辞典、手册在公元1200年左右的出现,这种知识体系导致了诗歌创作的短暂恐慌。从晚期罗马或修辞学的多样化来看,信奉吹毛求疵的中世纪"图书馆分类法"制造出了无数的冗长劣果。

> "词汇和思想的风格有哪些?有重复吟诵、表象、遗传、争论、惊叹、质问、推理、判断、反诘、表达、比较、类比、折衷、归纳、排序、转化、纠正、消遣、析取、联合、附加、解释……"

正如约翰·格兰德所说的那样,可惜里面只有极少一部分的想法是有新意的。假定主要内容为主,语言形式功能居其次的话,那么从诗学的表现上来看,古典主义修辞学理论相对于陈旧的修辞诗学,只能算是一种单调的转译(transferre)。扎弗利·文萨弗说,"如果一个人正在建造一栋房子,仗着蛮力去做必定不会把房子盖起,但是凭借恒心很可能就盖起来了,如果用心去盖,则能盖出建筑艺术的精品"。无论这种方法之于演讲术的实用主义功绩如何,我们都应看到它对于诗学关系的推介装饰作用,是功不可没的。

这是中世纪先锋文论中第三个出现的评判标准,事关虚构的评判,夸张和虚拟的循环,以及对于难题的标注。基督式的判断认为,中世纪文论中的一切在他们看来全是力乱怪神的事物。这种近乎谣言的误解究竟在遥远的真理彼岸是否就可以澄清与解答?这个结论正如寓意解经法一样,在中世纪获得了一直的争鸣与反思。

一、寓意解经法

（薄菲略、普洛克勒斯、马克罗庇斯、圣·保罗、圣·奥古斯丁、福金提斯、但丁、帕卡西奥）

"寓意"（Allegorical）一词源于古希腊的"他说"（Other-speaking），及至古罗马时代，寓意解析在文本上所受关注的理解形式已经超越文本所叙述的事实。其滥觞之例还要追溯到公元前六世纪的纳海姆[9]对于《荷马史诗》的早期解读，可惜的是，这种肇始于罗马时代后期的寓意解释充满了神学思想与神秘主义。新柏拉图主义者与基督教徒成为了主要的实践者。

在关键的时刻里，晚期柏拉图时代的学者带着信仰的力量来进行描述。新柏拉图主义哲学家们从荫蔽地真相来出发，来关照世界特殊的表象。

只有哲学神秘主义知识的传道才能洞察这种行为。这一切均隐藏于庸俗的意念当中，这种世界观为寓意的发展提供了繁荣的沃土，就在他们颠覆了柏拉图对诗歌的评价标准时，新柏拉图主义者们理所当然地就发现了隐藏在"仅仅"（mere）这个情节与角色之后的超哲学真理。在公元三世纪，薄菲略（Porphyry of Tyre）[10]为《奥德赛》中事关仙女的一个情节而注释——此情节中仙女的表征意义变得人化而非神话，或是被新柏拉图主义者们所认为的"禁欲"。在同样的潮流下，普洛克勒斯看来，荷马史诗中宙斯与赫拉的结合在象征上好比是造物主的创造力与意识的结合，或是一元论（Monad）与二元论（Dyad）的结合。同样，马克罗庇斯在五世纪关于西塞罗对寓意再解读，于是便成了所谓的"西皮尼奥之梦"[11]。在马克罗庇斯与普洛克勒斯之后，新柏拉图主义者迫于基督教强大的征服力不得不退出历史舞台，逐渐湮没于历史的长河之中。

9 相传，Theagenes of Rhegium 为寓意解经法的第一人，学术界权威认为，"Theagenes of Rhegium was an early proponent (6th cent. BC) of this method of interpretation .it was most fully developed by the Stoics, who reduced the Greek gods to moral principles and natural elements"，见于 *Columbia Encyclopedia*, Sixth Edition, Columbia University Press, 1991。——译者注

10 薄菲略（Porphyry），古罗马唯心主义哲学家，新柏拉图主义者。叙利亚人，原名马尔库斯，最初在雅典跟随朗吉努斯学习，后到罗马随普罗提诺学习了5年。普罗提诺死后，薄菲略将普罗提诺的54篇著作编纂成6卷，题名为《九章集》，并附有普罗提诺传记。薄菲略还著有《与阿奈玻论魔鬼书》、《普罗提诺传》、《毕达哥拉传》、《反基督教徒》以及《亚里士多德＜范畴篇＞导论》等。——译者注

11 "西皮尼奥之梦"即西塞罗关于最好政体和正义的本性问题的探讨，摘录于其专著《论演说家》当中。——译者注

基督教的信仰制造了如教义一般的世界观，世界就是一个文本，上帝就是作者，而所有的章节都由基督教徒们来解读。这一切并非是诱导人们去对寓意进行思考。针对

十五世纪比利时手抄本圣经

文学的寓言阐释，基督教有自己的解释方式与传授方式；而针对《圣经》中的基督式解释者来说，这拥有着更为广泛深远的兴趣与动力：他们需要去寻找《旧约》并通往和谐的道路。而这一切则需要《新约》中不同的族群相伴随。在基督教的"寓意解经法"的引导下，大量经典首次获得了极大发展与广泛流行。

此范例之滥觞最早出现在一本叫做《加拉太书》的著作中，该书是圣·保罗信札中的一篇。保罗对旧约中亚伯拉罕驱逐妻子莎拉的那一章有如是的看法，他认为，哈格是阿拉伯人对于西奈山的一种象征。这是对于《旧约》的一种颠覆。在摩西的《旧约》中，莎拉成为了一切信仰上帝慈悲的新约基督徒之圣母。最后，保罗使《旧约》自相矛盾。这个基于《旧约》片段中的相互参照，预示了《圣经》解释中的一个全新结构，一如语源学方法中的"派生"。

寓意解经法的策略被古希腊文化之后的神学家们进一步拓展拓宽了，特别是奥里根以及圣·奥古斯丁在写作中所形成的习惯，把《圣经》按照三四个意义章节来分章阅读的水平体系逐渐确立。但是在任何一个文学意义的水平之上，几种不同的阅读能均衡有效地存在，其中唯一逐渐被认可的评判标准恰恰是奥古斯丁的"博爱原则"（Principle of charity）。将其与基督教义其他一贯而下的解释相比，这实在是一种仁慈的原则。纵观整个原则，这种基于生灵的灵魂书写乃是基督徒们基于"广义维度"考虑的一种假定。当这些特定的写作者们把写作当作捞取名利的方式时，它们的写作立场就与他们所阐述的知识性没啥关联了。

所以说，寓意解经法在中世纪获得了较大的发展。在一种特定的强势说

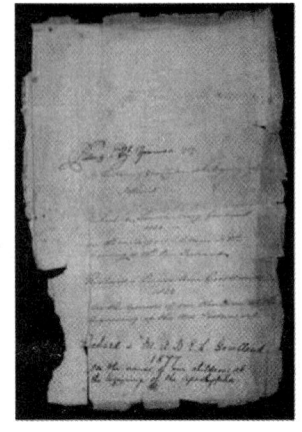

十四世纪的拉丁文圣经残本

教的力量下，教育与神学思想全部将关注转移到一个"神圣"的文本之上。这种鉴于对观点打造的方式几乎成为了一种制度上的必需。但是这种手段也可以提供"世俗的文本"吗？圣·奥古斯丁、圣·埃斯朵拉以及圣·托马斯·阿奎那却根本不这样认为。在寓言（Fibulae）和虚构（figment）的诗性含义划分中的一切与神灵的感召并无关系。尽管如此，在中世纪仍然有一些带有世俗文本的寓言读物出版——甚至包括维吉尔的著作。

亚历山大时期的克莱门特（Clement）和欧若根（Origen）或许是最早把维吉尔的《第四田园诗》解释为一个"基督降生"寓言的人。这便让死了几百年的维吉尔在中世纪又摇身一变成为了一个准圣徒，进而被基督教当局追捧为一个伟大的诗人。在公元六世纪，一个来自北非名叫福金提斯（Fulgentius）的学者，将维吉尔的《埃涅阿斯纪》（*Aeneid*）关于寓意的全部观点全部按照自己的理解予以了阐释。因为维吉尔的叙事民歌乃是从迦太基城邦中埃涅阿斯开始的。

> "毁灭乃是出生阵痛的危险象征，此阵痛源于母亲分娩时的痛楚，也是婴儿所受的死亡威胁……便使那意思明白了，这毁灭乃是来源于朱诺（Juno）——诞生之女神。"

同样地，当埃涅阿斯固定金树枝并将其搬运穿过冥府的时候，看到通往极乐世界的神圣门柱上有一行刻字：学习将永远被昭刻在记忆之上。至此及

从柏拉图到巴特：西方文艺思想史

28

至以后，词源学（etymology）常常在这其中起到重要的作用。仙女玛丽卡（Marica）被意指为玛瑞卡（Merica）。诚如当埃涅阿斯埋葬了麦瑟纳斯（Misenus）这个角色时，他开始趋于成熟。为什么呢？因为词源"Misio"意味着"怨恨"而"enos"则意味着"赞扬"。这种扬弃的关系好比是俗语中所说：只有你拒绝过度的炫耀及徒劳的赞扬，你才能获得智慧的奥义。总而言之，《埃涅阿斯纪》中的一切细节都是通往智慧的、无罪的，也是人类心灵寓意的一个部分。

福金提斯用叙述将维吉尔的诗歌从头到尾地进行了批评的解读，批评的惯例早在希腊的亚历山大时期就已确立，神圣与世俗在这里都被书写。在整个中世纪时期，这种批评方式变得相当流行。此批评方式旨在阐述不同单词的含义，赋予历史与神话以新的映射背景，指出演说的形态，以及提出寓意的叙述。但就连续的、局部的细节之上的专注程度而言，这种评论与一个文本的本质特征基本上没有关系。这种评论既是一种深入的解读，也是一种相对独立的评论形式。值得注意的是，中世纪的抄写员在手抄文本的时候常常会留一些空白，这样做的目的乃是为了顾及日后的评论与旁批。同样，这种评论与旁批也是手写的。中世纪的思想界如当下的后结构主义思想界一样，在最原始的概念下，文本虽然变得天马行空，无边无界，但是仍然能提供一种更遥远的扩展空间与含义上的外延余地。

纵观整个中世纪，批评与一些其他样式的评论均一直是用拉丁文这种思辨性极强的文字所书写，这种语言的障碍无可辩驳地解释了为什么本国语言的冲击力会如此苍白。在全新文化的发展点上打开断层，拉丁文拥有自己特有的惯性与吸引力，在寓意的文论分析家与新的地方诗人的寓意实践中，存在这引人注目但又不甚广泛的相互影响。

第一个质疑此状态的诗人是但丁。阿里格赫瑞在他的《宴享篇》第二部的第一章，以及在《致卡拉德的书信》中强调，在本地的一世纪诗歌里面可以找到四个水平层面的《圣经》注解。这四个层面乃是文本层面、寓意层面、道德层面与精神层面。就寓意层面而言，但丁提及了奥维德故事中奥菲斯（Orpheus）如何用他的音乐驯服野兽，并让顽石与树木翩然起舞的传说。从寓意的层面上来解构，"这昭示着这个聪明的人能够运用音乐这个工具，让桀骜的心灵变得温柔而又恭顺，以及让这些没有知晓艺术与知识的力量的生命力量臣服于他。"就道德层面来说，但丁举了当年上帝带领三个使徒登山的故事，并说明"如果你要办的事情是绝对机密，那么带的人越少越安全"。当解释精神层面（亦称灵魂层面）时，但丁举例《旧约》书中当以色列人出埃及时，犹太人是如何圣洁如何自由的故事，对于此永久理论含义的诠释，其含义是"将灵魂从罪感中释放出来，这将变成一种邪恶与放纵的力量"。无可否认地，最后两个例证在表面上并非是基于世俗的，但是但丁的论据比他的例证更具备炫耀性。

薄伽丘（Boccaccio）继但丁之后在诗歌领域中发出了更高呼声。其代表作《异教徒的神谱》（*Genealogy of the Gentile Gods*）是基于希腊神话的一种纲要性诠释。这种诠释从四层意义出发的："首先，希腊神话远远不止包含一个层面"他说，"这倒是名副其实的'一词多义'"；此外，在《异教徒的神谱》这本书的最后两册属于对于诗歌的答辩，在这里，薄伽丘力图将诗歌从中世纪桎梏中所形成的卑微地位中解救出来。值得注意的是，对于新人文主义他仍以逻辑学的名义——或以中世纪晚期抽象的经院主义哲学的名义站在反对的立场之上。他的"四层次法"应为中世纪最精当的文论技巧。但是他仍热赞诗歌，并指出文艺复兴的即将到来。这种新的答辩乃是一种批评形式，特别是以实验诗歌的形式书写的。

总的来说，中世纪最大的文论成就是在晚期为数众多的世俗文本设立了一个庞大的有力的解释方式，但是他们并无意去关注批评理论。这种方式获得了如愿的结果便已足够，其结果便是为了伦理与宗教的要旨而进行正确的归属。总的来说，中世纪最大的文论成就便是在晚期为众多的世俗文本设立了一个庞大、有力的解释方式。这种完整的概念骨架，乃是由基督教的理论所建立的。

第三章 新古典主义的兴衰

薄伽丘主义与帕加奇主义经历了十四与十五世纪的循进发展之后，及至文艺复兴时代，已然成为了一个相当具有统治地位的思想。就人文主义而言，经典文本不但被再发现与再解读，且还重新被尝试定位到古典文化的内涵与前景当中。对于经典的权威，他们均表现出来了一种极大的尊崇，却不会逾越基督教的是非观。但文艺复兴的思想者们却试图去找寻体系重建（re-establish）与他们所提及的重要关系。可惜的是不久之后就进入了中世纪的黑暗时期，西方文化与文明的发展出现了较大的割裂。就文学而言，所为经典精神的"复兴"，说白了就是经典文本价值的判断标准由以往的宗教原则变成了文学原则。

但是此时的文学价值仍然要与社会的教化相一致，值得注意的是，他们常常会将新出现的文艺复兴精英的兴趣相联系，尤其是一些宫廷贵族。在十五世纪，主要规则的分量在旧诸侯与封建领主的努力下变得日益重要。正如首都的日渐扩大一样，宫廷的圈子理所当然也就扩大了。尽管宫廷圈子的成员是一看出身二看头衔的达官显贵，但是出身与头衔不再是贵族圈子的唯一标识。的确，很多头衔的拥有者却是凭借后天的努力来拥有这种头衔。宫廷贵族们在文艺复兴个人主义的环境下开始了彼此竞争，而武装力量与军事才能在那个年代受到了普遍的抛弃。人文科学方法论与教育取而代之了上述的一切，成为了社会前进发展的动力。这一批新的精英乃是在仔细研读完卡斯蒂利奥内的《侍臣论》[12]之后而获得感悟，随之一举发迹的。

文学作品的主角与特点变成了在价值观念新座标中所凸显的关键性元素。无论是写作还是作家的追求，均变成了社会声望的印记以及加官晋爵的重要考量指标。许多当时的诗人只要一获得了高官厚禄就立刻放弃文学创作。与此同时，文学批评在当时的时代体制中迅速盛行。例外的是，意大利一群诗歌爱好者自发发起"诗歌学会"，并在学会中探讨诗歌的理论与创作。

就贵族社会阶层的特殊关系而言，文本的诚信提高了，但专业性亦随之增强。在中世纪，诗歌的接受者们具有魅力地包含了社会的各个阶层。正如《坎特伯雷故事集》所提供的诸多魅力一样。但是当贵族们用自己的眼光定

从柏拉图到巴特：西方文艺思想史

32

12 卡斯蒂利奥内（Castiglione），意大利著名哲学家，与马基雅维利齐名。于1528年发表了《侍臣论》，此书与《君主论》可谓相得益彰。该书主要表达的就是当一名政府官员必须具备哪些职业素质。卡斯蒂利奥内认为，通过人文学科的学习可以获得那些职业素质。（如上资料参考于《西方文艺复兴史三大研究热点述评》，周春生著，载于《史学理论研究》，2003年第1期） ——译者注

义文学的时候，文本在概念中独特的魅力只能被眼光极好的贵族们发掘。正在那时，文学从大众娱乐与精英话语中适时地剥离出来，首次与文艺复兴相联系。

这种变化中更深远的因素则在于对于能说会写的人来说，新的文学成为了唾手可得的东西。在中世纪，书写的意义仅仅限于对于信息的贮存，口头言说则变成了沟通的需要。但是在文艺复兴时期，这种手写文本的流传也只是依靠以手交手的形式。在当下文论界，文学与词汇发生关联的前提就是文学本身的独立，而这种独立则是肇始于文艺复兴时期。

词汇的角色价值在文艺复兴的新文学条件下变得更加明确了，那就是纯文学（belles-letters）的出现。正如"纯文学"与"雅阅读"其概念表征所展示的那样，在十七、十八世纪的文论界常常居于领军的统治地位。然而，当年"纯文学"的范畴与当下"文学"这个概念的范畴早已相去甚远。笔记文学与史传文学当年亦明确被列入了纯文学的范畴，亦包括了同时代的叙事散文，如纳西（Nashe）的《不幸之旅》。

而同时代的戏剧则有些千篇一律，但在那个时候任何作品均毫无疑问地被认为是从古希腊或古罗马的经典中派生而来的。毋庸置疑，荷马史诗与经典戏剧是符合当下"雅阅读"的主张，尽管他们在属于他们自己的那个时代中显示的是如此的兼容并蓄。

一、语言问题

（但丁、都博雷）

在文艺复兴早期的第一个论战中，论战双方分别是使用拉丁文写作的新文学支持者和使用当地文字书写的旧文学拥趸。一方面，人文主义者的早期冒险促使了纯罗马拉丁文的复苏，从而有别于中世纪堕落的教会拉丁语。其实当时大家都在探讨，是否有一种比用同种语言书写更好的方法，从而重建一种与经典的重大联系。另一方面，宫廷贵族与中央规则的力量以及国家意识都在相辅相成地发展着——在文艺复兴时期一些新兴国家——诸如法国、英国、葡萄牙、西班牙等获得了迅速发展，国家意识觉醒的概念背景乃是民族、语言的共同。在介于文化力量与社会政治力量之间的奇异矛盾中，明显

意大利佛罗伦萨但丁故居的但丁雕像

社会政治力量要更受到青睐。经过最后的制衡，诗人最终要听命于宫廷。在这样一个新的社会体制基础上，新的拉丁文明显是不能和旧的经院式拉丁文相提并论的。

这个争论最先是在意大利爆发的——意大利在那个时代领军着整个欧洲文论界。在十四世纪早期，最早就本地方言文学详述的评论乃是但丁的残稿——《通俗口才学》。无可质疑地，争论变成了介于各种方言形式之中的一种争议：是宫廷的还是平常的？是现代还是过去？但丁臆想了一个辉煌——首要、高贵、严肃的方言结构形式。但是很可惜，几乎没有一种俚语形式能符合他的这些要求。尽管如此，这场争论一直延续到文艺复兴的初期，最后以皮埃切·巴博学派（Pietro Bembo）的胜利而告终——如塔思科纳方言体系的文学媒介一样——塔思科纳方言已经被帕切其（Petrarch）、薄伽丘以及但丁沿用了两个世纪。这种方言因此战胜了拉丁语，但这种方言的经典形式却已轻而易举地把同时代的街头语言打败了。

在法国，最经典的章节在1549年由都博雷所撰写的《法语的抗御举例》中予以了呈现。关于诗学的"抗御"（Defene），在帕拉德诗派中早已显而易见。在其作品中，都博雷不断为法语声辩并且声称法语在构建文学作品的作用上不啻于古希腊与古罗马语，其爱国主义成份的强度可见一斑。与此同时，都博雷展现了作为一个诗人的优秀构想。并且坚持希望法国诗人能够向经典看齐，从而才能更好地发现差异进而赶超经典。他也希望从希腊语中、拉丁语或意大利语中移植新的语言进法语，从而使法语更加完善。作为一个诗人，他说，"不必担心在法语的创作、采用、撰写和模仿中使用希腊语"。法国批评理论已经非常敏锐地察觉语言的角色作用。并且法国结构主义与后结构主义的语言指向洞察力与传统相联系，则回归到了通向都博雷的各种道路上。

介于拉丁语与方言之间的边缘争论，是开展于定量与重音韵律之间的。鉴于经典水平的诗歌早已在长（短）元音模仿中做出了示范，中世纪诗人则只有在轻重音的模仿中进行着切换。这种随之而生的切换被诠释为一种对于韵律的更高模仿形式。但在文艺复兴时期，仍有一些人基于喜好因素，抬举一些无韵律的诗歌。比如说伊丽莎白一世的英格兰诗人托马斯·卡宾，以及另外一位诗人撒穆尔·丹尼尔。此人写下了一部《音韵学的论争》，该书从希腊、罗马的艺术形式出发，但严斥了卡宾在这个问题上的观点，甚至还四处夸耀中世纪文化的美德无与伦比。

在其后的认知过程中，方言获得了胜利。甚至押韵的重音诗歌看起来出现是一种必然，但是那并不是一种简单的胜利，这个胜利的演说并非中世纪诗人的演说，这种较为进化的演讲采取的尽是经典词藻、经典方式与经典的假设。当文艺复兴时期的诗人探求与古希腊、古罗马的经典对抗之时，他们则感觉与经典标准相悖时对于自己评判与证明都成为了一种不得已，在许多方式中，上述状况或许会被拿来与当下语境中后殖民文化与宗主文化的较量进行比较。

二、理想化的特质

（格拉狄、斯特尼）

但文艺复兴时代之于古典时代相比，前者仍具有极大的创造性——特别彰显于文论与建筑风格。它没有直接地模仿新古典主义的样式，基于此，古典的内涵的准确性与先进性则被大大削弱了。文艺复兴时期一个最具典型的误读就是关于对柏拉图的误读。在文艺复兴的肇始时期，马斯里奥、菲神诺的佛罗伦萨学院把柏拉图主义当作是一种主要的哲学感化力，但是菲神诺及其追随者对于柏拉图之于流行诗学（Furor poetics）的看法却产生了极大的误读。在古希腊文化早期对诗歌狂热化的见解与神灵的感召已经变得极其普遍。柏拉图在艾奥尼与菲德拉斯中援引这种观点的目的乃是为了贬低非理性诗人（irrational poet）的价值。但是诗歌的精髓却主张，应以一个官方受益的创造者身份进入文艺复兴的正统思想，以及为了阐明那个时代更多有想象力的作品。

　　就文学理论而言，那个时代最具备想象力的作品就是亚里士多德的《奥兰多的狂热》，此书乃是西方出版史上首部畅销书。如在《仙女篇》的斯宾塞一样，亚里士多德用奇异的存在与物质来丰富其浪漫思想。读者对于这种小说作品的反应更多的是具备其自身的魅力。一些奇闻轶事及其渊源变成了文艺复兴众多理论的一支。故吉瓦巴帝斯塔·格拉狄与辛斯厄在1599年声称浪漫主义是"一种脱离亚里士多德体系的、极其必要的新元素，所以它亟需一种与之匹配的批评模式与区分标准。"从此以后，浪漫主义就摆脱了古典主义的清规戒律——但是我们仍然认为浪漫主义只是滑到了古典主义清规戒律的边缘之上。尽管我们已经赋予了此诗歌应有的权威与声望。正如所提出那种中肯的标准：种类的划分、离题、中断——一切均明显与亚里士多德关于戏剧历史诗的评判标准类似，但是这种标准在哲学层面上则被两位哲学家所拓展：一位是加卡帕·马扎尼，他在关于但丁的《一流喜剧》中完成了自己为其一辩的梦想。另一位哲学家名叫弗朗思科·帕提兹，他的观念与亚里士多德"模仿"（mimesis）的观点无异。

　　此外值得一提的是，文艺复兴仍然是基督教的时代。就所有异教徒经典之作的感召力而言，某些基督教的观点并不会因此受到遗忘。综上所述，文学本身被证明了有道德上的功用。从文艺复兴开始，理论家们就采取了贺拉斯在《功利之美》一书中的原则。利益是和乐趣相关的。但就贺拉斯的观点而言，已经比亚里士多德的任何一个观点都具备说教性了。可惜的是，这种说教在那个时代却受到了严辞抨击。所以意大利诗人塔索才会写下史诗的终极意义，以及所有的诗歌确实存在的特质。"利益之所以源于乐趣，乃是由于乐趣是皆可获利的原因，且因为趣味使其阅读的更加惬意。"这里，教化成为了最后的过程，其中的"乐趣"也就仅仅地成为了方法论而已。首次在道德层面上进行辩护的是菲利普·西德尼爵士的《为诗一辩》[13]。西德尼不仅是一位出色的诗人、学者，还是一名杰出的政治家，甚至还是文艺复兴时期知名的全能绅士——这一切使他在诗坛上受到了斯蒂芬·高森的猛烈抨击。结果如帕卡西奥一样，因为反驳宗教而获罪。尤其值得注意的是，这种量刑定罪的模式到了十六世纪下半叶仍被说英语的清教徒们继续鼓吹。但与

13　成书于1579—1583年，亦称《诗辩》。 ——原文如此

帕卡西奥不同的是,他并没有沿袭中世纪这种陈旧的批评——此呼声乃是基于神学 (theologically-sound) 在讽喻层面的结构形式。所以说,西德尼的主张之于文艺复兴来说有一种独特的意味。

用"神灵"(divine) 感召与伟大创意的文艺复兴概念来诠释,事实上西德尼已经在关键上智胜一筹。"诗人们的口才从不为真假而声辩",就诗人而言,他是不具备肯定事物这个素质的,所以也没说谎的可能。"所以说,诗人们努力去寻找一个可以去选择的世界,那么,何等因素是这种创造想象的力量呢?

"所谓诗人……就是承蒙于自己创作的灵感,灵感的发展,亦每时每刻进入其他的世界。在构物上仍比自然天成要好的多,或要新的多,结构从未如此地进入自然,如英雄、半人半神、百科全书学者、鬼怪,以及诸如复仇女神之列。"

诗人们拒绝受到客观事实的限制和支配,这种可供选择的世界并不完全只是纯粹的趣味性,更是带有强烈的教化意味。

迄今为止,诗人们的明确主张就是"属人世界"远远比"自在世界"要好得多。[14] 而且"诗人们无论如何都不会去剽窃或是抄袭,不管是过去、现在还是将来,但是诗人会在辩证地思考中知晓什么该做,什么不该做。"他们的任务就是不断在作品中结构角色的圭臬范本,以及打造完美的动作、举止。"究竟什么是哲学家给国王的忠告,能够如色诺芬致信给居鲁士大帝[15]一样轻而易举地直达天听?"正如西德尼所说,"机会只给埃涅阿斯那样品质高尚的圣人么?"高道德水准的哲学家或神学家只能在抽象中说教美德,但诗人却能勾勒出理想角色的影象,以及用曼妙的例子来诠释美德的含义。

14 原文为"天然的黄金世界"与"自然的铜臭世界",基督教认为,前者是后者的高级阶段。这种定义如按照原文直译则很难理解。故在此援引马克思主义哲学中"自在世界"与"属人世界"的关系。卡尔·马克思认为,人类在天然、自然的自在世界的基础上创造了人类的属人世界。这种援引还可见于卢卡奇的《历史和阶级意识》,重庆出版社,1989年。——译者注

15 居鲁士大帝 (前599年—前529年) 即居鲁士二世。波斯帝国的创建者,阿契美尼德王朝的第一位国王。史称"巴比伦之王,众国之王"。他在位期间重视人才,广开言路,任人唯贤,礼贤下士。著名哲学家色诺芬便是他的重要幕僚之一。他在位期间,国家繁荣昌盛,人民安居乐业,成为横跨欧亚的富强帝国。公元前529年,居鲁士出征中亚的游牧部落马萨革泰人,战败被杀。居鲁士大帝的形象在古代东西方的文学和历史著作中留下了不可磨灭的痕迹。他死后,色诺芬为了感谢他的知遇之恩,专门为他写了一部《居鲁士传》。——译者注

在回报的时候，美德才更能显示于其有吸引力的一面，尤其是同时在赋予罪恶的时候，亦予以惩罚。从这方面看，就道德指引的意义而言，诗人们的假装远远比历史上的真实要优越得多。

"因为确是如此，诗作中的美德均体现在诗作的色彩当中。一个优秀的女仆制造了机会，就会有人迷恋上她。就其对立部分而言，如果一个邪恶的人走上舞台，观众们总是会自发地离开……正所谓，桎梏只会困顿住呆板的人。"

这便是诗歌判定的概念，它是西方批评思想的全部力量。正如在神灵感召的造物主之下，诗人必须跟随于上帝这个至高无上的创造者。在分配中，公正地予以合适地奖励或是惩罚。就罗马人和希腊人而言，他们亦没有这样全能的上帝，也没有这样评诗的概念。在文艺复兴的文论思想当中，西德尼极其断然地概括了理想化的特质。但是他的观点并非与众不同，许多其他的作家也主张如下的观点：对客观真实做出润色，塑造角色的范本，以及教化受众。在理论上说，这种理想化的特质伴随着更高世界的梦想与理想化的结构一道，与文艺复兴的柏拉图主义者相联系。显然地，文艺复兴的柏拉图主义者轻而易举地颠覆了柏拉图在诗学上的观点；与潜在的、消极的角色模式相比，对理念和客观存在的关注明显要有用得多。同样，这种理想化特质的观点展示了其自身在当时文坛的优越性。但可惜的是，该特质在文艺复兴时期仅仅是一种趋向，到了最后仍旧不得不沦至次要地位。

三、意大利的亚里士多德学派

(敏都诺、斯卡里格、卡世德菲卓)

另外一种特质就是亚里士多德学派。贺拉斯的《诗艺》在中世纪已经变得家喻户晓，但亚里士多德的《诗学》则几乎从人们的视野里完全消失。直至意大利文艺复兴的早期时代才被重新发现，至于何时引起较大的影响，公认的时间是1549年该书首次被翻译为意大利文。从那个时候开始，评论界与理论诗学系统中就引发了一场小小的纷争。敏都诺的《诗论》、斯卡里格

图为卡世德菲卓的《诗学》，1523年版

的《诗歌自由的九月》，以及卡世德菲卓的《诗学笺注》[16]一书，并称当时诗论界三大文本。这三本书每本都是超过了五百页的大部头。在十六世纪后半叶，意大利作家们在文艺理论的创作上因职业化而出现了等级，这是以前从未有过的。

就我们看来，亚里士多德所提供的东西乃是最快到达经典的一流资料。由于对中世纪假定无形创作的藐视，意大利文艺复兴的作家们开始渴望希腊、罗马创作形式，重新被发现的《诗学》则显露出了这种创作形式的奥秘，在众所周知的大众原则下予以了安排布置。就在亚里士多德那个时代，他就已经不自觉地从希腊悲剧和史诗的现实存在中摸索到了这个规律。而如今，文艺复兴亚里士多德主义者将其转化到了一个优先的目标当中。与文艺现存的状态相比，文艺形态路线与新的文艺理论之间的关系要密切得多。

在文艺复兴时期，亚里士多德学派的特质显然是不能被任何一个简单的批评家从柏拉图主义的特质中区分开的。西德尼在他的《辩护录》一书中引入了亚里士多德思想，而此时的意大利亚里士多德学派不出所料地坚信文学

16 该书原名为 *La Poetica di Aristotele Vulgarizata et Sposta*，学界多翻译为《诗学》，但是该书的内容则是意大利学者卡世德菲卓对于诗学的意大利语译介，以及自己的注解。为了防止表述混淆，在此我将其翻译为《诗学笺注》。台湾著名学者姚一苇先生曾列举历史上出现过的三种版本诗学：《诗学》拉丁文本（G. Valla，1498）、《诗学》希腊文本（Aldine，1508）及《诗学》拉丁文译本（A. Pazzo，1536）。其中，拉丁文注释本出版于佛罗伦萨。卡世德菲卓即根据拉丁文版的《诗学》翻译注释，并从中发掘了《诗学》世俗化（Vulgarizata）的倾向。
——译者注

的道德功用以及一些具有模仿价值角色的技巧产物，且仍然存在较大的不同。亚里士多德主义者或许会提及到"流行诗话"，但是他们更为激动的热衷则存在于诗人意识的职业当中。他们或许会基于"创造性"（invention）与"绝妙性"（marvelous）这两个角色来考虑。确实，他们选择的是致力于对于精彩受众反应而关注的对象，这种反应因引人注目的自然可能性而生成。理想的黄金世界不可能在亚里士多德学派所主张"逼真"这个决定性的观念中所实现。

"逼真"说的含义就是文学近似乎真实。意大利的亚里士多德学派将此原则归因于亚里士多德的模仿概念。但他的主张则是在表现中获得的可能性。就亚里士多德而言，模仿不只是一种类似于诗学阐释的价值标准。就依靠模仿可信度的比例看，他更看重感性作用的比例分配；就逼真的原则而言，意大利亚里士多德学派在可信度上赋予了更多的分量，而轻薄于感情功用这个方面。但是这种逼真则与当下的现实主义与唯实论相去甚远。

首先，逼真是针对多数人如何度过他们的生命这个现实的问题。就模仿来说，这是没有任何价值的。期望被文学关照的则是极为特殊的人和事——总而言之，关注的应是崇高的、有力量的英雄生命，针对司空见惯的现实存在并没有真正的角色与之相符——业已存在的兴趣可以说明"我很清楚地知道我的生活以及在我生活环境中所发生的事宜"。自从模仿远离了人的经验之后，之于真实的相似并不能被直接比较、认同。这一切变成了可能性普适规章中的一项元素，斯帕容甚至说，"就此来说……是通过上述原因的真实。"

这仍然是一种方法——我们趋于对公共关系可信度的判断。譬如说，给你一张报纸，上面说，一名优秀警察暗地里知法犯法，危害社会。你就会说"这是无稽之谈，谁都知道优秀警察是荣誉感极强的好人，怎么会这样做呢？"或许也有人会说，"那或许是真的，毕竟人无完人，谁能保证优秀警察的队伍里就没有害群之马？"无论怎么说，我们对于一个虚构模仿的判定，往往会采取不同的判断方式。虚构的假定表面单一，但实际上却反复无常在当下并不少见。这种先进性已经显然不符合陈旧的形式结构。我们相信在难以应付的真实当中，自身理解方式会变得简单。在场景和目标的描述中，细节无目的地激增，这彰显出了对于现实理念的真实。但是这种泛滥的细节与卓越之处在十六世纪的西方文论中并无地位可言。通过这种逼真的原则，我们可以知道这种可信乃是基于可能性的概率，并取决于"真实的形式"（truth-type）。尽管在意大利亚里士多德学派的眼里这种"形式"大异于柏拉图主义的形式，但两者亦非完全不同。

就所有的意大利亚里士多德学派而言，卡世德菲卓是最受关注的学者，他比斯卡里格和敏都诺都更能参透《诗学》的奥义，在那个时代，他并没有隐讳自己与亚里士多德观点的相左之处，但是他仍然没有采取明确的批评形式。把他从同时代的学者中间独立出来看，与观众精英（elite audience）相比，他更关注于流行的兴趣。同样，对于愉悦作用构思的精力要远远多出对于道德教化的考量。在很多途径中，他的观点是有意识的愤世嫉俗、玩世不恭。显然地，他站在文艺复兴思想中理想化的柏拉图主义的反面。

在"逼真"之下，他的主张是极为极端的。他声称，追逐时尚的受众本身没有多少想象力可言。且他们并不能与那些情节与角色统一起来，除非他们以为这些都是真的。从已知历史事实中得到的明显分歧已经危及到了这种"信用"。所以卡世德菲卓主张"绝对的史实"才能形成"绝对的真实"。同样已知自然地事实："喜剧演员并没有准许给自己营造一个自己设想的城市、河流、山川、王国、受众，法律，甚至可以颠覆自然规律，八月飞雪，三九丰收。"在人类社会的现实中亦再次被如是提及，如果一个母亲（如美狄亚）决定残杀自己的孩子，那么，所引发的天怒人怨则是必然的。

"逼真"仍然会与一些烦恼与是非纠缠不清。卡世德菲卓所关心的是剧场与舞台上的表演经验。他着重说明戏剧应涵盖人类如认知汉字一般的生理感观，这一切说明了生理感观如同时间的斗转星移一样是不以人的意志为转移的。迄今为止，这一切还是较为稳妥与妥当的。在小说或是散文叙述中，两三句话的叙述能让我们穿越无数日无数年甚至几个世纪。但这是两三句话在舞台上如何演绎则变得不可思议。卡世德菲卓将这个推理应用于整场戏剧。

"既然不准欺骗观众的感觉，那么你又如何能让观众在短短几个小时内产生恍如隔世的错觉？"

在这里他拒绝了这种说法。当然，介于感觉之间，介于延续表叙的时代之间。时间流逝的中断变成了可能。他在结尾如是说，"动作表现与时间的表现是巧合的"抑或考虑到细微的一段时间，事件在戏剧中的表示必须不能超过十二个小时。

这是时间的统一，其实在斯卡里格和敏都诺都预示了这一点。而地点的统一则是卡世德菲卓自己的全部观点。"动作之场景必须是恒久不变的"。他如是陈述"存在不能限定于一座城市或是一间房子，但是确实没有人能发现这个位置能被发现"。他再次的声援这个观点乃是基于受众究竟能相信什么。继而否认了假设空间之于叙述空间的不间断变换，统一的地点与统一的时间再配上统一的动作形式就构成了"臭名昭著"的"三一律"。其中，仅仅只有"动作的统一"可追溯到亚里士多德的叙述当中：其必要条件就是叙述被约束到了一个单一的"闪光点"与趋同事件的单一叙述当中。具有讽刺意义的是，动作的统一性是卡世德菲卓在三一律中最不重视的要素。他一向将动作统一位列到了次等之中。

在意大利亚里士多德学派的阐释中，这种争论直至十六世纪的后半叶都非常激烈，最后法国亚里士多德主义者们才将其发展为标准的规则，奇怪的是，在那个巴洛克时代中，创造力层出不穷，而文艺理论的发展线索却很巧妙地回避了这一切。尽管贡戈拉主义[17]在西班牙，马里诺主义[18]在意大利，抽象主义在英国均获得了巨大成功，但巴洛克仍然给大家留下了巨大的悬念与模糊空间。意大利的帕拉维西诺以及西班牙的戈拉辛，他们都站在自己的立场上颂扬做作的技巧，支持明喻与暗喻的戏剧。

但是他们的建议在整个文艺理论体系中并不完全充分。或许概念性理由的需求会有助于解释事关巴洛克主义的一些谜案：为何它会从创作的潮流中跌落？且跌得如此之快？为何又被人遗忘得如此之久？

四、新古典主义与语言的纯粹化

（蒙太奇、马赫伯）

狂热的宗教战争从十七世纪的上半叶打到十七世纪的下半叶，欧洲的梦

从柏拉图到巴特：西方文艺思想史

42

17 贡戈拉主义（Gongorism）西班牙诗人贡戈拉·阿尔戈特的写作风格。——译者注

18 马里诺主义（Marirism）亦称Secentismo，起源于17世纪意大利诗人马里诺（Marino），其创作技巧主要以隐喻、个性语言和神话为主，善于用技巧冲击观众，并且应用于诗歌。——译者注

想开始流行于合理化与情理化。这种因自然科学的巨大成功而发展起来的流行，其集大成者就是牛顿在1687年出版的专著——《万有引力定律》。似乎这昭示了世间万物的发展运行均是按照不变的定律来进行的一样，这一切可以被理性的、数学的人类思维所掌握。

在文化上，法兰西跃然领先。那个时代是多才多艺者尽展才华的几何公园，是高级烹调术发展、家具进入形式化和优雅化的黄金年代，亦是属于新古典主义文学理论的时代。自然的，这种文学与大众理性精神是一致的。在那个时代，德莱顿与蒲柏的诗篇中理性沉思远远要高于感情宣泄，拉辛的悲剧亦充满了清静与逻辑思辨。一些作品辛辣讽刺，一些作品在记叙人物和言说世界时表现得极为通俗晓畅，真实易懂。就在那时，对于结构的形式主张简单：亚力山大式和崇高式的对句（Couplet）在英国和法国各自形成了自己的标准。

简单的标准对语言界亦产生了巨大的冲击。在文艺复兴时代，词库就已经得到了极大的激增，并且自助式造词的方式也已经发明。但是现在这种形式却被列入了政治社会中。言外之意，每个人处处都能理解且有相同的含义去诠释人和相同的世界。更多的在于一点，那会使言说变得容易。在十七世纪的肇始时期，都柏莱所主张的外来术语中大量的自然主义名词都被马赫伯所推翻。他努力地在交流的兴趣中去探求平和与约束的语言，且尤其表明要与诗人德斯伯特作对。他谴责客观存在的含混

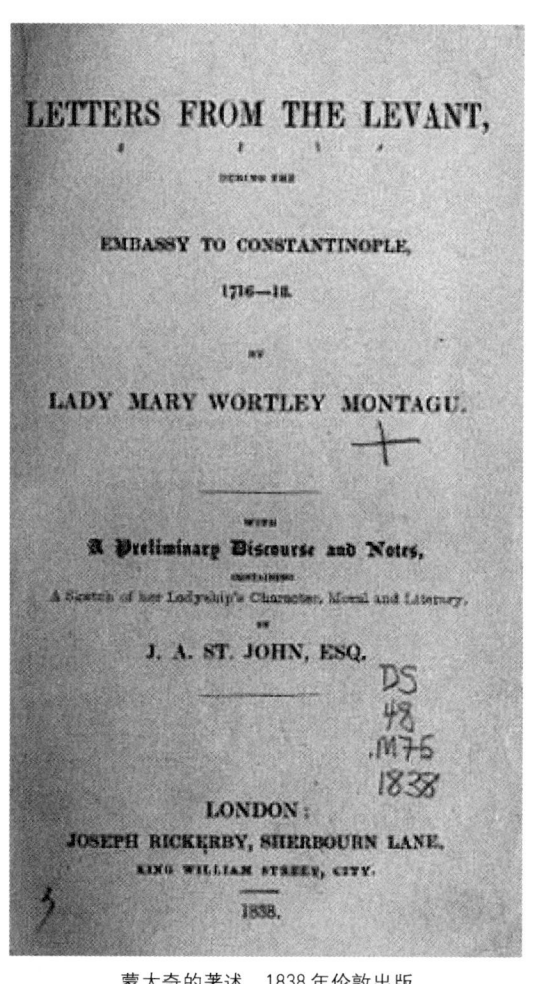

LETTERS FROM THE LEVANT,

DURING THE

EMBASSY TO CONSTANTINOPLE,
1716—18.

BY

LADY MARY WORTLEY MONTAGU.

WITH

A Preliminary Discourse and Notes,

CONTAINING

A Sketch of her Ladyship's Character, Moral and Literary,

BY

J. A. ST. JOHN, ESQ.

LONDON:
JOSEPH RICKERBY, SHERBOURN LANE,
KING WILLIAM STREET, CITY.

1838.

蒙太奇的著述，1838年伦敦出版

与艰难的现象总是顽固的——以及多样化的——当然是对于巴洛克的方式而言。值得一提的是，1635年之后，法语结构最终因为法国学术体系的建立而成为了一种制式主义。

综上所述，新的关注焦点乃是对于语言的内涵与证明。理论家蒙太奇（Montague）定义了第一个现代意义的散文作家。这一切预示着新古典主义的观点早在1580年就已经诞生："因雄辩而非动作化的语言，这让我们感觉愉悦。"语言的炫耀沉溺于他们自己考虑的那些次重要主题当中。当然，语言的指向更接近于语言本身乃是为了更好地服务于科技的需要。在新古典主义的时代中，颂扬走向了"睿智"。基于此，语言中也出现了"不透明"（seethough-able-ness）的特质。重要的是，新古典主义作家们对于"视界"见解与洞察力的类比有着共同的偏好：视界成为了极为客观的感觉。在这里，主题开始关注距离。假使对于一切都不闻不问，不加修饰，那么客观就会自然而然地显示出来。

五、法国的新古典主义理论

（博乌、博奥斯、拉宾、博波、约翰逊）

在简·卡普兰大量将意大利亚里士多德学派的思想理论批发引入法国之后，法国便成为文艺理论的中心地带。主要的思想源自于卡世德菲卓，最显眼的还是"三一律"。不管当时用什么方式，其主要影响仍然是尊重他人为主、利己主义为辅的斯卡里格。法国评论家对于他们自身则增加的很少，只要相当重要的角色——博奥斯、拉宾，至少是博乌。之于有创造性的思想，叙述性（Expounders）和总结性要多得多。与意大利人的作品相比，他们的角色不但标准化，而且简单化。流行于不一致的元素，创造出了一贯相似的程序。在法国，新古典主义时代就是一个万马齐喑、粉饰太平的特殊时代。新古典主义思想传播越过海峡直达英格兰，其直接结果就是导致了1660年的复辟。那一年，查理一世结束了在法国的流亡，回到了英格兰。

科技的革命导致文学理论的革命。在这种革命中，有一个戏剧性的例子，将实际证据再次举例便成了相同的乐趣，从而重新思考基本的原则。但是实际上那个时代的批评则是相当的保守，他们只会死死地去关注被贺拉斯以及意大利人重释的旧亚里士多德理论原则。尽管如此，新古典主义文论仍

然在叙述上隐含地反映了新的科学精神。

首先，当时的典型新古典主义趋于盛行。虽然文艺理论家们一再强调作品的大众化与不朽，但他们就事关教化的观点例证却是指向道德作用，而绝非世界与人性的事实。在新古典主义的时代中，作家对于一切的期望看起来与新科学规则的一切都是平等的，其间最有名的主题叙述则是产生于十八世纪中期至晚期的文艺理论批评。撒弥尔·约翰逊在他的小说《劳斯莱斯》中就爱慕拉克这个角色[19]，写下了如下的主张：

> "事关诗歌……是可以检验的，而并非单独的事物。这是多种类的，叙述的乃是大众属性与庞大的表面现象。他并不包含郁金香的气质，以及描绘森林那种青翠之下的阴影……他必须漠视现行的规章和观念，敢于弘扬大众与卓越的真实，将一直如是。"

"单一"（individual）与"独立"（particular）并没有更大的关联，也没有更广的适用，但为何总有人热衷于地方风格呢？在相同的几分特性中，约翰逊主张"伟大的思想"将一直存在于大众之中。那乃是缘于某些特例束缚了见解，"以及在创造角色上称赞莎士比亚不仅仅单一，而且使每个角色多样化。"

就约翰逊而言，或许知道"单一"和"特殊"的地位。但是由于自大，并没有将其去掉，那合理的看法是客观的，且仅仅只是在主题周围最近的区域发生——这仍是一种科学态度。在十七世纪，科学以迅雷不及掩耳之势摧毁了人类的骄傲，从而击垮了地心说。从理论上讲，科学精神应拥有一种乐于自省、自制的质朴原则。与科学团体相比较而言，且一部分独立的科学家要显得质朴、谨慎得多。其余的科学家就进一步核准了这独立的结论。这种结论抑或会被科学团体采纳或是扬弃，这种相似的质朴至今仍面对世界，我们至少能在二十一世纪的结构主义理论当中窥见端倪。此理论仍宣称对于科

19 《劳斯莱斯》（*The History of Rasselas*）为英国十八世纪大文豪约翰逊在1759年出版的一部短篇小说，该小说内容主要是阿比西亚亚王子劳斯莱斯（Rasselas）从小生长也被软禁在快乐谷(Happy Valley)中，他日渐不满，想知道人类幸福的真义为何。一日他便和随从爱慕拉克（Imlac）逃出快乐谷，四处探险深入社会各阶层，寻找快乐的真义。这个故事在形式上一般是归类为哲学性的东方志异，因其一方面探索何谓幸福的问题，另一方面又以类似天方夜谭这种志怪形式写成。——译者注

学非中心论以及自省、自制原则的勉强服从。

新古典主义文论从自身考虑，吸纳了这种质朴的主张。评论家必须发现他们自己的界定，亚力山大·蒲柏在他的《批评集》中如是说：

"你必须要明白地确定自己的分量。

你的才华阅历与学识，究竟多少？

在你的力所能及的条件下，

去大胆地努力罢。"

由于没有从可奉行的具体证据来分析，新古典主义的批评超出了主体观点，他们臣服于客观的权威著作。这些著作要么是旧日经典，要么是政治语境，他们抛开了科学研究，但选择了科学的立场。

至于对旧时文本的尊崇，新古典主义批评家们相信作家对于古希腊、罗马文本的模仿会如对自然客观事物的模拟那样得心应手。这最初是贺拉斯的观点——以及在大众问题上，新古典主义的精神更接近罗马人。与希腊人相比，他们对自己的接受倒是居于其次的。蒲柏援引维吉尔的例子。据推测，此人作为青年诗人曾"藐视描绘"，认为真正的圭臬乃是"自然资源"方能无出其右。

"当来临的一切被审视时，

他发现自然与英雄，

原如出一辙。"

这里将自我中心的骄傲降格为真正的人本思想。

传统权威著作在风格主题上仍然被广泛接受，中世纪与早期文艺复兴关于浪漫主义的一切已然遭到扬弃。新古典主义文艺理论只考虑了一小部分风格因素，且在风格之间不存在混合，在风格中依旧存在着三六九等的排列，这是对于亚里士多德关于悲剧史诗的巅峰观点。虽然，新古典主义诗人在事实上并不具备创作史诗的能力，但是这里被关注的事物却被赋予了阶级内涵。在英国，关于悲剧的观点如同史诗一样已经过去。我们习惯于在文学理论中增加关于写作场景的可能性，但新古典主义理论出现了个人崇拜的趋

势。

至于看重政治语境经典著作的问题,博乌提出了别具一格的新古典主义观点:"在作家与作品的评价中,人类并没有完全被误读。"经典形式的方法论在塔斯特的新古典主义笔记中展现得极为清楚。正如对于品尝一个梨子并不能说明嗜好吃梨子——只是说吃过梨子一样。对文学作品的尝试,假设这种特殊的作品被政治语境赋予价值(指政治语境中受到良好教育与文化教导的人),那么,这里必定会有一些有价值的东西,假使你不能获得价值,那你将会遗失掉这一切。在大卫·海默的经典审美中,他的保守观念要远远高于他的认识论,在文学和艺术的鉴定中进行着分析以及简单的感官判定。

"就一些特殊的形式和才能而言……一些是会导致愉悦的,其余的则会觉得烦闷。假设他们在例证上导致失败,问题根源于某些结构组成上一些客观的缺点。一个激情四射的人不可能坚持自己的爱好,譬如说选择相关的风格,当然亦不会受嫉妒影响,自作主张,指鹿为马,混淆黑白。"

这种最终失败的觉察并非折衷的观点,但是在要素上的缺乏遂导致了地位上的缺失。

至于作者,如作家一样,通过新古典主义的批评,巴洛克风格的诗人沉湎于自我陶醉的艺术鉴赏之中,从而炫耀他们自己的聪明才干。新古典主义认为他们自己是一种与自负相对立的关系。博乌在他的《诗与艺》中谴责了某些盲目自大的诗人"他们认为别人和他一样机敏聪慧"。这是方法论的一种,诗坛如政坛,尊重、关注一切才华出众的人。博乌并不赞成"作家不能主宰自己的观点与言语,且在他们讨论过的话题上并不能留下任何可供言说或是思考的东西。"从

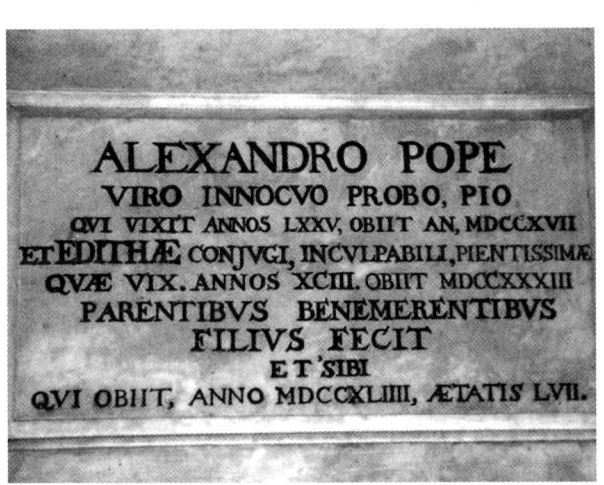

图为蒲柏墓志铭,蒲柏逝世后,葬于英国伦敦

他们自己利益出发的言论是必定会受到谴责的。在那个时代，诗人们提出方法论，但是必须要将其废除，或是缄口不提。新古典主义者尝试着如厨师一样为语言与现实之间的维度[20]调味——不咸不淡，正好。

这种看法有助于解释自然中的新古典主义概念。"从随自然"，蒲柏如是说，但是他很显然地并不使用这种术语——特别是凭借浪漫主义而在晚期形成的大众流行。这并不是一种自然的感官，并且因为人工而使其现象变得极其纯洁。但是自然却包含且集中了人类自然。

人类社会并不止包含古老的自然结构，更包含政治的文化结构。自然如我们所思考的一如"说话自然"的感觉——再通俗一点就是没有做作与针对性的行为。新古典主义时代认为他们的意志中自然本身存在着差异，整个虚假的展示被认为与整个巴洛克时代有关。

另外循环的新古典主义概念是"得体"（decorum），拉宾称其为"极其必需"的规则。"除此之外，其余的规则均不作数。"所谓得体，便是"恰到好处"，如贺拉斯的创作，而新古典主义者却将这种术语滥用地近乎糟糕。当风格在上下文中变得不适当之时，"得体"这个原则便受到违背，或是演员在他所有典型中一个临时的矛盾举止，抑或是一个独特的情感出于整个剧本的情感之中。仅或是在舞台上一个突如其来的插曲（譬如说粗俗的举动）严重地违反了受众的公众立场，在不断推进的公共情节中——没有大的语境关注的情况下，这所有的一切都是受到禁止的。在巴洛克时代，正因为单独的部分具备着统治地位——如点缀的装饰看似湮没在巴洛克建筑当中，但其实并不然。从此文可看出，新古典主义时代确实避开了沉沦于蒲柏所说的"零散之爱"。

至于如何才能从容谨慎地控制创造力，这需要独立的心理锻炼形式——判断力的才能。正如判断力的权威一样，评论家们在新古典主义时期拥有特殊的力量，这种力量自然受到了给人以深刻印象的一贯性，并且受到新古典主义批评体系的支持——这种趋于完美的批评系统是基于社会批评系统支持的。此类叙述在法国新古典主义的建立则肇始于1637年——高乃依《熙德》一书的出版，在这里，高乃依的戏剧结构被认为是和法国学术结构相对抗的

20 原文为De-justesse，原义为希腊神话中的语言女神，引申意义为语言的表达能力与事实之间的夹角，通常解释为语言和现实的相符程度。——译者注

体系，但更多的是，这种批评理论的力量理所当然地被当时作家们自己内在化了——直至后现代的出现——以及因为极不相同的原因——这种批评理论离创造力的关系已然极其接近。于是，对于平等地位的诉求则出现了极大的呼声。

六、新古典主义中的英国元素

（琼森、德莱顿、约翰逊、艾迪森）

尽管这种体系是力量的源泉，但是法国新古典主义却习惯性地容忍一个小的短语（clause）从所有规章与必要条件的顶端位置消失，而所有附加的、无可预料的元素将文学猛然抬高到一个近乎巅峰的水平——这一点已经获得了大家的共识。比如说博乌的名言"羚羊挂角，无迹可求"[21]，这么优美的一句话却被含混地望文生义地翻译成了短语"我什么也不晓得"。蒲柏把这个定义转译到英语里面，遂成"优雅乃艺术之大美"的命题，所以这种成分被理论阐释完毕之后，理论也就在今后便丧失了表述一切的责任。

在新古典主义的英国学派当中，不出所料地存在着相当一部分被忽略的短语。许多相当重要的批评家开始对于诗歌或是戏剧进行着尝试，所以这种尝试在绝对性的标准上的依靠要远远小于对于在同时代创作模式下对于正确手段的遵守。他们并不渴望去质疑或深思那些伟大的理论，但是并没有就单独的个案做出慷慨的宽容。

英式新古典主义起源较早，且独立于法式的影响之外。特别是本·琼森的观念，其主张源自于意大利的文论，且特别师承于一名叫做丹尼尔·海恩苏的荷兰教授，此君乃是一位自学成才的江湖学者。约翰逊对于艰苦努力与精巧的手艺尤为看重，以及对莎士比亚简约风格的质疑："他因熟练而流畅，但是有时他又必须知道。"其古典主义观点强烈地提出了"简约"和"气魄"的要求，在反对他的同时代人中，以形而上学派为主要代表，如约翰逊对于新古典主义的品德定位为"男子气概"一样，在专业名词的使用上形成了一

21 原文为法语"je ne sais quoi"，意思为"我不知道的东西"，在这里为理解方便故意译为"羚羊挂角，无迹可求"。——译者注

德莱顿

种启发式的评论，但是晚期新古典主义的反对者却谴责新古典主义风格中的"脂粉气"。及至约翰·德莱顿时代即复兴王朝，法国潮流此时这才进入了全盛时期。在当时很多批评家的陈述之中，我们可以清楚地了解到德莱顿完全地将自己展现于一个与新的倾向完全一致的立场上。但是基于莎士比亚的英国文论传统，博蒙特、弗莱切、约翰逊、乔叟这些作家们的区别仍然是显而易见的。他认为不同类别的受众具有自己的气质与必需条件。"社会风气、社会时代以及诗人笔下人群的性格倾向，这种不同取悦了希腊人，但是却让英国人觉得不适。"在人类自然中，所谓事关新古典主义的假定，乃是介于质疑之下的一种穿越文化与历史的不变恒量。"德莱顿关于文学批评最重要的著作就是《戏剧诗随笔》，该书中很大一部分都是站在英国的立场上和法国理论论辩。

在该书中，戏剧被解释为"人类自然生活中一种精确而又生动的表象"。纵观整个新古典主义的观点，最关键的词就是精确。所以，透过精确标准来看，这种表象必须要精确。但是德莱顿的代言人尼德却在"生动"的立场上进行强调，这种强调亦是集中在狭隘性地域的价值。出于"生动"的暗示游离于高雅的新古典主义原则表层，甚至尼德渴求这种辉煌的、多样的本土感情。

"多样化"（variety）是德莱顿批评理论体系中一个再发的概念。就此概念的作用与其社会地位的评估，德莱顿以及他的批评家从来没有评述过。纵观整个批评体系，这个概念一直是直觉的，或者是专门的。但是这却赋予了德莱顿为"英语多样化"而辩护的权力——如与法语中的"贫瘠"与"荒芜"相反一般。甚至他还主张，在同一部剧中必须要有悲剧和喜剧两种不同的元素，"相邻对立，相互衬托。"就此一说，他专门列举了大量受欢迎的角色。

"多样化的图象构成了戏剧中的大美"，或许如他陈述的关于乔叟人物谱系的那样，"这是上帝的富庶"。动作对于演员的重要性在这里被意大利的亚里士多德学派所超前化了，是德莱顿仍然在英语的层面上赋予了其转折的含义。

　　和德莱顿一样，约翰逊谈到了价值的多样性，"毕竟愉悦是一种多样化的资源，这种同一律最后终于使人感觉厌烦，哪怕是世间精华的统一。"同样地，他也对事关真实生活的模仿予以了强调，并且对于曾经的文学作品中的模仿唐突地忽略掉了。"没有人会因为模仿而不朽"，同样他也不会在新古典主义的规则中扮演一个先天的（priori）[22]、绝对的角色。从批评主义到自然主义，对于开放性的诉求将会一直存在。如此，他便承认在每场戏剧的演出中，莎士比亚总能将喜剧与悲剧汇于一炉。"展示人文自然中的真相，分享人情中的好与恶、喜与悲，事关多种多样的比例，无穷无尽的联合方式，均进行着无休止的杂糅"。在相似的背景下，他开始怀疑田园诗的经典因素只是一种人为的常规。针对相当多的田园诗人，他说，"在写作中全然漠视自然和生活的作品中充满了神话学的隐喻与难以相信的虚构。这种感情基调乃是平和的，既不激情，亦不理性，这一切之于真实生活的真理并非唯一准绳"。他仍主张文学中应有一种道德准则，并且要求作家应该从观念中最后带有道德意味的自然中进行遴选。但是迄今为止，"真实生活"依旧是他的准则之一。起初，他笃信观察源于行动，如英国的经验主义哲学家一般。把他从新古典主义"精仿"的体系中独立出来看，他为当下现实主义的理论做了奠基的贡献。

　　至于约翰逊的很多批评观点，他都以散文随笔的形式出现在一部名为《漫步者》的集子当中。这个集子因为服务于中产阶级新贵，所以拥有广大的阅读市场，如1709年出版的《旁观者》一般。纵观整个十八世纪，英国

　　22 北京大学哲学系教授钱广华先生认为，"priori"一般意思指"天生的"或"天赋的"，是认识论中一个重要术语。公元前4世纪古代希腊哲学家柏拉图的"回忆说"是这种先天论的最原始的形式。在欧洲中世纪，这种观点成为基督教经院哲学的正统观点。到欧洲近代，以笛卡尔为代表的理性主义提出了"清楚明白"是天赋观念的特征，给"先天的"这个概念注入了理性的内容。但是，理性主义的先天论受到了以洛克为代表的经验主义的反对。洛克提出，没有先天的观念，一切观念都来自感觉经验。德国古典哲学家康德将其所说的人类知识中不来自经验的包含必然性与普遍有效性的成分称为先天的。康德企图克服理性主义与经验主义的对立，提出知识是由质料与形式两种元素结合而成的。他认为，知识虽然起源于经验，但经验仅提供不具必然性和普遍性的"质料"，它们是被给予的，没有任何规定性，还不能构成真正的知识。因此，要在感觉经验上加以人的认识能力所提供的先天形式，即由知性自身提供的范畴和基本原则才能产生带有"必然性与严格的普遍性特征的先天知识"。这样一来，康德就把知性凭借先天的形式接纳感觉、知觉并把它们综合统一在规律性的联系之中，从而形成知识亦即"经验"，当作支配一切经验认识活动的法则，得出了"人为自然立法"的结论。——译者注

中产阶级在政治权利的声张与扩展上业已远远超越了其他的欧洲国家。文化的渴求，启蒙以及有闲阶级逐渐发展壮大，正因为此，杂志开始慢慢满足这种需求，日益刊登一些非专业性的文章，从而刺激了产业化中精英文化与准精英的发展。

在新的批评结构中，最重要的作家就是约瑟夫·艾迪森。他将弥尔顿的《失乐园》、英国民谣《切维·切斯》等非古典主义作品进行了大力弘扬，对这些作品的弘扬，更多程度上是源于这些作品的声誉而全非他本人的喜好。他用一种势不可挡的气势宣扬了鲜明而又形象化的"直喻"价值——这种直接性的英语强调在二十世纪的英美文学批评理论中获得了再现，但是总的说来，艾迪森继承了新古典主义光荣传统，之于他在评论体系的创造并非是一种文本层面的满足——包括物质与意识两个方面。

艾迪森所撰写的那些彰显思辨性的作品，无疑为哲学审美开拓了一个新的领域。其处女作就是1711年出版的《论典型》，1712年艾迪森又发表关于"想象之愉悦"这一文章，引领了休谟等后来作家。在这本书里，他没有从亚里士多德、柏拉图肇始，文学理论与哲学结构出现了脱离——其实亚里士多德早就明确质询过这个关于诗学的问题。从那时开始，新的审美学者开始关注大众美学，无论美术、音乐、文学抑或自然视野均属于被关注之列。这种反映往往会出现在大众的反应之中。但是这种认知的反映往往会呈现出单独的主观性影响而非公共或是社会的反响。艾迪森援引了如霍布斯[23]与洛克[24]等学者的哲学心理学新观点。直至现在，我们都可以看到这种主张还是与新古典主义的立场是殊途同归的。但是我们必须要承认一点，那就是这种新的结构仍旧为其后的发展起了不可磨灭的开辟作用。

七、情感时代的英国文学理论

（约翰逊、杨格、约瑟夫·沃尔顿、托马斯·沃尔顿、赫德、埃蒙德·柏克）

及至最后，中产阶级在英国的发展不可避免地改变了文学的自然性，这

从柏拉图到巴特：西方文艺思想史

52

---

23 霍布斯（Hobbes），英国哲学家、心理学家，代表作《利维坦》。——译者注

24 洛克（Locke），英国心理学家、政治家，代表作《论信仰自由书》、《理解能力指导散论》、《自然哲学要素》和《漫谈绅士的阅读与学习》。——译者注

一切源自于更灵活更可塑型的角色之路。鉴赏力的被动接受便从此传至于后世。新的阅读群体期望能拥有自己的读物，这种读者群而非完全以阶级而论，更要以性别而论，读者中绝大部分为女性。值得说明的是，当时中产阶级的妇女并非都熟谙希腊语或是拉丁文，甚至她们对于文学与教育都一无所知，但是她们却拥有大量的阅读时间。于是，可借阅的藏书就理所当然地在市场上出现了。当时的租书店就像当下的影碟店一样为广大读者提供图书租赁业务。绕开了传统的社会中心伦敦，完全依赖于印刷品作为交流工具，遂形成了新的网络交际圈。就在这个时候，新的版权法设立了现代版税制度，作家根据图书的销量而获得持续而又固定的收入。鉴于这种读者群正在巨大地发展着，这种商业关系也养活了一批以此为生的专业作家——这是空前的——因为是建立于图书销售之上的。这种长时期的赞助商制度促使了大量的雇用写手成为了极具价值的创作储备。而现在却变得离题万里，作家与市场相挂钩，但他们却从未与政治贵族的特殊需求相挂钩。

中产阶级尝试着改善情感时代的状况。在十八世纪后半叶，睿智与讽刺遂逐渐被感性与情感所代替。"热情"与"同情"一道成为了共识，而且"同情"成为了新近小说结构发展中的一个需要，这将调动读者们的热情与对于角色的个人鉴赏力。来自英国的理查森风格[25]的小说带动了整个欧洲的热潮。在那个时代，文学理论界几乎不关注小说，至于进入严肃阅读圈子的机会更是微乎其微，但是文艺理论却用理查森风格而变得影响卓著。

文学理论与文学作品一样，再次促使了伦敦成为其发展中心。在十八世纪五十年代这十年里面，新的想法如雨后春笋般涌现，文艺理论的概念亦受到新国家主义（New nationalism）的冲击。在新古典主义时代之前的英国文论因为完成较早，故萌生了比较武断的自负情绪。莎士比亚长期在英国文学的风格中寻找可使其依照法律规定而自由的例证，现在莎士比亚、弥尔顿与斯宾塞相联系。当变化在尝试中带路的时候，正确的理论蹒跚地紧随其后。新古典主义的原则次第受到了冲击。

其中，首当其"冲"的就是撒弥尔·约翰逊。但从某些方面看，约翰逊无疑是一名新古典主义的绝对支持者，抑或是一名实用主义的革新者。但是

25 理查森式结构（Richardson Ian），原指的是建筑风格，指与罗马复兴式相媲美的折衷主义审美原则，后引用到文学风格之中。——译者注

最后我们也必须关注他的另一方面——他是一名正儿八经的新古典主义斗士。换言之，对于时间和地点的统一，他是绝对持反对态度的。很多人怀疑过这两个统一，但是到了最后，约翰逊将它所倚靠的理论彻底抛弃。从卡世德菲卓时代开始，他们已经为"编剧"可靠性中必须的假定而辩护，但是约翰逊否定这种"可靠性"的存在。他认为，观众只会沉溺于他们自己的场景；对于观众而言，从第一个动作到最后，舞台仅仅只是舞台，演员仅仅只是演员。并且他坚持认为，所谓戏剧，其可靠性显然不能与生活中的可靠性同一而论，戏剧的可靠性只能根源于剧本而存在。

卡世德菲卓的观念乃是针对观剧（或阅读）中的情感处于被占用的事实。这些假设的集合，便是情感的起步与基础。如果戏剧是可信的，那么导致的结果则是迷惑性的。但是约翰逊并不认为这种情感是基础的、起步的。他认为，这种情感却被意识的主观阐释所推翻。受众审视舞台，常常认为其为亚力山大或是罗马。这种被观照的事物并非终极的真实，但却能指示一些将来的事物。鉴于象征涉及到不同程度，一出戏剧便能像一本小说一样，在不同的时间与空间之间引领着其表现。

至于对于新古典主义同一律的攻击，他仍然能做到客观、合理地评价。从差异上来，爱德华·杨格更关注一种热情的新形势与一种新的主观恳求。"汝之受尊之度，不啻于本土之学于本土之人，又与舶来品何干？"这种出自于新教的主观主义陈述，竟是一个出身在新兴中产阶级虔诚的教徒所言。在他的《处女作构想》中最关键部分，杨格针对个体的良知道义问题具体分析了新教徒的观念："在没有学术制度的前提下，灵感能使我们的作品永不迷航。这就像毋需法律之下，道德对于我们的约束。"

《处女作构想》是一部几乎完美的、独创性的宣言。杨格批判了新古典主义作家们在接受上的被动与在权威上的附属，对于浪漫主义的预兆，他设想了一个"特定时间"。

> "混沌被认为是一个植物的世界。自然地，灵感从最具活力的根部开始衍伸，它的成长并不成功。模仿变成了一种机械程式的生产，艺术与劳动并非他们自身的、先前的物质衍生。"

他在描述创造力的时候，为了预兆浪漫主义，故称这种创造力为"最熟

（200）

XCVIII.

The Study.　Muséum.

The Study 1.
is a place
where a Student, 2.
apart from men,
sitteth alone,
addicted to his Studies,
whilst he readeth
Books, 3.
which being within
his reach, he layeth
open upon a Desk 4.
and picketh all the
best things out of
them into his own
Manual, 5.

Muséum 1.
est locus,
ubi *Studiosus*, 2.
secretus ab hominibus,
solus sedet,
Studiis deditus,
dum lectitat
Libros, 3.
quos penes se
super *Pluteum* 4.
exponit, & ex illis
in *Manuale* 5. suum
optima quæq; excerpit,
97

泽奥巴尔德

悉的陌生人"。对于持有者的意识来说，这一切抑或是"未知"的。

新古典主义的思考方法强调了人伦关系中的共同自然环境，这样导致了作家对于其他风格迥异的作家出现了对于过去流行模式与"不自然"政治舆论的忽视。但是杨格关于原初的观点却与卓尔不群的假设相联系到了一起。这个尺度意味着一个作家要在价值标准上与其他不同的作家相称。在与过去模式的联系中，"荣耀与非凡，将被放置到人迹罕至的道路之上，探索变成了必须要去做的事情；与阳光大道相比，你越是独辟蹊径，你越有卓越的收获。"至于与政治舆论的关系，"灵感受谴责之时，往往是受歌颂之日。"最开始，灵感的定义与我们现在灵感的定义是如此的如出一辙。这一切，均被政治舆论的真相所发现。

至于被原初的灵感所打造出来的诗歌作品，杨格声称其"诗歌里面有一定的散文成分"。在约瑟夫·沃尔顿的《灵感与权威作品札记》一书中亦表示出了相同的观点，沃尔顿在不同水平层次的诗歌中进行了区分。

"在第一层次中，我认为只有三个崇高而又悲剧的伟大诗人可以列入其中——斯宾塞、弥尔顿、莎士比亚；在第二层次中，主要是一些温和镇定的、真正意义上的诗歌天才，这些人在道德、伦理与赞美诗中都有极其伟大的天赋；第三层便是一些智者，这些智者举止优雅，措辞精妙，对于描写生活头头是道，可惜他们都无法创造一流意境的诗篇。"

不幸的是，蒲柏的作品竟成为了他所举例的"第三类"作品之一。在层次之间的荣誉痕迹上，蒲柏的诗篇还是获得了成功的诠释。但是他们还不敢将维吉尔、弥尔顿或荷马的诗篇"降格"为"垃圾作品"。对于蒲柏诗歌的解读，所幸没有出现争鸣。当然，沃尔顿也没有斥责蒲柏堕落到了极其一无是处甚至不成器的地步。他声称，这只是三个不同的成功标志而已。

约瑟夫的弟弟托马斯被卷入了另一场反新古典主义运动的革命当中。十八世纪中叶十年，是出版编辑热情似火的十年。尤其是泽奥巴尔德(Theobald Lewis)[26]其后关于莎士比亚著作的开创性贡献。出版革新促进了历史学的发展——托马斯·沃尔顿一下子成了当时名噪一时的历史学家。对于中世纪新古典主义的观点的挑战，仅仅只是一个不规范语言盛行的时代而已。小沃尔顿坚持奉骑士精神为圭臬，他拥有自己的文化逻辑，这种骑士风范亦被认为是诗歌创作中一个富于联想的背景。故在浪漫主义发展的中间阶段，所有的想象力都受到了鼓励与激励，"所谓真正上佳诗歌之表现，乃是孕育幻想之崇高与心动之图景。"从普遍的观点来看，托马斯·沃尔顿早期的作品被看作是对于时下习惯与信仰的反映，故，就对斯宾塞的审视而言，他考察了当时的批评写作，目的是为了重现伊丽莎白时代人们对于诗歌的评判立场。这种方式抵触了新古典主义恒久不变的假定，就人文自然历史而言，或许能从真实实验中获得永恒的立场。

理查德·赫德的学术造诣要略逊色于小沃尔顿，但是对于中世纪文学《圣女颂》的研究却富有满腔激情。他颠覆了哥特式的内涵，新古典主义作家在一段时间里常常对中世纪进行鞭挞。他强调哥特式对于经典传统的重要性，新古典主义或许得到了"很多好的观念"，但是却丧失了"一个不错的神话世界"。至于《圣女颂》这本书，赫德发现了事关骑士独行奇遇的内容缺乏亚里士多德的"动作统一"。然而他却矛盾地发现其诗歌存在着"一种其他样式的统一……结果是期望把若干个不同动作串联起来，以期获得一个

　　26 泽奥巴尔德(Theobald Lewis)，1688－1744，莎士比亚著作的责任编辑，英国翻译家，被誉为世界莎学第一人。——译者注

相同的目的"。自然，"目的统一律"便从斯宾塞的主题中脱离出来，形成了整个骑士精神的思想方式。

与此同时，另一个关键的新概念渐渐地为世人所知，那就是崇高。这个术语已经在约瑟夫和托马斯·沃尔顿的作品中出现过例证，甚至博海姆还荒唐地声称朗吉努斯的《论崇高》竟是受到新古典主义的影响而写成——朗吉努斯的观点在中世纪思想中获得新生之后，在很长一段时间里都受到浅薄的制约。但是就朗吉努斯而言，这种接近式的批评大异于柏拉图的观点，甚至与新古典主义时期的柏拉图主义者们的观点都大相径庭。这便是一个随时都有可能爆炸的定时炸弹，围绕着十八世纪初期那段时间，约翰·丹尼斯（John Dennis）在《论美学》中则诠释了截然不同的观点。在他传统的观点中，新古典主义成分仍然占有相当地位。可是丹尼斯仍然将这种关注的热情认定为是诗歌中必要的成分，并给虔诚的诗歌予以极其高尚的褒扬。因为赞赏与敬畏均可成为引起崇高的力量。当然，《圣经》读物作为提升中产阶级背景的作用仍然还是有相当的中肯价值的。

事关崇高最重要的理论家非埃德蒙·柏克（E.Burke）莫属。1757年，他的作品《崇高与美学思想的滥觞，以及哲学起源》出版。从这本书我们可以看出柏克是哲学家式的美学学者。他参与讨论所有的哲学美学问题，其所采取的方式就是对于"类反映"的心理分析。他在两个截然对立的审美形式中进行争辩：当美感遭遇崇高，在他们自己的方法中，两者都是有价值的。毫无疑问，越有更大的价值，那么就与更伟大、更崇高相对仗。

就柏克而言，美是令人舒适的，易接受的，而且还是令人愉悦的。我们在他所呼唤的纤细、微妙、细致、柔和中确实发现了真正的美。这便是新古典主义中关于美的最重要概念。这种关于美的观点绝对地受到了新古典主义的宠爱并赐予昵称，如慈悲、诱惑，以及娇弱。对比起来看，崇高的精神是由粗犷（庞大、黑暗、野蛮、参

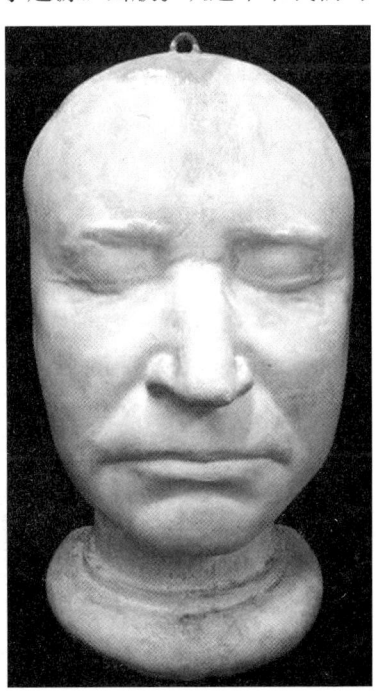

柏克去世后，为其遗容所做的面具

差）而映出来的，在远远超过朗吉努斯之后的柏克，他将崇高与恐怖相联系。"无论如何是对痛苦心理的刺激，或是危险心理，抑或这种方式与恐怖相同，这是崇高的一种源泉。"就恐惧与惊悚的本质来说，只是一种麻木的感觉与意识。

"没有哪种情绪冲动能像惊悚一样将推理与动作力量中的意识掠夺殆尽。"从而找出这种感情成为了一部小说，或是一种关于人类情感荒谬的转折。但是正如浪漫主义所证明的那样，那确实是对于非人类或是反人类（non-or-anti-human）的一种赞美。对于制服我们那种力量的痴迷，甚至沉湎于自我毁灭。

荒诞（Absurdity）的角色需要特别的评注。朗吉努斯早已指出：当"建议"的事物要比"确定"优秀之时，就动作而言，则更具有活力。柏克将这些与苍白的陈述相联系，如了然的洞察力，赋予了我们一种控制感。"当我们习惯使用眼睛丈量到任何一个危险长度的时候，大量的忧伤将会化为乌有。如恐怖的情绪——它涉及到了抑制的缺位，当我们否定了已知的知识后，这一切即将往纵深发展。"黑暗的杂糅，不确定的幻象将在巨大的热情之上拥有更大的力量——与其他相比这将变得更加清晰、确定。毋庸置疑，柏克的论点与新古典主义的长处相比，两者完全不同。

值得补充的是，柏克挑战了介于语言功能与形象功能之间的新古典主义类比法则。这一切都在呼吁十八世纪心理哲学家们在个性方法上的自省。他否定了语言含义，认为其仅仅是简单的视觉幻象。

"这一切思想并不能简单地被统称为'抽象'……但是就这种特殊的真实存在而言，我们并没有谈论任何令人激动的想象：只是在我们的意念中勤恳地获得展现。"

就柏克而言，语言"动作"（acts）——以及动作的主观化，其含义并不是"外部目标"呆板的反应，但却直接在接受者的意念和感受上产生了直接的效应。所谓作家，并不是一个尝试去传输"影像"的人，他们需要去使用自己媒介中所独有的活力。

"诗学与修辞学在正确的如画描述中凸显的并不成功，就其影响而言，同情的成分则要高于其模仿的成分。较之清楚地阐述其语言与观点而言，展示言说思想中最有影响的成分（或是其他）则要更胜一筹。"

柏克的观点则是声言要在语言与崇高之间形成一种自然的亲密关系。

在情感时代，英国的批评家们在承认新古典主义特例与着手于诗歌选择分类的时候，他们就在进行着一种变化。同样，在那个时代中，很多术语开始由新古典主义向浪漫主义（或是现代主义）进化，如想象、自然、风格与灵感等等，但是却没有一个英国的批评家——当然也包括柏克本人能创造一种大众化的、可以全盘取代新古典主义的骨架。在他们的作品中，新古典主义的残余能够存在于浪漫主义的滥觞之中，这是一个变化的时代，他们的批评法则一如他们的诗学。

八、维柯、狄德罗以及莱辛

在十八世纪，英国文学理论开始变得与欧洲其他文论界格格不入、一支独秀的局面。毫无疑问，这肯定是让人印象深刻的。首先其形象代表就是一位划世纪的大学者——来自那不勒斯的著名思想家詹巴蒂斯塔·维柯。终其一生，他几乎是一个学问路上的苦行僧——因为在当时那个时代，他创立的"文学科学研究"这个真知灼见的想法被完全地忽视了。直至最后两个世纪，他的思想才重新被发掘认识。

在他的作品《新科学》中（该书首版于1725年，重版于1730年，再版于1744年），维柯假设了人们早期的社会政治舞台。但这并不涵盖早期的原始感情文化。他发现早期的人类社会拥有一套自己的独立的思考方式。换言之，就是"神话概念"与"诗学思想"。他认为，所谓神话观念，乃是由早期人类社会的话语形态所决定，这一切缺乏抽象的术语。于是乎，具体的概念因而被需求地赋予了概念性与说明性的角色。如"想象世界"中，杜撰的上帝与英雄便是这想象世界中的一种组成。"假如……一个民族（种族）不可能被抽象或是大众所命名，那么它一定被一些特殊人所'操控'"。

可见，早期的语言形式是如此的隐喻，神论亦变成了一种隐喻的思考方式。这种语言与思考在对于想象的依赖上明显要强于对理性的依赖。尽管如

维柯的故居

此，这种思考方式仍然存在着一套从属于自己的诗学逻辑，并且为可知世界的描写提供了一种方式。

从狭义上说，维柯尽管认为诗学呈现出了不甚了然的关系，但他的观点显然是站在抛弃新古典主义认识观的基础之上的。透过与神话的关系，发现诗学仅仅只是建构于普适的、合理的思想之上的东西。诗歌不是娱乐或是消遣，而是思想方式的一种——亦是所有思想中最初的、最必要的一种模型。在合理的思考方式业已完善之后，诗学思想变得相当基础起来。演说的形象也不仅仅只是建构在普通的散文场景之上。但是新古典主义的批评家们常常告诫诗人们，对于自身与思想中隐喻的追随一定要坚决摈弃。而维柯则坚持认为隐喻是思想的一种，"所有的第一次比喻都是诗学逻辑的推论，这些也是通俗晓畅的。所以今后最重要也是最频繁的，必定是隐喻。"事实上，这些正如当代文学语言中那些词组"口若悬河"、"矿脉"、"呢喃细语"、"泣泪之抑"。

如果维柯的"新科学"观点领航于浪漫主义文论与二十一世纪人类学的话，那么，丹尼斯·狄德罗的部分观点将会预示着其后十九世纪的自然主义与象征主义，甚至于更其后的二十一世纪后现代主义。狄德罗自相矛盾的方式，对于后现代主义，有着极大的预兆。这种极端的戏剧拒绝降低到前后一致的程度。狄德罗那并非一蹴而就的创作，无疑是巴赫金对话主义的范本[27]，在对话的形式上他们是共通的。但是鉴于他们自身争论而言，他们的主张好似被控制的作者所"解控"了。

从柏拉图到巴特：西方文艺思想史

---

27 巴赫金发展了新康德主义关于认识论和人的主体性思想，在伦理学和哲学人类学的层面肯定了人的存在。而人的存在就意味着"我与他人"处于一定的关系之中，进而形成了人与人的交往。而交往则要借助于言语的表述来实现。因此，人类与生俱来就形成一种对话关系，这种对话关系是在语言的交往中被显现出来的。这就是巴赫金最终确立的"对话主义"哲学，亦即他的"超语言学"的语言哲学。部分观点参考沈华柱，《对话的妙悟：巴赫金语言哲学思想研究》，上海三联书店，2005年。——译者注

在狄德罗事业的早期，他是一个情感主义的支持者，并且信仰自然情感中的美德。但是就英国的批评家而言，对于狄德罗来说，"自然"并非一种简单的物

法国先贤祠狄德罗的肖像

质。在他的《启蒙信札》中，他影射了一个盲人，其人看起来能有效地运用一些形象化的术语。但事实上这些术语都是缺乏实证基础的，故无法证明其是成立的。语言与自然之间有着不可逾越的鸿沟。在他的《启蒙信札2》当中，狄德罗更加地认为逻辑性强的口才表达是对于同步思想与洞察力一种不自然地改编。当涉及到文学"模仿"的时候，自然则变得生僻。在《表演的自相矛盾》一书中，狄德罗指出，一个演员真诚地被情感所战胜，从而失去控制，进而被无法传递的事物所叙述。所以，演员必须要成为一个"冷静而又客观的旁观者"。同样就诗学而言，在真实激情中的自然言说表达在那一刻只是一个杜撰的幻觉。"一个叙述自己流泪的时候，他是不会痴迷于追逐崇高的。"就文学生产的状况而言，"回归"自然在事实上则是计高一筹的骗术。与当时许多法国理论家们一样，狄德罗业已发现自然与非自然在同一域中的对立结尾中并不能简单共存，两者必须不断地对立相处。

狄德罗墓碑

这个发现给作家提供了两个观点：一方面是对于真实自然更加坚定的追求；另外在相反的一

莱辛

方面，就十九世纪的分析而言，他们各自被称作"自然主义者"与"象征主义者"。狄德罗提议，一个具有形象化与体态语的"剧场"应该拥有共时性感觉的洞察力。他贬低了口才善辩的作用。与此同时，他倒向了自然主义者这一边，取而代之的是技巧性语言，难以名状的批评与哭泣、沉默的自然情感。此时，戏剧开始出现了革新，即使舞台前面仅仅只是一堵墙，或是观众均不在场，戏剧也要开演，并且要坚持演完。

　　在其他地方，狄德罗也表示出了自己对于象征主义的热爱。在这种呼声中，他认为艺术本身就是愉悦。已计划好的并沿着艺术创作从自然主义中剥离出来了，并在自然主义上做出改进，"什么是舞台的真实目的？乃是动作、唱腔、表情、声音、体态语的符合。这一切被诗人的想法所建构。"当狄德罗将"关系"当作艺术中的一种神秘进行关照的时候，他对于象征主义进行近乎神秘地接近性研究。与此同时，他认为诗歌则是"象形符号的堆积"。不容置疑地是，这里只是偶然的一些暗示，但是这一切都是带有迷惑性的——狄德罗成为了连接法国古典主义与法国象征主义之间的桥梁——尽管两者方向不同，但是与周密的文学技巧而言，仍然有着相同的方向。

　　而莱辛则因其通俗晓畅而蜚声于情感时代。这位学者将对法式新古典主义的批评引入了德国。他对于三一律与机械的戒律进行了极大的抨击，但对莎士比亚进行溢美般盛赞，并让莎士比亚在德国登上了神坛。

他的主要批评著作是一本叫做《拉奥孔》的书。这本书针对的是大众审美的主题，即口头艺术与形象化可创作艺术的差异，如柏克。莱辛在形象化洞察力上显示了对于语言的偏好，如对于物质上的更少限制，以及为想象提供了更大的可能。

就共时性相对于历时性的对比，他进行了极其详尽的评价。在绘画或是雕塑中，"符号次第排列，解释为单一的目标或是多种多样的，但其中每一个都是成功的。"此导致的结果就是"一连串的人或事同时组成了诗歌的'域'，以及'动作构成合理的诗歌主题'"。反言之，当尝试表现呆板的主题与空间关系时，诗歌将会趋于相对不利。无论何时何地，只要可能，莱辛都会本着躲开呆板叙述的目的对荷马进行褒赞。"荷马述而不著，在他的叙说中蕴含着动作、身体，以及一切。他的叙述是以动作的特征为基础的。"在《拉奥孔》一书中，旧的新古典主义规律受到了扬弃，新的发展规律暴露出了发展的趋势。

歌德在他的自传中提到了莱辛在即将到来的"狂飙突进运动"中所发挥出的巨大影响。在建立于运动与活力之上的浪漫主义与建立在动作之上的莱辛主义之间的大众关系，明眼人一眼就能看出，尤其明确地是，"当下"的高度在莱辛的笔下显然要高于浪漫主义。"程式化诗歌"如柯勒律治的《深夜的霜冻》，或是济慈的《希腊古瓮颂》。

莱辛

歌德墓地

语言的时代和经验的时代何其相似！因为写诗的原因导致诗人地位的变化，在哥特式的小说中，由于一些有趣的、新的谜案才导致语言时代与角色时代的接近。这一切正是革命性的，并且预先准备好的，正因为此，结果导致语言在这个时代变得分崩离析。

第四章 浪漫主义文学理论

拜伦墓前的塑像

浪漫主义的文学革命发轫于十八世纪晚期，并由意大利蔓延到了德国。在同一时代，法国爆发了资产阶级大革命，英国也出现了工业革命。但显然文化革命与工业革命、社会革命是两码事，甚至截然相反。比如说在英国，推崇自然的浪漫主义与当时的工业革命产生了冲突；而在法国，文化革命与拿破仑一世王朝对于浪漫主义表明了抵制态度；在德国，浪漫主义与基督教神秘主义的再生与持反动政见者相勾结。

以艺术生产的观点来看，浪漫主义时代是诗歌与音乐的伟大时代，不止是时代文学的活动将诗歌引向了散文，更是诗歌自身渴望达到聚焦与兴奋之巅峰。首先，抒情诗成为了文学的标尺和准则。如柯勒律治坚持认为，"就所有诗歌而言，任何长度的一首诗歌既是必然，也是或然"。"诗歌"的概念在这里变成了一个内在要素，对于这种观察与思想的质量而言，比外在结构中简单而又公认的层次要重要得多。

奔放与雍容是诗歌风格中两个重要的角色，拜伦或许是新时期最有代表性且最具魅力的诗人。就拜伦而言，这种魅力在于出世的独善其身以及对名利的淡泊。正因为此，这位诗人成为了浪漫主义的领军人物。当诗人们心甘情愿被社会政治结构分为三六九等的时候，拜伦的这种姿态便变得孤高而又卓尔不群起来，但是现在的诗人已然摈弃了现存的社会结构与臆想中的激烈竞争。这是一个介于德莱顿式"内在环境"与雪莱式乌托邦理想政治之间的世界。通过印刷出版的媒介，诗人们不再拘泥于一个狭小的、有着明确界限的政治圈子，但是对于未知的广大受众却传递了信息。相照应地，对于诗歌的朗诵日益演变成一种私人化的行为。

　　浪漫主义在英国与德国几乎成为了两种平行的发展态势，但是在德国文论界，浪漫主义却以一种锐不可当的发展之势压倒了其他的文学理论。当时的德国文学被三种人所创造，一类是以歌德与席勒为主的作家；一类是弗里德里希与A.W.施勒格尔为主的杂志评论家；最后一类则是以康德、谢林、叔本华与黑格尔为主的学院派哲学家。其中最有代表性的，则是最后这一类。正是因为德国哲学家们的努力，才打造出了具有德国特色的浪漫主义文学理论。在那个时代的德国，确实存在一种真正意义上的、与众不同的智慧桥梁，将学者与作家两者之间予以建构。这也常常涉及到个人的感情与友谊问题。

　　这种新的文艺理论在德国的变化是给予情感时代的情感洞察力之上的，同样也近似于一种抽象的洞察力。当然，很多论据如前对于新古典主义进行了反驳；对于"陈规陋习"的废置；对于创造性与灵感的溢美；对于崇高的强调，凡此种种，不一而举。这些主题在先前几乎都受到了注意，但是并没有再检验。在英国的批评中，只有柯勒律治全盘接受了德国的批评方式，但在其后的四个阶段中，也只有柯勒律治因依傍德国评论家而受到关注。

　　首先，关注的是"浪漫主义"这个术语，德国语法赋予了这个动词相当狭小的含义。在文学中如在音乐中一样，特指的是十九世纪末二十世纪初写作的作家群。而在普通的英式风格中，我选取了最广泛适用的个案，发生于十八世纪七十年代的狂飙突进运动，而并没有选择十八世纪晚期的德国古典主义结构。因为这个结构被称为是"歌德结构"，席勒与荷尔德林[28]对于这种新古典主义的复辟并不关注，甚至对于文艺复兴的经典主义也是如此，这一切变得异常尖锐。发起者温克尔曼的观念介于古希腊灵感说与古罗马模仿说之间。当法国作家赞赏希腊文化之时，他们同时与拉丁文化一样，也从法

　　28 荷尔德林（Holderlin，1770–1843）德国著名抒情诗人，生于斯瓦比亚的小城劳芬，父亲早故，母亲是牧师之女。曾先后在登肯尔多夫和毛尔布龙隐修院学校学习，1788–1793年在图宾根大学神学院获硕士学位，他认为，诗人的职责就是在神和人之间起到中介作用。1793年结识席勒，1798年后因身心交瘁处于精神分裂状态，仍完成了《恩沛多克勒斯之死》、《梅农哀叹狄奥提马》、《面包和葡萄酒》等名作，翻译了索福克勒斯的《安提戈涅》和《俄底浦斯》。1843年在图宾根去世，后36年是在精神失常下度过的。他死后几乎被遗忘了近一百年，直到二十世纪中叶才在德国被重新发现，并在欧洲建立了声誉。——译者注

国古典主义中隐遁。

一、赫尔德及其时代精神
（席勒、弗里德里希、施勒格尔、黑格尔）

J.G.赫尔德是狂飙突进运动中最重要且最具盛名的人物,他的观点在某些地方与维柯相似。但是维柯认为自己是一个新派科学家,而赫尔德却觉得

自己是一个异教徒。事实上,他的很多作品都是零散的,不完整,甚至是刻意而为之的,并且在这些作品中均出现了主题的突然性跳跃与崇高的诗性狂喜。这种零散的创作形式在其后的德国文艺理论家中极其盛行,在他们自己的作品中不约而同地表现出了其对新古典主义的排斥。

赫尔德称自己的观点为"社会的集体个性"。每种文化与每个时代都有属于他们自己的风格气质,以及他们自己特殊的思考方法与实验方法。这种精妙的方法肯定会运用

赫尔德

他们自己的语言来完成。"这些语言是天赐的珍宝,是我们社会智慧与集体自尊心的源泉"。就赫尔德而言,所谓语言,实际上就是变化与进步原则下的一个有生命的有机组织——这个观点有力地促进了其后十九世纪德国语言学的勃兴。当然这种语言在特定的文化圈中是不可分离的,所以这种文学也是不可能从特定的语言与特定的文化圈中脱离出来并单独存在的。赫尔德认为文学的本质就是自我表现,并且这种自我表现并非独立的,而是社会性的。对于正在或即将进行模仿的诗人,赫尔德并没有多大兴趣,但是他却从那里发展而来。对于赫尔德而言,理解诗人就是意味着去理解本土文化所扮演的角色。

诗歌与本土文化之间最显而易见的个例就是民间歌谣。在十八世纪后半

叶，德国与英国一样进行了民间歌谣的再发现与整理，而赫尔德就是这个活动中最具代表的人物。民间歌谣之于赫尔德观点的契合程度，好似如鱼得水一般。这并非是一种自治性的创造物，而是一种口头言说的声音。赫尔德的诗学主张作为大众的精神产物在那个时候仍然常被举例使用，对于阶级与某些排他的成分，大众显然要更好一些。

赫尔德1793年出版著作的书影

　　对立来看，法国古典主义展示了文学从本土文化中分离出来时所发生的一切。正如赫尔德所认为的那样，法国新古典主义时代的作家完全被与政治形式相悖的原则所支配。在希腊戏剧中，"统一律"自然而然地脱离希腊式的生活而出现，但是在两千年之后的文化身上出现这一切时，一切都变得不自然。"（法国新古典主义戏剧）与古希腊戏剧在实际上无一丁点是相同的——动作不同、方式不同、语言不同，甚至连目的都不同——无一相同。这些外在因素究竟是些什么东西？"

　　把人的成分抛开来看，赫尔德热衷于所有文化与时代的风格作品。因为这些诗歌本身的独特性与不同性，导致了这些诗歌展现出了各式各样完全不同的形式（sort）。"每个时代都有自己的语境，自己的颜色，与其他时代相比较，他们有着自己独特的、合适的角色地位。"但是也有一种观点认为，单独的文化与时代是在根本上没有可比性的，这个误比如同拿莎士比亚的戏剧与古希腊戏剧相比一样。有一种说法叫做"不同的时代孕育着不同的植物"，赫尔德对于相对论的理解是绝对的，但在胡德与托马斯·沃尔顿的历史观点中，这种绝对又是唯一的。

赫尔德并没有出于对自己同代社会与文化进行保护的目的,对于那个时代的精神选择拼命地声援,而这种声援却被戏剧家弗里德里希·席勒做到了。在其名著《论质朴诗歌与晚期情感》中,席勒在早期的质朴诗歌与晚期的情感诗歌之中设立了一个大比例的反差——在这里他赋予了情感一个不同的含义,事实上这种含义等同于"熟虑的"或是"自觉的"。而质朴文学在这里则特例指荷马史诗与希腊文学,而情感文学则是潜在地暗指整个基督教时代,但是看起来也与浪漫主义联系较紧。

席勒的对照是建立在结合与分离之间的。质朴则是根源于自然,而情感诗人明确地歌颂自然则是意味着他们认为自然是单独地或是遗失的部分。质朴的诗人在具体的描写中客观地展现出了自己的意图,而情感的诗人则通过他们自己主观并自知地展现了他们的目标。"情感的诗人们……在决定他们的目标印象之中,并且只有他们自己尝试与兴奋的情感背景中所反映"。其他的间距包含着公众诗歌的陌生化效果。这种分裂仍存在于诗学美感与智慧能力之间。就希腊文学而言,"感觉与智慧并不存在严格区分领域的规则,并且不存在着分歧——可以将他们引入不友好的割裂,以及各自为界的分歧。"就对比而言,意识与精神成为了人们创作情感诗的主宰,这些诗人渴望这种难

席勒塑像

从柏拉图到巴特:西方文艺思想史

以企及的意识；但是从另一面看，受到客观真实世界的限制，质朴的诗歌变得和谐悦耳而且舒心达意，并蕴含着无穷的能量与无尽的魅力。

当看似很理想地"重现"过去"完整情感"之时，德国的理论家则发现很难信服这种"重现"的可能性。新的历史环境阻碍了这一切，取而代之的是各种各样被和解、被计划的未来形式。席勒产生了一种将"质朴"与"情感"合而为一的欲望。弗里德里希·施勒格尔、A.W.施勒格尔以及谢林对于这种最初的神话产生了诉求。

新的历史环境为批评方式打开了另外一道门：这种可能性从同时代的斗争以及宏大历史叙事中大比例地从文学状态里"复归"。博学的弗里德里希·施勒格尔忙于为概论中搜集早期的例证，与其他相比的重要性一样，理论家们关于有机性历史的观点将会在其中窥得一二。这种观点在晚期黑格尔的鼓动下成为了一种流行，他通过与其他不"相并"(unfolding)事物的研究，创造出了关于艺术的历史辩证法。在整个顺序中的第一个状态就是"象征"状态，其前提便是"理念无法在形式原则中建立"，自然物体将会存在于他的第一个例证当中。在同一时刻，这种独立的意识将如他们的价值一样，对他们进行一种"强迫"。黑格尔在东方以及埃及艺术中恰当地为"象征主义"定位。就文学而言，动物神话的举例只是概念性的思想，这种思想仅仅只是一种强加于形体叙述之上的。反面来看，其二则是经典的状态得到了意识上的完全融合并且意识的形体化，便是黑格尔所说的"非物质精神"。正如荷马或是索福克勒斯至高无上的例子一样，"经典"艺术几乎成了黑格尔指代的符号。如同时代德国其他理论家，这是一种完全平衡的状态。总之，"浪漫主义"形式是如艺术本身一样不尽人意的，但是在精神层面上则具备更高水准。如今这种理念已经发展为一个形体化而不再差强人意的观点："从外在的元素来看，意识在完成基础之后，在更高的层次将会与元素剥离。"浪漫主义已经在新的一种不平衡中被剥离出来。

如我们所见，黑格尔在存在的"经典"与"浪漫主义"之间制造了一个对立，并且还加入了早期的"象征主义"立场。在黑格尔主义的体系中，艺术等级并没有如是地引人注目，"浪漫主义艺术并未归类于辩证法的信仰中，而是归类于辩证法的哲学当中。"毋庸讳言，黑格尔的方法论在整个十九世界文学史的宏观研究中发挥着极其巨大、深远的作用。

二、康德的影响

(谢林、柯勒律治、歌德、席勒与叔本华)

如果说赫尔德是浪漫主义文论中的一位关键人物的话，那么伊曼努尔·康德则是另一位同样关键的人物。康德关于审美哲学的思想全部写入了《判断力批判》这本书当中，这本书沿袭了他早期著作《纯粹理性批判》的风格。尽管《纯粹理性批判》关于认识论的诠释本身既非文学也非艺术，但毋庸置疑，他对于文学理论有着不可忽视的重大影响，诸如后来的思想家很多都追随于康德的世界观。

谢林及其手稿

康德新的世界观在本质上颠覆了自笛卡儿以来消极、传统的世界观。在消极的世界观中，"兴奋"状态通过意识中想象或情感成分的鼓动与流行而被广泛传播，但是意识中的想象又如何准确自我地去在实证中认可这种外在的目标？仅仅只是介于共存想象中的主观想象又如何给信仰辩护？这种辩护是否如一个从倾斜的桌面上滑落到地板一般？实验中最普遍的特征如客观存在和因果诱因一样，在相同的方法论上并不能得到奉行，这与风格的点缀与形态不能被相互遵守一样。因而康德就推出了一点——那就是这种特殊的特征定然预存在于感情的特定场合当中。进而，当我们不能接受客观的表达，甚至从外在世界产生诱因的话，那么我们就必须利用我们自身所接受的一切。就康德而言，所有的人性思维都可以用这种方式予以建构，如以客观的方式阐释情感语言一般，以及因果方式去阐释成功的事件。我们抛开了创造力的意识，创造了我们所看到的一切。

这种被提及的非感知创造力是一种特殊的综合物,我们姑且称其为"化合"。当我们用同样的谱系在客观上合并,就超越了无数个我们已经既有的意象。这种化合导致了想象力在基础上的飞跃。

显然,在文学上的想象力是特殊的且是不寻常的,但是在文坛上这种想象力的拥护者却能从康德的基础概念中获得力量,故谢林声称这种想象在无意识中缔造了一个真实的世界,而在意识中创造了一个艺术的世界。而A.W.施勒格尔则认为这种想象在通过我们首先开始与业已创造的艺术之后,形成了一种力量,而这种力量却是与动作"相迥"的。与此同时,谢林仍然在初级想象与次级想象中制造一种区分,这一切在柯勒律治的《传记文学》一书中获得了诠释,他是这样说的:

> "我们所声称的这种'初级想象力'既是一种有生命的力量,也是所有人类世界观的最佳因素……'其次的想象力'我倒认为是前者的'回声',均在意识的作用下共存。在这种作用下,最初的作用仍然是'同一'的,仅仅只是在层次和效果上有差异而已。"

两种不同层次的想象力,只是有层次上的高下之别。想象力在文学中的作用绝非简单的沉溺与炫耀,但是在我们极为重要的人类才能中则有着更为广泛的实践意义。

在其前十八世纪的术语含义中,这种生于文学"想象力"具体上被源于"模仿"的反抗所阐释。一方面,是创造;另一方面,是源自客观真实的逼真复制。从中被削弱的不仅仅只是模仿的目标,而是与想象力相对的模仿中全部的两分成分(Dichotomy)。在新的途径下,其次的想象力或许在涉及到实践成分的时候并不比最初的想象力少多少——只有在涉及实践成分的时候并不比最初的想象少多少——除非在涉及过多过强的动作层面之

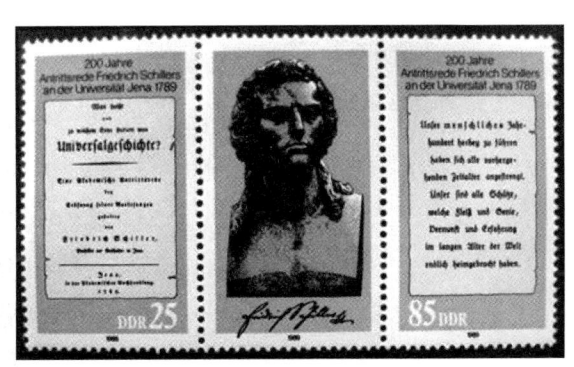

席勒诞辰200周年时,德国政府为纪念这位民族大文豪而发行的纪念邮票

时。所以通过对于柯勒律治的理解，这种想象力才能在华兹华斯的作品中被主观吸收地"限制"了，即把事关结构意识世界的深度和高度拓展了。就大众事件、状态的观点而言，习惯使闪光之处黯然失色，诗人在此刻展示的既非朴素的真实，也非精妙的虚构，而是一种单独的观点。

这种事关想象的全新观点照旧取代了情感时代关于文学纯粹情感反应的关注，但是这种感觉现在却与理解的这种行为所化合。这种关于想象力的新观点并不只是限量的，但毫无疑问却是一个循序渐进的认识过程。

因而柯勒律治认为，其次的想象力作为一种"操作"不但存在于诗学，同样也存在于哲学——更存在于当时的创造力科学视野。这种相似的趋向被谢林所公开，而他本人所主张的哲学观点将艺术抬到了一个很高的层次，超越了人们所认知的其他结构形式。

康德自己本身并没有将诗学想象力的理论发展到一个新的高度，当他关注审美的时候，他着重的是心理反映而非心理创造。通过《判断力批判》一书我们可以获知，审美反映包含了独特的意识特性，而其又导致经验受到了利用。审美愉悦并不只是关于知觉的消极接受。再者，我们所见乃是由我们的精确行为所决定。在同一可比性的范围内，康德所举之例明显在接近程度上要优于自然审美之物——花朵、生命、水晶——这一切显然不如艺术作品。在当下这个时代，康德的思想恐怕只会被流浪艺术家们所提及。当审美针对每天相同的东西时，这一切会导致我们产生审美疲劳。

通过康德我们知道，艺术的审美特性是特殊的。因为其是客观的，他抛开了对事物的考虑周全因而仅从客观的功用性、道德性与存在性来分析。正如康德所说，"某人不可能从真实存在的事物中预先获得好感，但是从这方面说是必须要完全地毫不偏倚

III.

IMMANUEL KANT

über

Pädagogik.

Herausgegeben
von
D. Friedrich Theodor Rink.

1803.

图为康德 1803 年书影

地进行保护，这种情感的形式在意识中是自由的，这种意识则又是从我们不寻常的个人趣味与个人目的中脱离出来的，从自身的目标出发，我们引以为乐。"

这种审美概念对于日渐削弱但又绵延不绝的贺拉斯式观点并不热衷。这种观点在情感时代并未真正地受到挑战，文学的目的成为了寓教于乐。歌德与席勒迅速抓住了康德观念体系中关于降低文学中道德作用的一些只言片语。因而歌德认为，"只有诗歌才能在值得学习的东西上获得关注；但是那将使我们从其中——如从生活中一样吸取教训。"及至当需要描述一个戏剧的影响时，他认为任何道德发展的期望都是值得怀疑的。

"戏剧情节的复杂化将会使观众产生迷惑，这种解决方式将使他们获得启迪。作为一个有经验的人，面对这一切他是不会选择离场回家的。如此之下，他更会为自己感到吃惊——因为他们通常是并不严格遵守这种规章的——这种回归的行为可能是轻佻的，亦可能是坚定的，既是冲动的，也有可能是谦逊的，抑或是仁慈的，也是非道义的。"

席勒同样地证明了这种"自相矛盾"去认定一个好的艺术有着社会教化与道德发展之功能，"对于一个美的概念来讲，无为比任何心理暗示都要好得多。"

这个不仅仅是贺拉斯为批判亚里士多德而塞入的私货，更是关于亚里士多德在受众反应中公正审美的一种评价。歌德与席勒也受康德的引导，因而席勒也认为在其中的激情作用就好似悲剧一般，"越完美，他们就越尊重在迷狂激情中的精神自由。"歌德则认为所有的观众则是舞台上戏剧本能存在的限制性因素。"我们致力于艺术的完美，他们则认为外在的因素在根本上不能影响到艺术的风格。"显然地，这种对于情感作用的估计的轻蔑，是有利于作家在风格上进行浪漫主义提升的。

一种反情感的观点极端形式最后还是在浪漫主义时代后期出现了，特别

康德

在叔本华的作品中体现得尤为详尽。就他而言，他认为人类社会存在的一切都是被欲望所支配，而这种欲望意识仅仅只是一种滞后的合理化"改革"，而这又是除了艺术之外的一切。这种关于审美反应的思考恰巧揭示了自私欲壑中的瞬间释放，但是这种"公正"确是很难得的。"很多人，仅仅只是从他们自身的愿望出发，对于一切无关的声音都表示了默然，如低声吟唱、嘈杂与挽歌"，"这一切对我们无用。"

叔本华特别赞成这种迎合读者胃口的小说，"这种想象常常只是空中楼阁而已，自私乃是读者一时的念头，之于相当庄严的角色，将会源自于纯粹的、遴选概念中的艺术。"所以叔本华认为音乐才是至高无上的艺术，这并不奇怪。

三、有机原则

（A.W.施勒格尔、柯勒律治、谢林、歌德）

在浪漫主义文艺理论中，有机的模式俯拾可得，如语言、文化、文学等各方面的有机发展。康德一方面化零为整地指出了"目的性"

施勒格尔

（purposiveness）这一概念[29]；一方面，在审美目标自身上诠释着有机形式，尤其是 A.W.施勒格尔在文学结构上的应用。在有机形式与机械形式之间，他建立了一个有决定性的标尺。

"当结构处于机械性状态时，通过外部的力量，任何物质仅仅只是进行着传递——这种状态是不涉及自身特性的、且非本质性的增加。举

29 康德在代表作《纯粹理性批判》(*Critique of Pure Reason*)中主张，世界上存在着一个可知世界(a sensible Worlds)，也有一个纯概念性的、超感觉的世界(an intelligible world)。两者之间的桥梁就是美(beauty)和目的性(purposiveness)的观念。——译者注

例而言，当我们将一个柔软的物质进行特殊塑形时，该物质将会在定型后仍保持以前的（本质）形态，所谓有机原则……乃是与生俱来的，他从自身内部蔓延开来，并且因其在萌芽阶段的完美发展而在时代中获得自信。"

实际上，机械形式就是不顾自身内在旨趣而进行自我强迫的一种刚柔并济的形式。对比来看，当有机结构生成的意识要素被考虑可以通过自然认知的时候——就像是一头大象自然生长。

亚里士多德自己已经打造了一个有机模式，可惜他的原则主张在新古典主义时代被机械化了。但是就亚里士多德自身创造完成的作品而言，戏剧和其情节与业已存在的有机主义又是何其相似！但在今后的发展过程中，读者更热衷于浪漫主义文论，有机的特性将因想象的创造力的合力而存在。

不可避免地，当结构统一建立起来的时候，仍然有许多差异存在。虽然浪漫主义理论家们对于"整体"与"统一"谈论的频繁程度并不比亚里士多德少多少，他们强调内涵富于外在，兴趣与心境的主观背景几乎包括了一切。A.W.施勒格尔认为这种"统一"是一种独特的浪漫主义。

"浪漫主义的兴趣存在于一种永久的'对立统一'中间，比如：自然与艺术，诗歌与散文，严肃与欢笑，过去与将来，禁欲与纵欲，世间与天国，生存与死亡，在很多亲密的组合中被拼接到一起了。"

事实上，"浪漫主义"这个名词首次被弗里德里希·施勒格尔杜撰出时乃是遵循着德语、罗马语中的派生，这种大杂烩风格创新突破或是杂糅成各种各样的风格。

同样的思考方式在柯勒律治在关于诗歌的辩护中有体现，"从整体中获得愉悦，从各个部分获得独特的满足感而共存"。显然地，整体的价值亦不能排出单独价值上对于平衡的强调，柯勒律治也声称，"读者需要被向前引导，而不仅仅只是让他们把躁动的欲望获得最后的发泄。但感情的活跃性却被旅行的快感所刺激。"因为居于其次的"想象"(imagination)、"多数"(multiplicity)与"统一"(unity)均被一一调和了，"连续的思维因为思想与感觉而更改"，如风景存在于单一的动力与每个单独的部分之中。这种仅仅只是较之于联合的一种关系，"统一"在这里，每一部分单独的构想如图片的组合一般构成了一幅色彩斑斓的景象。在其后，柯勒律治的这种联系被归因为想象力所产生的"次一级"能力。这种联系本身就是通过消极的、意外的类比与连续形成的。此方式受到了经验主义者（empiricist）和联想主义心理学家[30]们（associationist philosophers）的推崇。

如相对于普遍性与特殊性、有机模式在基于特殊或个体一般，有机模式在基于特殊或个体的情况下全心全意为浪漫主义辩护。关于新古典主义观念的覆灭在歌德的著作中可见一斑："个体的忧虑与表现是艺术中最生活化的部分。"新古典主义观点与科学观点极为相似，好似科学家将行星与卵石都视作自然的万物之一一样，所以新古典主义的理论家们也认为所有的人都是自然（或社会）的元素组成。但是浪漫主义理论家对于自然法则的重视则明显高于法律，他们认为自然将会发展到最高、最复杂的形式——大众的有机主义，即人类思想的最高境界——存在于逐步发展的个性引导之中，既指自然，亦指艺术。"在自然与艺术之中，最起先、最必要的斗争就是一心一意地为现实、为表现而斗争。"谢林还说，"恒心的力量，以及个性的力量，这在鲜活的角色中是显而易见的，消极的概念必然地造成了一个极其重要的浪漫主义概念——典型（Characteristic）。显然，这些特性将导致个体的特殊化与独特化。在这个主张里面，一切都会被认为是他们自身的终点——在这里，我们将认为这个法则普适于所有单独的肉体个人"。但是，这种基于"特殊"（particulars）的融合仅仅是"第一步"，从谢林的例证中我们可以得到暗示，通过对古典主义观点中天生固有的敌意，浪漫主义的理论家（尤其是德国）根本不愿意与世界的呼声相合流。"取而代之的是他们要求个体与世界能够在符号（symbol）得到和解"。这个概念最早由歌德所提出，被谢林所评述，而又由柯勒律治将其引入英语。这种符号被浪漫地阐释为一种普遍理念下的特殊图景——但这种理念并不是一种明白晓畅抽象概念的形式。事实上，这种符号将永恒地站在寓言（allegory）的反面进行阐释。故，柯勒

30 联想主义心理学（Associatilnism Psychology）是源于古希腊，形成并发展于西方近现代哲学和心理学中的一种心理学理论。它一方面继承了古希腊哲学家柏拉图和亚里士多德提出的联想要领和联想规律，另一方面对现代西方其他心理学派别的某些论点及研究方法有一定的启发作用。联想主义心理学家把一切心理活动都看成是各种感觉或观念的集合则主要依靠联想的力量来实现，并主张从回忆中联想开始，去推论联想形成的过程，即从结果去推究原因，并且对于联想形成的过程及其规律，只是凭借思辨和经验来加以论证。所谓联想，即各种观念之间的联系或联结。联想的形成所遵循的原则有相似律（相似的观念易形成联想）和对比律（能够相互比较的观念易形成联结），其代表人物有 T.霍布斯、J.洛克、G.贝克莱、D.休谟与 T.布朗等著名学者。——译者注

律治如是说：

"所谓寓言，无非是把抽象概念译介为一种形象语言（picture-language）。另一方面，就符号而言……是被个体中特殊或特殊中普遍的（或普遍中宏观的）所朦胧刻画。"

象征主义（Symbolism）在想象中包涵了一种思想，这种思想与维柯在"非理性"(Pre-rational)文化中的神话哲学原因有所不同。鉴于此，正因并不恰当的抽象术语存在于不同构想的普遍意识之中，这种特殊的影像将会变得精确。

四、批评家的作用
（赫尔德、弗里德里希·施勒格尔、施莱尔马赫[31]）

浪漫主义理论将批评家作用的假定彻底进行颠覆了。通过十八世纪亚里士多德的出场，批评家们不出所料地开始关注于对于受众的研究，并且开始着手研究这种既成影响的价值，以及归纳如何生成这种影响的途径。但是在新的分配下，批评家却主张将关注放在作者身上，以便在艺术创作中获得共鸣的本体。这种变革不仅仅是只针对于批评家们的行为，但是这种行为却是他们所期待的。

在赫尔德关于个体文化的论述中，我们可以看到其理论根基所在。赫尔德相信凭借在想象力层面上的足够努力，就能打破感官之间的障碍形成通感(feeling-into)。而这个通感乃是由德语"Einfihlumg"衍生而来。当赫尔德明确主张为"生活在作家的精神"而努力的时候，他自己就已经专注于对于个体作家的研究。除此之外，批评家"要努力使自己转换角色，使自己成为

31 施莱尔马赫(Schleiermacher, Friedrich Daniel Ernst, 1768—1834)德国基督教新教神学家，哲学家。生于布累斯劳（现在波兰境内）。幼年入教会学校读书，1785年入巴比神学院，后入哈雷大学读神学和哲学。1794年后在柏林等地任牧师。以后担任过哈雷大学、柏林大学神学教授。他以个人的主观情感来说明宗教的起源及其普遍性、必然性，认为宗教是"从有限中获得的对无限的感觉"，宗教就是人类普遍具有的"绝对依存感"。他认为这种情感是普遍存在的，但在基督教里得到了最充分的体现。他还以神学思想为中心，探讨了历史、伦理、哲学等方面的问题，对新教神学思想的发展产生了深远影响。著有《论宗教》、《基督教信仰》等。——译者注

施莱尔马赫藏书印

作家的仆人、朋友。"考寻作家们的价值，绝对要重要于苛求作家们的瑕疵。批评在"美之骄傲"的模式下变成了一种"评论"（Appreciation），这种模式在整个十九世纪一直坚持存在着。

弗里德里希·施勒格尔尤其在想象力的创造中提到了这个观点，他命名为"恢弘"（Fantastic），与受众接受理论相反，他命名为"悲戚"(Pathetic)。之后他继承了赫尔德强调正面评价的思想，以及尝试去了解特殊作品中特定的含义。"所谓批评"，他说，"并不是按照普适的观念去裁判作品，而是在每部作品中去寻找有特色(individual)的思想"，他尤其看重批评中的遗传形式，这一切肇始于凭感觉获"利"，"作家在追求平静以及在风格中负担较轻的秘密构想"。于是，这些构想在开始进行假定的发展与拓展之后便融入了被完全认知的作品中，如赫德尔——抑或如完全的历史性——以十九世纪为方向，施勒格尔相信一点：血统是万物之本。

弗里德里希·施勒格尔对于浪漫主义的一般理论亦有自己的主张，他声称，"所有事关智力以及艺术作品认知能力的首要条件，便是所有的直觉。"这种自上而下的的观点肇始于康德学派，举一个简单的例子来说，纯粹的想象可以导致我们变得主观，而主观又诞生于想象之上或想象之后，我们凭借这种想象在不同水平中的变化，如文学作品一般，这种作品作为整体要优于其部分的总和，但是一般性质的叠加和类聚始终不能达到整体的效果，读者与批评家必须同时地在部分与整体之间的两个水平上进行类比。

这种事关制定的细致分析在寓意解经学（Hermeneutic）和翻译理论那里获得了极大发展，而在路德派的圣经翻译中，这种具有特色的德语则受到了摈弃。现代解经学的奠基人施勒格尔提出了一个有特点的概念，叫做"解经原则"（Hermeneutic circle）：假使部分被理解为是整体的规模或范围，但整体却不能通过部分而单独存在，那么究竟从何处开始认知呢？鉴于此，施

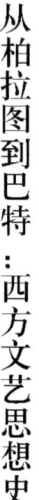

勒格尔与施莱尔马赫决定结构一次从总体到细节（Top-down）的翻译理论。

施莱尔马赫在翻译的某部分有一种"预言"的设想，而整体则是构建于部分的直觉。"这种细节只有通过整体来识别，任何细节的解释都必须以对于整体的把握为先决条件"。施莱尔马赫仍然陈述了他的哲学审美是以通过逻辑系统中浪漫主义思想的大众趋向为基础的。他声言：这种艺术作品，最真实地存在于创作者的理念中。"所谓内在的图景，便是纯粹艺术作品的本身。"但

施莱尔马赫

这种内在的图景却是创作者无法提供给我们的。相反地，施莱尔马赫声称了解作家的重要性甚于了解他们自身。"我们必须更加保持潜意识"，这并不是特殊的、隐藏的意识形态领域中的无意识，如在弗洛依德的模式中对于创作的无意识，那属于浪漫主义者特殊的构想。

五、若干英国主题

（华兹华斯、柯勒律治、济慈、雪莱）

由于推崇柯勒律治为一代宗师，英国的文学评论要比英国的文学理论平庸得多。"随笔批评"（Essay critics）开始出现，诸如兰波、赫兹立特则开始受"美"的引导而创作"作家评论"，其中更重要的尤是诗学批评，如华兹华斯、雪莱与济慈诸诗人。他们的行为由他们自身的诗学实践所决定。虽然他们是自我的，但是这种诗学批评仍然拓展了许多类似于德国主题一样的主题：主张诗歌的本质是自我表现；想象的行为建构于外在世界之上；与作者相关的无意识的创作、批评等等。但是也有某些主题是英国特有的，值得注意的是——这些主题的讨论产生于语言向诗歌的过渡期。

细雨之处，华兹华斯即长眠于此

这种讨论肇始于华兹华斯的抒情诗语言，该书成稿于1800年，出版于1802年。通过华兹华斯的这个作品，我们可以了解他的主张："诗歌措辞见于细微之处"，从而在"人类真正的语言"之上进行书写。这种诗歌华兹华斯尽量采取下里巴人的通俗写法，"因为在这种状态下，心理必备的激情因为克制而被削弱了，所以这样讲的话才会更加简明扼要。"但是一般说来，华兹华斯并没有在诗歌与散文的媒介中考虑到有什么必要的不同。

华兹华斯所意图颠覆的便是十八世纪的诗学修辞。英国情感时代诗人重构的目标被新古典主义修辞形式荒废了。当阳光被诠释为"阿波罗之光"或被形容为"龙鳞万点金"时，诗人又是如何表示崇高与自然的感受的呢？这种环境实际上就是号召要彻底瓦解对于虚伪、做作的语言的外壳——维多利亚风格诗作中对于做作语言的保护最终还是被一个世纪之后的现代主义者所颠覆。的确，这种回归到真实或自然语言的概念已然再现了美国文学和英国历史的主题，如英国和美国的哲学家一样，两国的诗人对于他们自身语言的缺失与渊源的流失产生了极大的恐慌。

但是华兹华斯的诗歌就真正地做到了"用人类真实的语言而书写"了么？柯勒律治的观点与华兹华斯的方式——至少他成功了——超越了平常的散文而获得了崇高与华丽。正如柯勒律治所说，词语的本质就是大众化的，

从柏拉图到巴特：西方文艺思想史

82

它们的使用与释义决定了其特殊性。对于一个诗人来说，"忙"（busy）这个词到了华兹华斯的笔下便变成了"画眉喧嚣闹林间"的意境。柯勒律治则断言，华兹华斯"是一个诗人，他的修辞水平仅次于莎翁和弥尔顿，为我们展现出了他鲜明的个性与特色"，这种个性化的语言既不同于传统的诗学修辞，亦不同于我们的日常语言。

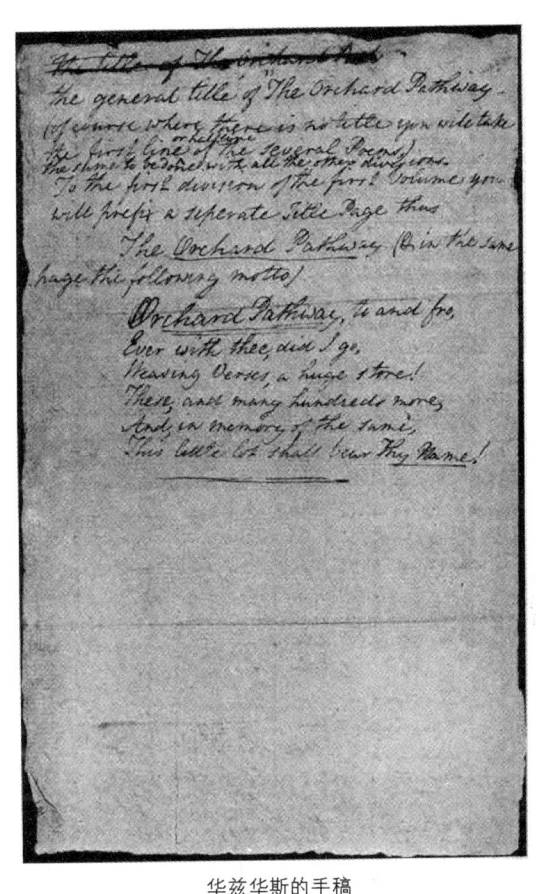

华兹华斯的手稿

至于诗歌与散文之间的区别，柯勒律治提到了华兹华斯的一个篇目的起首。从十八世纪诗学修辞的越规来看，柯勒律治声称，"大众散文被我们司空见惯的、邪恶的措辞败坏了，这些措辞来源于报纸上那些冗长的说教，来源于议员们热情激昂的演说……或是在贺信和祝酒中形式化的套话"。鉴于此，得出了"诗歌中纯洁的语言理应受到保护"的结论。正因诗歌恰好在语言上做出了不懈的努力，柯勒律治对于象征主义、现代主义的观点并不敢苟同。这种观点将就语言健康的引导在诗学上提出特别的建议。

其他的英国诗学批评主题提及了诗歌的伦理作用，当德国思想家摈弃说教中的传统条件时，英国诗学批评家在更加迂回道路上的尝试则弘扬了一种新的道德作用。于是华兹华斯便声称"诗歌将沟通与友善带向世界各地"，"拓宽人类情感的维度"。在这些模糊的感情迸发之后，这一切都肇始于对于大众浪漫主义的认同与移情（Einfuhlung）的存在。一切只关系诗人的创作而非伦理要典的冗长说教，这尤其鼓励读者去"感悟"他者。华兹华斯发现，这种感悟的形成需要时代的城市化与经济的高速发展。

济慈

雪莱墓

济慈也尤其坚定地反对这种伦理模式的说教，"我们讨厌诗歌，因为它在明显地设计我们"。在信中他如是说，诗歌必须远离命令式的说教，永远地进驻其他形式的思维，关注其他判断的个性。"启迪哲学大师的东西，往往只能给某些三流诗人茶余饭后的谈资"，这种无定论的怜悯在这里昭示了一种终极的价值，超越了是非正邪的判定。

雪莱关于诗学的论著为当时的诗学思想带来了坚定的公式化方式，如华兹华斯、雪莱相信正是当时那个时代过分自私而又利己的原则，导致了人类情感独特的隐晦与麻木。诗歌可以促使情感的康复，与道德学问的机制不同，这一切强迫我们去"感受我们察觉的一切，想象我们所知道的一切"。由此可知，这将强迫我们在其他的环境中要移情地去思考。从这个方面来看，作品并不基于伦理道德而想象却成为了道德的原因。诗人"自身关于对错的概念"，通过对于时间与地点不可避免地受到限制。但是这种想象力行为则很好地超越了历史的相对性。"诗歌能锻炼人类伦理自然本能的能力，类似于对于肢翼锻炼的形式一样，没有什么特别的捷径可以轻松地一蹴而就。"

对于诗歌的阐释，又是英国诗

学批评中的另一个热门主题。"'什么是诗歌'这个问题无异于'什么是诗人'。"柯勒律治如是说,当华兹华斯声称"……所谓诗歌乃是源于诗人最深最长的感觉思索,而非任何主题,顾客因此附加价值于其上"时,他就已经开始根据诗人来清楚地判定诗歌了。事实上,在《抒情歌谣集》中随处可见华兹华斯关于诗歌创作的感悟,而非文本质量的评判。尤其他坚持的那个著名观点——"诗歌是自然的、感情的有力宣泄,从积聚的感情中安静地发轫。"正如如此频繁的诗学批评——尤其是华兹华斯后半部分的阐述——在这方面他比其他的作家要强得多。

在这种声音里,文本的因素之于诗人的感觉关系是可靠的。在华兹华斯的《墓志铭》中,他打造了一个"被作家评判的真实尺度"。就华兹华斯而言,《墓志铭》中列举了一个普遍的常识,那就是"我们的判定与知觉取决

济慈的手稿 　　　　　　　雪莱

于我们的观点或感觉,而这种观点或感觉又与意念中作者的立场相关"。在他的例证中,他发现无论比喻如何精当,语言如何熟练,这一切都是虚伪(insincerity)的;无论感情如何抒发感受如何描述,这一切却都是真实的。语言变成了沟通的鸿沟。在这里,更多的征候则是关于心理的预设。

雪莱站在诗人的立场上描述了诗歌,比华兹华斯则要更激进,却与施勒格尔的观念类似。他主张,一流的诗歌只可以存在于诗人的意念之中,而非纸张之上。"作品一旦出现,灵感就消失得无影无踪,所谓最辉煌的诗歌,当

与世界相连时，或许只是诗歌原初概念的幻影"。与施勒格尔更相似的观点在于，他认为诗歌创作更是无意识的。"诗歌并非意识行为的力量所能控制的，他的出现与再现与意识或意愿并无必要联系"。更值得关注的是，在这里，道德之于诗歌的作用演变成了道德之于诗人的作用。"诗人……就本人而言，必须要变成一个最开心、最愉悦、最聪明、最优秀以及最杰出的人"。这个命题意味着将促使作家要自觉规范自己的行为。在文艺复兴以及拉丁语修辞批评主义中，雪莱却对于不可支持的立场采取了支持的态度。

六、圣·佩韦、爱默生、爱伦·坡

正当浪漫主义思想在十九世纪欧美各国如火如荼地进行蔓延之时，德国理论家们的思想则一直在其中贯穿始终。相同的思想在十九世纪中形成了诗学争鸣的潮流。而这种呼声的出现，又以现实主义小说的发端为前提。在那个断层中，我只用关注浪漫主义理论发展的两个代表性国家——法国和美国即可。

浪漫主义在法国出现得较晚，但是却被一位叫做圣·佩韦的批评家将其发展到后来居上的位置。圣·佩韦独特的方式则是来源于复归诗歌的浪漫主义描述方式，他最热衷的形式就是"描述"（portrait）。在这种形式中，他刻画作者的感情则是以作品与生活两者作为参照，如下便是

圣·佩韦

他经典的论述：

"所谓文学与文学生产，就我个人而言，那并不是以人类个性与动作相分离的、独特的，我或许能欣赏作品，但是就我的知识而言，很难以创作者的出发点对其进行判定。故，我想说：无论草莓还是其他水果，这些都是源自于树上的蔬果而已。"

在信札、回忆录以及传记文学的撰写中，他尝试着去进入个性以及对于意念中特性的尝试性描述，"批评对于我来说只是一种不同的征候变化，我尝试着在我所复制的角色中将其消解"。

尽管如此，佩韦仍然比德国以及英国浪漫主义者在受风格影响的层面上要小的多。通常他会关注一些有趣但不甚出名的作家，而不是去用诗学的崇高来研究雪莱这样的大牌作家。相反的，他承认每一个作家都有缺点与优点。他尤其关注"一个正在写作的作家，必须将自己置身于罪恶当中，做作品直接对立面，从而更好地进行伪装"。写作与生活是有关系的，但并不是必要地相等。

传记文学的创作促使佩韦的判定进入了一种特殊的方式：在这里他趋于一种真实的价值，亦趋于一种对于作家更高生活的探求，如他们的作品般崇高。就这些原因而言，传记文学在不久之后受到了现代主义作家与经院派的批评家们的谴责与否定，结果导致佩韦本人的声望也遭遇暴跌。其实佩韦并非二十世纪所认为的那样仅仅只是一个批评家——亦不只是一个传记作家，同样，他需要被认同是一个创造性的作家——这个身份也一直是他所渴求的。作家们的群像在他这里被描绘如一个个性迥异的美术雕塑一般。与很多方式雷同，这类似于十九世纪伟大小说家们的集体出场。

事实证明，后现代时代的批评家们再次地声称介于文本之上的创造权力与维度权力，这与佩韦所提倡关于"阅读技巧"中的关键词"解构主义"（Deconstruction）有着异曲同工之处。"每个作家都有着一些自己热衷的词汇，这将频繁地出现于他的演讲中，而这又经意地泄漏了真隐露的秘密愿望与偏爱"，但佩韦的心理学却构成了佛洛依德学说的滥觞，甚至于他涉及的范围也是不流行的。正是这种落伍中，他所声称的对于偏见与信仰的抛弃逐渐成为其进入他者独立意识的先决条件。事实上，佩韦的批评从浪漫主义理

爱默生及其签名

论中出落出来，但是他所营造的体验却日益在影响着整个浪漫主义时代的文论。他声称经典的定义范围影响深远，但他这种概念却是倾向于以均衡、节制为主导的法国伦理体系中的经典。反而言之，在美国却流行显性的清教徒风潮。在不同领域中，爱默生、爱伦·坡以及阿尔贝特扩大了浪漫主义的某些旨趣，从而将浪漫主义带到了一个新的极端。

为了在德国唯心主义学说中探索柯勒律治和托马斯·卡莱尔的思想滥觞，爱默生在拓展先验哲学时，自然界的物质存在便被设想为仅仅是一种普遍存在的超意识状态。"所谓世界，便是意念的混沌。在追逐到超意识时，诗人的思想是独立的"。诗歌中典型的浪漫主义成份被爱默生所丰富了，他对于诗歌中附加价值相对的消弭，类似于语言功能上的独创。当诗人的实践百分之百决定诗歌内容时，他根据这个有机理论假设了一个特殊的、值得关注的观点：这时被决定的内容则将其形式决定。"感情决定基调（Rhythm），犹如事实决定形式。"他甚至预言在某个时候，当文学理论变得不重要之时，世界上的每一个人都可以根据自己如诗人般去解读自然。

爱默生最重要的批评理论就是在笔记中所阐述的——如何解读自然。作为一个新英格兰国教徒，他过分夸大了符号中浪漫主义的概念。在禁欲主义的象征学（Puritan Typology）中，世界被认为是上帝的一部书（如中世纪一样），自然现象预示着被解释为未知的含义。爱默生用上帝取代了超意识，并称，"自然赋予了他的生命以形式语言（Picture－Language），在经过典型化的使用之后，其次的价值出现于主题之中，这将远远超越原来的价值，这是自然，并不排斥人类结构。"

"工业园与铁路会被诗歌的虔诚读者们看作是破坏诗歌风景的罪魁祸首，艺术作品在他们的读物中并没有被奉为神圣，尤其诗人们觉得自己所跌入的社会层次，我看并不比市井勾栏好多少。"

在同一时代，这种读物并不能制造决定性的、一生一次的方式，"所有的符号都是不定的"，爱默生说，这无疑是认可比喻中浪漫主义的非难，但是建立于符号之上的强调，将比柯勒律治、卡莱尔等任何德国理论家都要流传甚广。

清教徒的不同特征在爱伦坡的身上都有出现，且积极一面多于消极一面。清教徒对于文学本身应具有伦理教化的观点导致了爱伦·坡的极力反对。他甚至于声称，"《十二使徒遗训》是歪理邪说"。他谴责道德作用的任何形式，并且直率地声称，"诗歌与真实的关系如油水永不相融"。诗作只遵循唯美的原则，爱伦·坡建构一个单纯的美学形式，而这种形式则是离日常生活相当遥远的。

爱伦·坡的反教条主义（Anti－didacticism）观点成为了通俗浪漫主义观点中较为极端的观点，但是从另一方面来看，他又要高于浪漫主义一筹。因为爱伦·坡并不相信所谓

爱伦·坡

的灵感性与自发性，以及个人情感的可靠性，他只相信技巧（Craft）。对于诗歌神话的挑战，被好的狂热——一种欣喜若狂的直觉所覆盖。他指出了"谨慎的抵制与否定"以及"分析才能"的真实性，他考虑的是如何才能精心地、刻意地、严肃地站在非凡地创作高度上去完成他的著作《乌鸦》。爱伦·坡的诗学观点是有悖于象征主义与现代主义的。爱默生对于符号的观点，也是如此。

第五章 十九世纪的社会学理论

在很多欧洲国家，浪漫主义在 1830 年开始给现实主义让道了。与浪漫主义本身的戏剧革命不同，现实主义时代来临地异常安静平和——一如巴洛克步文艺复兴之后尘，或是现代主义之后的后现代主义。在相抵的两方中并没有争议很大的焦点。这种革命的发生时源于在其发生之后的一种巨大反应。此类新的趋向中不可避免的动力仅仅只是一种后知后觉的具体利益。在狄更斯时代，自然主义风格则要逊色得多；果戈理和巴尔扎克领跑了艾略特时代的现实主

享誉世界的《泰晤士报文学副刊》(*Times Literary Supplement*)

义；而托尔斯泰和福楼拜则成为了自然主义时代中超现实主义的领军人物。在这种理论与理论的对抗中，直至自然主义者的到来，现实主义真正的呼声才真正出现。

首先，浪漫主义与现实主义之间的鸿沟看起来远比文艺复兴与巴洛克以及现代主义与后现代主义之间的鸿沟要深得多。但是在典型的概念中只有一个重要的作用在延续，浪漫主义抛弃了对于独特事物兴趣中普遍与个体的传统敬仰。但在浪漫主义诗歌主观地占领了舞台之前，这种关注一直持续着。生命的单纯即时性（thusness）魅力点燃了十九世纪现实主义小说发展之火，个体人类的一般特征、地域的风格、实验的特殊细节都成为了他们感兴趣的话题。正如对个体人类的个性一般，心理学对于十九世纪的小说产生了重要影响。而这来源于人类心理的浪漫主义模式与新古典主义相比，更加个人化，更加复杂化，却缺乏理性化。

其他形式的延续或许会在历史的概念中受到探求。浪漫主义理论则声称任何一个历史的时代都拥有自己的风景。瓦尔特爵士在他的历史小说中试图

在更早的文化中感受"生活之路"。但是这一切基于最近的背景——如《战争与和平》和《米德尔马契》。在历史的眼光下，对于当下政治编年史的关注则是始于足下的第一步。故巴尔扎克在其巨著《人间喜剧》中则用过去的视角来回顾法国复辟社会时期的历史进程。现在我们不妨回顾一下，我们常常在介于历史浪漫主义与现实主义小说、浪漫主义与"传神写照"(true-to-life)的对抗中发觉到尖锐的对照。但是我们却没有低估一种维度——如伟大的现实主义者托尔斯泰声

新西兰《奥塔哥见证报》，曾一度为十九世纪最重要的文学专栏刊物之一

称自己乃是司各脱的追随者。而这种尖锐却被从历史浪漫主义到当下历史之间的过渡所消弭掉了。

然而，历史的眼光不可避免地会导致有社会眼光的成分在其中——尽管两者之间有着显而易见的不同。典型的十九世纪中叶小说透过多样的社会场景与形形色色的人群给我们展示了一出博大的历史风景。而这些人物的形象则是由于社会关系与社会影响所勾勒的。浪漫主义与最早现实主义之间最关键的转换就是基于主观的历史眼光。同样，这种变化会出现在文论之中。

文学中的嬗变未必会导致理论的嬗变。文学中的社会理论往往会暴露出时代中更广远的认知堕落。复古主义（historicism）的再次扬头，并提升了科学思想的价值——但却将宗教的力量下挫了，一如各种各样的潮流引导文学理论的新发展。这种呼之欲出的思想却并非是鹤立鸡群——如浪漫主义时代之中的——一种倍受提倡的新的写作形式。

假如作家能去努力找寻维护自己创作风格的路子，那么或许这一切都会重新书写。但是较之于浪漫主义诗歌批评家们来说，十九世纪中叶几乎没有

培养出什么小说批评家来。假如小说家们把自己严肃化、认真化，那么他们就很可能成为大众观念的造型机，而非真正意义上的艺术家。但是小说仍然没有像诗歌一样获得崇高地位。在他们自己的小说里，小说是不设防的。一般的中产阶级读者沉醉于大部头的小说，且当时的版税体系也刺激产生了相当多的专业作家。在这样的前提下，沉思与理论显然不受用。但就当下"阳春白雪"与"下里巴人"这种文学分野而言，在当时仍然还未厘清。

现实主义批评主义的建立者不是小说家，而是专栏作家（journalist-critics）与学者。非专业性的期刊数量激增，成为十八世纪以来蔚为大观的景象。新闻通讯、生活随笔与宗教常识的文章在当时屡见于诸报端，同时文学研究第一次被作为新生宠儿出现在了大学讲坛上——这种研究常常是纯历史性或是纯学术性的，均受实证研究与作品出版所决定。

一、别林斯基和他的三个朋友

（别林斯基、车尔尼雪夫斯基、杜勃罗留波夫与比萨列夫）

在十九世纪，俄罗斯小说家先天而然地就接受了现实主义。与此同时，俄罗斯文学界的批评运动也随之爆发。这一切都和以前不同，其相异之处在十九世纪政治环境下获得了极大的阐释空间，其基础的政治结构与东欧的现代主义思潮产生了极大的碰撞。在这种危机四伏（crisis-ridden）的气氛中，小说家开始转行服务于政治。当时的态势无非是二选一——亲西方或是亲东方。俄国国家命运便在这两难中进行着暗示性的选择。

别林斯基

出版检查令制度宛如高压锅里面的气压一样与日递增。一方面，人文生活在新的期刊杂志中获得了枝繁叶茂的发展；另一方面，专制体制将社会中

别林斯基的墓地

的批评舆论——以及这些制造批评舆论的作家予以了强烈的压制。尽管如此，文学作品与书评仍然是相对较为独立于政治之外的，自然也不会进入检察官们的法眼。当然，不仅仅只是文学批评到社会批评的转向，同时政治批评也在找寻其与文学批评之间沟通的桥梁。

十九世纪时期俄罗斯最富盛名的文学批评家是别林斯基。就他个人而言，他虽曾在其著作中多次改变自己的立场与方向，但从总体上看，却是疏远德国浪漫主义理论而热衷于俄国社会理论的。"无论富裕或是奢华，这只是一个人封闭的生命形式而已……假如一个人不将自己的兴趣关注于自身之外的世界、社会与人类，那么这个人就是不完整的。"主观性将会提供一条阳光大道，但这却会消减自我本位的影响作用。

就别林斯基而言，这种深远的关系已然成为了民族性的问题。西欧潮流影响顷刻席卷欧洲大陆，迅速建立健全俄罗斯的民族文学体系与传统精神成为了当时迫在眉睫的大事，但绝非事关曾经的俄罗斯。别林斯基不信奉传统复古，他甚至声称，只要提到俄罗斯民歌就会让他想到邪恶的农奴制度。俄罗斯民族的真实精神在这里被重新认识、定义了。

这种观点影响了别林斯基对于现实主义的看法。他一方面声称，"我们并不需要生活的意见"、"生活就是生活，好坏由他去，我们没有必要进行粉饰"；另一方面，他杜绝细致地观察，并称伟大的小说家如果戈理"并未做到反映现实，只是反映了一种寓言的乌托邦"。新兴阶层的作家们获得了对于政治的主动性影响力。"什么是我们时代的美学艺术？评判，抑或是社会分析？还是逻辑批评？……就我们时代而言，'就生活，论生活'则是引导艺术走向死亡之路。"别林斯基的现实主义确立了文学与生活之间关系的维度——但这种维度的使用则是基于有条件，有影响的政治层面。别林斯基无意做现实主义的终结者，更无意去依据描摹生活的相对精确性来衡量一部作品的价值。

之于当下生活而言，这种建立于生活的关系是普适的。就别林斯基而言，文学作品的价值必须与历史性写作的旋律所合拍，且越合拍，则越是好作品。"任何创作，无论是何种风格，均可以……前提是必须显露时代的印记，满足时代的需求"。所谓作家的独特天赋就是敏锐地发现社会的流行趋势，并塑造大众的精神结构。在信仰上，别林斯基还获得了老作家普希金的钦羡。相比较看来，屠格涅夫"作为时代之子，必须为时代鞠躬尽瘁"。别林斯基则关注社会上出现的一些新事物——新兴阶层与新兴人群——这种写作兴趣继续影响了他的后来者（尤其包括杜勃罗留波夫）。

这种革新，对抗的是超时间（trans-temporal）的普遍性。其不但获得了新古典主义批评家们的青睐，更是赢得了浪漫主义学院派的首肯。在份量上，这是一种超越人类存在的博大，其在瞬间所爆发出来的势不可挡的重要性，仍然是未来关键的转折点。别林斯基的主张深受十九世纪社会震荡的俄国影响，那个时代，民族的前途未卜。在别林斯基谈话录的最后，

Н. Г. Чернышевский, 1859 г.

车尔尼雪夫斯基

其所鼓吹的"我们时代"实际上是一种非常具有现代性的路径。对于"时代弄潮"的关注让别林斯基第一次在文论史中获得了出场。这种关注在当下屡屡可见——当然绝对不止在文论界。

毫不奇怪，别林斯基没有什么时间去关注艺术的形式与风格。"只有抛弃语言和风格的内容(content)，才能让作者不至于遭到历史的遗忘"。他所关注的，往往只是直接性针对当下社会真实的个性与环境。但假如当一个艺术家的社会政治观点与其本人的价值相吻合，无疑，他对于艺术的社会政治观点要优于专业的政治学家。从最后一方面来看，文学从未从属过超文学的要求。实际上，别林斯基通过其作品业已建立了一个颇具价值的批评体系。即使如此，他仍然强调，正是俄国当时的作家们所做的一切，将文学界的的名声败坏得一塌糊涂。

自称别林斯基后学的人在下一个时代对于文学与作家已然渐渐漠不关心。车尔尼雪夫斯基、杜勃罗留波夫与比萨列夫均用一种积极的姿态将文学投身于政治，并且用一种激进的态度来厘清文学是否能在政治中发挥效能的疑虑，故世称这三位作家为"三愤青"。毋庸置喙，这

杜勃罗留波夫于1936年登上苏联邮票

两种观点是无法并提的，但是它们却均来源于公共的资源：即，其后的俄罗斯社会形态抑或会被导向科学与客观事实（hard facts）的合理性精神所决定。

在这三个激进主义者的批评理论中，都不约而同地否定了一种观点——知识这种特殊的美学形式实际上并没有获得承认空间。在这里，被别林斯基诠释价值的这种政治社会学遭到了摈弃。当然，对于特殊的美学旨趣与美学情感，仍然也没有可以认同的空间。艺术与文学的美学空间依附于现实生活的美学而存在——正是这种依附，结果自动沦落为了从属。"艺术不能与生活相比较，其在客观的把握上着实没有阳刚之美。"车尔尼雪夫斯基如是说。但比萨列夫主张的比他更加极端，其在经典著作《审美之死》中辩称，审美需求实质乃是生理需要。这存在两种可评判的偏好——尽管这个偏好是基于

比萨列夫

生理层面，且是简单的个体生理规律，但是在两者的评判偏好之间却是不用置喙的，如建立在客观科学上的权利累积一样，属于文学反映上彻底的相对论。

由于某些人的认知中有一些不成熟的因素，结果导致角色受到了艺术发展的制约。这种不成熟的因素实际上来源于对于当下存在客观真实的精确反映，所以，作品中便包含着真实的社会力量。故，这三位"愤青"就从客观实质出发为现实主义一辩。杜勃罗留波夫声称，"在创作的图景中书写真实便是作家型艺术家最大的价值"，"假如他们都非真实，那么他们的结论也是虚妄的。"但是事关结论的书写却是一种终极性的探讨，且是之于作者的一件大事。客观社会力量的合理理解，以及社会政治理论家对于未来社会政治变局直接性的质询：在这里，社会学者、政治理论家如同批评家（critic）一般。

与那些消极模仿客观真实的作家们相比，这种批评扮演着一种催化的角色。别林斯基业已强调，这种批评表现了一种如作家般的清醒意识，并致力于社会现状的发展。"三愤青"在批评的理性力量中不断拓宽自己的步伐，相对于其他作家而言，他们更能看清现实世界与文学世界之间的自然。杜勃罗留波夫更是厘清了一个重要的原则——"作家未必想去表达我们认为很重要的东西，但作家们所无意表述的则是简单的重复生活的真实。"杜勃罗留波夫还说，"批评的精确作用在于，来挖掘隐藏的、由作家创作出来的深层次图景内涵。"

某些比较所关注的是后现代文论中当下的政治语境。从两方面来看，一方面，拒绝接受建构于生活之上的作家评论，而这种评论又非来自于一手材料。当下的理论家，在批评上常常侧重于非常广义（largest sense）的批评，而文本则成为了抛砖引玉从而让批评登堂入室的工具。但是，当下的文学理论所期望获得的是更高的理论深度，而非理性主义与科学主义的观照。

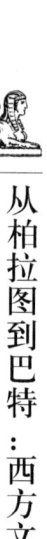

二、马修·阿诺德[32]

无疑，马修·阿诺德之于当时的俄国社会批评是一个可以写进史书的异类。当别人成为科学的拥趸之时，阿诺德却仍然放眼过去，抱守着保守主义的眼光。当别人将美学降级到最次地位之时，他却将美学抬到了至高无上的地位。虽然他在大体的框架上是依照自己的眼光而构建，但是在呼声上却和大的政治行为合拍。同样，他如同评论文学一样

马修·阿诺德故居的标

去评判当时的社会政治，亦将自己对于社会政治的观点放置到了对于文学的理解之上。

阿诺德的观点与当时俄国普遍的观点完全相左，他的思想滥觞，介于十九世纪中叶俄国与英国文论之间。阿诺德所处的维多利亚时代是复杂嬗变的。令人不可置信的是，他们对于自己的成功，带着那种不正常的、自大的小狂喜。最后可以看到，各种斗争已经波及到维多利亚时代的经济、科学以及政治生活各个方面。阿诺德极其反对时代这种几乎自恋的矫矜，他甚至声称，"我们这冠冕堂皇的宪法，有时看似就像腓力斯人自己所创造出来的巨大机器一般"。人类的文化在这里成为了技术与科学的祭品。"完美的思想如意识的内涵一样，精神在技术与物质文明的吊诡中获得了我们的尊敬"。阿诺德站在令人关注的历史时刻——中世纪两种意识形态——绅士阶层与创业者阶层的分歧。

就理性科学的观点而言，阿诺德与车尔尼雪夫斯基、杜勃罗留波夫与比

---

32 就国内学术界而言，对于阿诺德的研究，并不在知识界、文论界，而在文化界，这是一种很吊诡的偏转。作为英国精英主义的批评家，在中国学术界看来，阿诺德的影响更多在于文化界，其关于"社会分层"与"工人阶级文化理论"的代表《文化与无政府状态》更是被认为是霍米·巴巴"文化／国家"关系论的滥觞。而译者认为，其思想被后来者援引到文学批评中要更多一些。——译者注

萨列夫等人持的观点相左。他声称，科学只能在分离不尽的事实中给我们提供知识，但是人类却在心理上需要将分离的事实重新组合到一个大的图景当中。"每个人都知道，我们在寻找一种方法——可以自然地将各种知识组合成为一个整体。但对于其余的表单式的理解，则是非常厌倦乏味的。否则，他对于事实的积累则是一种剥离的状态"。之于更大的图景而言，阿诺德主张道德和审美的原则。"我们经历着……一种与此有关的需求，乃是基于我们所学所知的品德与美好……"知识在这里仅仅只是"情感的触摸"而已。

　　阿诺德与唯物主义、机械主义和枯燥的真知相抵触，甚至与文学也产生了对抗。就大多数人而言，文学可以将业已存在的零散观点予以集中，并且让这些观点延续下去。"或者换言之，"诗歌是人类与社会之间的调和剂"。阿诺德认为，文学是宗教的手下败将，但是却能给生活价值展示一个好的图景。虽然十九世纪科技突飞猛进，但一般性的宗教信仰却在每一个维多利亚公民（educated Victorians）[33] 的心中变得愈发重要，但是他们仍然哀悼他们所失去的一切。阿诺德便毛遂自荐，愿意帮维多利亚公民们在文学上补上这个缺口。

　　阿诺德尤其渴望在文学上重新构建传统的宗教语境，至少他觉得这比孤立的自负自大要伟大得多。他曾如是友善地批评："我们曾错误地向往绝对的个人主义，以及无限制的自私自利，甚至被我们所夸张的'人不为己，天诛地灭'"。就阿诺德而言，对于伟大文学的研究是非常特殊的一门学问，这个学问寓含于人类社会与社会发展之中，从而战胜一些古怪的想法与个人的偏见。阿诺德摒弃"乡党"的作风，进而坚持"基本的、永恒的感觉"这一立场。任何特殊的嗜好都是对于时间或空间的关闭——即对"个人判断"这种谬误的谴责：

　　"我们个人的喜好、嗜好甚至命运，凭借着很大的力量支配着我们关于这些甚至诗作的判断。这让我们觉得与之联系远远要重要于将之了解。因为就我们而言不止现在，抑或过去都非常重要。"

从柏拉图到巴特：西方文艺思想史

100

　　33 在英语翻译中，常常会遇到"educated"这个词。一般来说，学术界有两种译法，一种直译为"受过教育的"，还有一种意译为"受过……教育的"，在这里，其字面意思为"受过（圣公会）教育的维多利亚人"，而在十九世纪，这种人在当时具备社会最大的权利和义务，故译者将其曲译为"维多利亚公民"。——译者注阿诺德非常推崇远古希腊时期的经典写作，之于他所处那个时代的大部分小说家，他几乎完全没有一点兴趣。

阿诺德关于文学的隔代观点，并非全然来自于当时文坛，更与现实的世界休戚相关。文学鉴赏(appreciation)可以帮我们"与事物的现实观点区分"，批评必须"拒绝将其带入任何的策略、政治，以及社会意识形态，很多人确信，这些事情与他们息息相关"。这种公正无私的重要性绝对不仅仅只是将文学予以动摇，而是为大众描摹了一个政治的乌托邦。

马修·阿诺德

就我的理论之于某君而言……他身边会充满对于这种所谓"遴选"的厌恶。这并不能够帮助人们去做到将邪恶剔除……但是假如这种失算(ill-calculated)的遴选一直都是长时间孱弱的，那么究竟是祸分？还是福分？什么是我们迫切需要的？难道不是在价值之上的行动,而是将困难曝光于大庭广众之下？

就提高其自身政治旨趣的、冥思中立(contemplative impartiality)[34]的可能性而言，阿诺德拥有非常坚定的信仰。

所谓在阿诺德立场上的吊诡主要体现在文学对于政治的服务，此处他的所指并非是未来的、目的性的政治，而是基于一种剩余的东西，譬如文学。取而代之的是宗教的谈经讲道和道德说教，文学必须把自己变得和宗教或道德一样，他在道德层面坚持主张对于教导主义的排斥。"叛逆的诗歌貌似在

34 contemplative impartiality 译为"冥思中立"是参照曹明先生的译法，见于汉娜·阿伦特《康德政治哲学十三讲》，曹明译，见于"哲学在线"网站。 ——译者注

颠覆道德，实质上则是在对抗生活；冷淡的诗歌虽然看似漠然生活，但其实质则是消极面对生活"。事实上，阿诺德认为文学与其用特殊的方式来起引导作用，还不如在道德层面上提升大众的能力。其格调和华兹华斯与雪莱极其相似，带有某种英国主题的风格。尤其类似于华兹华斯、阿诺德将道德地位与情感的形式相提并论：一种庄重的准宗教形式（quasi-religious）。

他发现这种准宗教形式是伟大文学的重要内涵。他所称的"崇高形式"仍然被认为是有价值的，这将在这种庄重的形式中获得变动与摆升。其趋势则出现在这种著名——臭名昭著的理论之末，即"大师试金石"（infallible touchstones）[35] 理论。当时，该理论被放置到了诗学研究（The study of poetry）之中。阿诺德引证了诗歌语言中一个非常短小的例证，并声称，"就某些少许的方法而言，假如他们在这方面能够拥有机智的才华，那么他们足以能在诗歌上保持清醒的判断力"。弥尔顿的"……众里寻她千百度，千金一笑美人归……"便是他的"试金石"之一，以及但丁的"他的意志就是我们的和平"。尽管这种支离破碎对于他们来说是没有意义的。他坚信在他们的语言中我们可以感知伟大诗歌的本真特征，而这一切则又是和可以评判的诗歌相悖的。果不出所料，他的代表作果然带有浓厚的宗教庄重风格。

这种在感官上的压力则是显而易见的。阿诺德以介绍其具体的代表作为手段，从而回避诗歌价值中伟大诗歌的华丽细节。"批评赋予了他们极大的工作量，从而让他们在高质量的诗歌中描摹出抽象的诗歌结构……所谓风格……在被认识上远远要比名家的诗作要好，亦比评论散文（prose of the critic）的阅读要卓异。"或许，他已然察觉到概念分析已经戕害到了这种准宗教的意识形态。理论上的自觉意识让阿诺德在其作品反映中变得更加真实正直。当他在阅读他的"试金石"时，他的感觉被阅读中所携带更大的假想所决定了——假想不只是《人间喜剧》和《失乐园》的文本，更是弥尔顿和但丁在西方文学殿堂中的熠熠大名。

35 该译法参照王德威先生在《中国现代小说史》序言中关于阿诺德的一段引用，"（阿诺德认为）如要发掘真正盖世的杰作，没有任何方法比铭记以往大师的金句名言，并用来作为试探新作的试金石(touchstones)来的更为有效的了。"见于夏志清《中国现代小说史》，复旦大学出版社，2005 年。——译者注

三、社会批评之滥觞

（丹纳，马克思）

在他们迥然不同的道路中，阿诺德与俄国社会批评家们在一开始并未关注到文学的功用（effects）——甚至文学的批评——这一切建构于社会政治之上。就十九世纪另外一种批评形式而言，社会学融入了如文学滥觞一般的图景。赫德尔和黑格尔业已激发了对于个体作品进行审读的习惯，这一切犹如存在于更深远的民族精神（Volksgeist）或时代精神（Zeitgeist）当中。于是，很多十九世纪的文学史家均步其后尘。十九世纪中后期的潮流是对于文学革命与社会历史关系进行描述的宏大叙事（large—scale narratives）。德·桑克蒂斯（De

丹纳

Sanctis）[36]、布鲁纳第尔(Brunetiere)与勃兰兑斯（Brandes）仍然是这个领域中的先行者——尽管其后不久就是宏大叙事的全盛时期。

尽管如此，当时文学史家们仍然如看待社会政治产物一样直面文学现象。在这一方面，他们仅仅只是把浪漫主义看作是一种和人类独立思想一样的文学作品。在文学被看作是简单的因果产物之时，同时对于科学眼光的诉求则是与日俱增。在十九世纪里，这一切被赋予了不断进步自然科学的理念。这种变化说到底只是一个时间问题，这一切以适当的方式出现在丹纳（Hippolyte Taine）的批评理论之中。十八世纪六十年代以降，丹纳开始在欧洲批评界享有独树一帜的声誉，并已取代其同乡圣·佩韦。

丹纳在其科学方法论上充满了进取精神。考虑到欧洲文化在不同时代中的不同点，他声称：

---

36 德·桑克蒂斯（De Sanctis），著名文学史家，代表作《十九世纪意大利文学史》(*La litteratura italiana nel secolo XIX*)。——译者注

“除了机械问题，我们在这里一无所有；所谓结果，便是所有的功用之和。这一切完全仰仗产生起因之重要性与导向性，将这些道德问题从自然中剥离开来。但这种居于首要的重要性与导向性并不能被进行位居其次估价与推算。”

翻译丹纳《艺术哲学》的中国翻译大师
傅雷先生

　　他将这种起因的产生一分为三——经历、背景与契机，其解构的层面可存在于任何一个层次的文学时代当中[37]。但就个人的作品而言，作品决定于客观作者，而客观作者又由作者自身的经历、背景与契机所决定。

　　丹纳关于经历的定义则是异常陈旧的，他称，“一切关于精神与意识普遍性的组合都是经历所固有的，也是附加上去的，也是被取决于经历的环境所获得与营造的”。这种自然化的倾向出现在法国、英国与荷兰诸国。从“环境决定经历”出发，丹纳典型地营造出了时代的角色，所以，就盎格鲁－撒克逊人与他们的不列颠后裔而言，“风、雨、雷电终将灰飞烟灭，最后自然转换为沉郁窒闷的心绪”——这种气候倒是自十九世纪以来“业余的文化理论家”一直所热衷的，就丹纳而言，其观点比业余人士也好不到哪里去。

　　从这种建构于契机或背景之上社会环境的潮流出发，丹纳在其后曾如是说

　　“所谓背景，简而言之，便是大众社会与知识状态。这于是便将某部(篇)艺术作品决定了。言外之意，只有这种许可才能让其舒适，而这一切又是通过前进中各种障碍、困难，从而为其他作品赋予了压力。一系列全新的冲击

　　37 在此译者用“解构”一词实际上是一种借用。列维－斯特劳斯在《神话学》第一卷中曾将“整体”分裂解构为三个类似于“色谱”的元素，代表三种互相渐变但又可以厘清的结构关系。经历、背景与契机在这里似乎可以被认作是关于起因的三角关系。当然，在丹纳的时代并没有解构主义的观点，但译者认为，列维－斯特劳斯的三角分析法在这里却是极具说服力。——译者注

将会在他们前进的每一步中呈现。"

　　遗憾的是，丹纳倾其全力所关注的不只是基于这些特殊的障碍，而是从大众的智力出发。他只是关注于客观实践（material practices）与公序良俗（institutions），而这一切又是被文学生产无意识所决定的。无疑这是为何如此多的评论者很难将丹纳的"背景"这一概念从他所谓"契机"这个概念中剥离出来。丹纳所谓的"背景"只是一种次第、简约的社会意识，而与复杂的历史权力结构相去甚远。他们发现，对于商业出版界、读者的性质层次以及作者的社会角色的微观分析，一切都是徒劳的。就特殊原因的经验迹象而言，这一切在非常笼统、假定的步骤中尤其显得苍白。

　　丹纳主张科学的呼声最后终于被他所坚持的"传统文学标准"所瓦解。他从超越他者的、更高的作家所出发，争论某个民族的伟大作家是否会成为时代的代表。社会学的理性（sociological reason）为业已建立起来的经典确立了价值——如热诚周到是为了从发展(spring)中将社会予以展现一样。"越完美的诗人，则其民族性越强烈，对于艺术越了解，那么意味着他对于他的时代与民族也越了解"。"了解"这个动词在这里被诠释为类似于别林斯基的观点——作家对于时下的政治趋势拥有别人所不具备的洞察力。但是，无论如何丹纳都会将这种活跃的、先知先觉的洞察力明显地不能和社会潮流一般简单的作家思想相苟合。从有意识的洞察力与无意识的判断力之间的不同出发，现代社会批评开始走向统一。尤其是抛弃传统向现代文学规则屈服的前提下，这种统一更是显得愈发明显。尤其在后二三十年里的社会批评，最给人以启迪的著作常常却是带着瑕疵出现，通过意识作家的力量将这一切成为可能。

　　事实上，丹纳对于现代政治批评的预兆更多地出现在他的口号当中，而非进入实践。而从实践上看，他仍然倾向于黑格尔主义，并且与十九世纪其他的文学史有着很大的不同。其间包含着他对于生物学、化学与技术学等自然科学学科分析非常直接的怀疑。在阿尔都塞[38]（Louis Althusser）的学术

38　路易斯·阿尔都塞（Louis Althusser）法国著名哲学家、"结构主义马克思主义"的奠基人。主要著作有《孟德斯鸠、卢梭、马克思：政治和历史》、《保卫马克思》、《阅读〈资本论〉》、《列宁与哲学》、《自我批评》等。在批判把马克思主义人道化、黑格尔化的思潮中，他以"反对资产阶级意识形态威胁的正统捍卫者"姿态出现，在学术界赢得了颇高声誉。在他看来，马克思从黑格尔那里吸取的不是辩证法和异化概念，而是"无主体过程"的哲学范畴。——译者注

体系中，他常常失败于自己的科学体系——尤其是社会科学体系中，去构建一个合适的目标。对比看来，这一切的呼声均可称之为阿尔都塞的呼声——马克思业已将此目标构建出来，马克思对于文学所谈甚少，但他却为晚期的社会学批评设置了一个参量。

首先，马克思是一个信仰物质第一、意识第二的唯物主义者。"人类的存在并非意识所决定，但对立来看，他们的社会存在却又决定他们的意识。"在任何条件下，一个马克思主义者都主张应该接近而非被"从人们所说、所想、所认为的意象中构建……从而到达人类的肉体形式"所继续。但是，却可以被"从真实、客观的、生命延续的基础所论证的意识形态反映与生命过程中的反响"所延续。正如"主观人类情感"在音乐、文学与艺术鉴赏中的展现一样，这并非一种先天的情感，而是一种社会结构的情感。"人类情感……乃是根源于多样'人化'(humanised)的自然"、"社会人的视野与非社会人的视野大相迥异"。

马克思与其大作

其次，自此之后，再也没有谁用黑格尔理论中的延展意识(unfolding consciousness)与美学情感来诠释文学史。所谓真实的故事，乃是历史的引擎，这一切存在于社会实践的层面之中。而"意识"与"美学"只是居于第二性（epiphenomena）的。所以，这在他们自身的统一中并非是连贯的。

社会实践对于艺术家的影响不但是巨大的，甚至是强迫的：

"拉斐尔和其他艺术家一样，在艺术上强调技艺的决定作用。而这一切却由当地的社会组织与个体劳动所决定。最终，这种个体的劳动最后终于在各个国家获得了交流与共享。无论这种个体劳动是否如拉斐尔一样声名远播，但是我们却能知晓这乃是人类文化发生发展的重要手段"。

马克思坚持认为艺术家是"生产体系"的一个组成，而非只是单纯的、自负的意念。因而，这种大众性的原则适应于资本主义条件下的生产，而非资本主义条件下的艺术性生产：这种生产是商品化（commodified）的，并从生产者的劳动中剥离出来。马克思仍然关注于技艺如何能改变美学有效的可能性。"这种内涵导致了史诗的湮灭"，他声称，"这一切源于出版社与印刷机的存在"。这种神话虚构的必要性因为火车、蒸气机与电报机的发明而不能回避地消失了。"所有的神话都是通过自然或是在自然当中进行虚构、臆想来进行对于自然的征服与控制，当真正的力量因为科学而出现之时，曾经虚构的神话力量均烟消云散"。毫无功用的自由愿望或意念完全不可能比这种客观规律更有力量。

除此之外，马克思并不认为这是简单地基于"民族主义"与"时代主义"的一种"均匀构想"。他强调的是个体劳动与个体阶层、行为旨趣与相对实践之间的矛盾与分歧。如果说，某种文化结构在所有结构中能占主导地位，那么，说明资产阶级已经有在其他的阶层上散播其意识形态的能力。"这个阶层在物质生产上占有绝对地位，所以说，对于物质的生产有着控制的作用。以至于某些在物质生产上的被动者就不得不全面发展(whole-subject)了。"与此同时，他声称，自然性(naturalness)与普遍性(universality)刻意试图去伪装成一种特殊文化结构的"利己主义"。统治阶级"也已将自己的想法付诸于普遍的结构，此刻他们仅仅只有理性，而惟有普适的，才可使万众信服"。弗里德里希·恩格斯曾举了一个例子，即格律恩（Karl

Grun)[39]如何揭开歌德作品中的伪装。格律恩再三将自己的观点建构于本质论设想（essentialist assumption）的"人"之上，而"这个人则是'在教育资本'上较为显赫并且看似跻身社会贵族行列之中"、"全神贯注地去坚持与'当之无愧与堪称翘楚的环境'相始终"。并声称，"当他安静地被遗忘之时，嫉妒不复存在，并赋予感恩于其制作者"。正如恩格斯所反讽的那样，所谓"人"，"正如我们看到的那样，是一个业已存在的德国人，并通过被德国小资分子们所建构的图景所认知。"

这种呼声严重戕害了丹纳所主张对于意识的信赖。丹纳辨称，此种意识乃是由社会力量所导致而成，但是在其宣言中声称，生产仍然反映流行之后的一种力量。对比看来，马克思理论承认这种意识与客观物质之间的关系或许将会变得荡然无存——或许变成了所谓的假性意识(false consciousness)[40]。

"意识形态乃是被所谓思想家来完成的一种进程，但是这却是一种错误的意识。此种真实的力量促使思想家们的无知……因而他臆想出了很多不切实际的虚幻力量。"

显然，他们再也无法用自己的意识来诠释政治与社会。就佛洛伊德而言，这种与意识截然不同的无意识乃是非常令人烦恼不安的。

毫无疑问，马克思是一个完全、彻底甚至狂热的黑格尔主义者。同样，马克思关于将社会实践投身于经济基础的观点亦不再时髦。但较之于丹纳来说，马克思的观点仍然是要现代得多。在第七章，我们将专门论述"马克思主义与文论"——即马克思主义之后的文学理论思潮。

39 格律恩（Karl Grun）德国社会学家、"真正的社会主义"的典型代表。他在大学时期属于青年黑格尔派。1842年至1843年主编资产阶级激进派的《曼海姆晚报》期间，因撰写反对政府当局的文章遭到驱逐。1843年结识赫斯，受到哲学共产主义思想的影响，并于1844年4月作了《论真正的教育》的讲演，表明他已由青年黑格尔派向哲学共产主义过渡。翌年，他在《新轶文集》上发表了《法兰西和比利时的社会运动》的长篇文章，在《德国公民手册》上发表了短评《费尔巴哈和社会主义者》，同年底写了《政治和社会主义》，在上述文章中阐述了他"真正的社会主义"的观点。——译者注

40 所谓假性意识(false consciousness)，是指这种意识只是由家庭、文化、民族等外在物质因素交错成型的产品。久之，便成为制约着人的活动客观力量的社会意识。但意识会随着外在因素的演变而改变，人类社会就是在类似的思想改变中持续演化着。就此，马克思把黑格尔的辩证论与自己的唯物论做了个整合而成就了独出一格的历史唯物论。——译者注

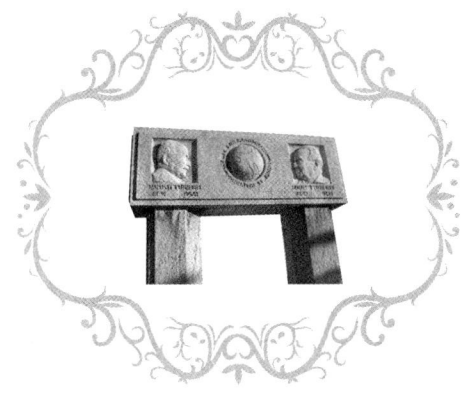

第六章 自然主义、象征主义与现代主义

在十九世纪的最后三十年里，自然主义把小说中的现实主义推向了极致。同时，这个时候象征主义也在诗歌中大力地将理想主义推到了巅峰——这两个运动都是发轫于巴黎的，并且这一切在同一时代也在艺术中催生了印象主义，这个地点是令人讶异的——这个时代被公认为是法国丧失其在传统上的主导地位，因为法国在1870年的普法战争中一败涂地。同样，巴黎也因为1877年的巴黎公社运动惨遭镇压而导致其丧失了在法国的传统主导地位。在一开始的时间里，文化的勃兴并不是源于政权的力量与民族的繁荣，而是源于政权的更迭与民族的式微。

这种结构本身也是不同寻常的，自然主义的肇始通常会被人认为是龚古尔兄弟的《杰弥丽·拉舍特》[41]在1864年的出版，或是左拉的《特赫莎·拉昆》在1867年的付梓。但是鉴于象征主义在十九世纪七十年代的出场，其代表便是兰波与马拉美的诗歌。在这一方面来看，在两个新运动之后，第一次世界大战随之爆发，于是他们与一切所说的有意识的对立自相抗衡。在浪漫主义与新古典主义的对抗中，我们如何去理解文艺理论中的这两条歧路？

第一种观点主张，这种状态在本质上就是两种基本相同的延续性感情的重叠。简而言之，在很大的形式上自然主义其实是十九世纪现实主义的强弩之末；同时象征主义则是二十一世纪现代主义的滥觞。这一切，昭示着新的文学理论革命在情感时代的晚期会刺激出大量的作品。英国浪漫主义时代的简·奥斯丁与克莱博便是最好的见证人。但是几乎

龚古尔兄弟的合葬墓

41　《杰弥丽·拉舍特》(*Germinie Lacerteux*)是龚古尔兄弟的代表作，这部小说是以他们家庭中那个长相丑陋、貌似贞洁的女仆罗丝的双重生活为素材创作而成的，她偷了龚古尔兄弟的钱财，夜间出外去寻欢作乐并寻求男人的殷勤。这是法国第一本描写工人阶级生活的写实主义小说。——译者注

龚古尔兄弟

很难构成自然主义的全部真理，它以文学革命这一特有方式，将极端的新观点从一国蔓延到另一国，而这一切并不是情感式微的征兆。

这种抉择的模式出现了诗歌与散文这两种媒介的分野争鸣，十九世纪小说的巨大流行日趋戕害了当时的诗歌受众。鉴于此，诗歌在它的独特特征中落伍了，它发现或是重新发现单独而存在的崇高，其创作的趋势趋于短小。史诗在其中受到了压制，而语言学的文本则受到了强调。这昭示着诗歌下定义的方式是依据与其相对立的散文。这种边缘媒介的复归在二十世纪则出现了相同的轮回，于是电影便强迫戏剧放弃其自身的视觉构想（这一方面电影或许做的更加出色）。特别在（再）发现其直接物质影响之上，通过对于"小剧场"（intimate theatre）以及这种作用，阿尔托（Antonin Artaud）提倡了这种认知。另外一个例证则是：上个世纪五十年代中期，电视机的出现以及在审美接受上对于戏剧、连载小说的取代，期间它（再）发现了广播音乐领域中自身的特殊力量。值得着重谈及的是，这几乎不可能为尽然真理。在两部相同的作品中，会混合出现很多的自然主义与象征主义的元素。就戏剧而言，虽然很难将其泾渭分明，但在情感渲染上却是等同的。其实，我们根本没有办法清楚地将易卜生或契可夫的剧作划分为自然主义还是象征主义。这一切展示了介于两种运动之间的一种可能存在的桥梁。最后，现代主义从桥梁上鱼贯而行。

再谈第三个模式，自然主义与象征主义并不会完全以对抗的形式出现。抑或更确切地说，它揭示了相同潜在疑问中不同的表征。这个疑问将文学与政治之间的关系予以了新的拓展，并且将这种关系拓展到了文学与其受众之间。该模式并不比前两种模式包含更多的信息，但是从这个时期的结构来看，它们是很需要一个阐释的。

简而言之，自然主义与象征主义是与中产阶级站在对立面的。这种阶层用他的经济力量与独有伦理来统治整个十九世纪，当象征主义者们倾向于贵族化的散文之时，自然主义者们则倾向于工人阶级的作品。但是这两场革新运动中的作者都来自于知识分子，这个新阶层受过良好的教育，但非唯物主义者。他们或许是与早期中世纪牧师阶层的一个最好对比。这些作家们并没有时间去专注于现实主义小说，他们告知受众，他们的生活是如此优越，他们真实的世界是如此的美妙安宁与舒适。或从另一种方面来看，这些作家更欣赏一些高档次的小说，但对于一些审美层次一般的作品来说，他们则认为只能作为娱乐来使用，自然主义与象征主义者们认为文学本身比任何性质的文学理论都要高尚的多。在十九世纪的最后十年里，作为受众而言，挑战的观点开始被接受，并将其当作文学属性的阐释。

当自然主义者与象征主义者们站在中产阶级对立面的时候，他们同时也抛弃了作品中作者的道德立场。作者在这里并没有权力和责任去告知读者如何阐释和判断，受众也不仅仅只是出于娱乐目的而对情感进行刺激和控制。与此同时，浪漫主义文论强调的是作者的阐释，而新古典主义（古典主义）文论强调的则是受众的反应。而在这场运动中，焦点则演变成了介于受众与作者之间的东西；就自然主义者们而言，这个焦点则是通过文本所反映的真实世界；但是对于象征主义者而言，这个焦点就是语言学文本自身。但从这个焦点自身来看，这一切几乎没有什么不同。尽管如此，他们还是在相同之处受到了排斥，两个焦点之间的距离并非所表现的那样难以逾越。值得关注的是，艺术则是在同一时代的转折期所完成的。如库尔贝的现实主义误导出的印象主义甚至于后印象主义，以至于当下艺术形式中形成的极端非表现主义（Non-sensational）。鉴于对于整个真实世界的描绘，对于已知世界媒介的表达，以及对于艺术作品规律中未知世界的表述，可以说比文学理论中的表述要流畅得多，但是这其中更倾向于逻辑的表达。

一、法国的自然主义

（福楼拜、左拉、龚古尔兄弟）

自然主义在法国是由十九世纪早期的一批小说家们创立的。在其他国家中，这些人传播现实主义比推广他们自身的作品似乎更要卖力。比如说，司汤达常声称，"小说是路上的一面镜子"；就巴尔扎克而言，在他的每一部恢宏巨制中，他一直把自己当作是科学家的一种，这种观点也被丹纳与左拉所接受。在基于压抑的世俗真实中，福楼拜的主张使其成为了一个名副其实的原自然主义者（Proto-naturalist），这种超越语言与主题的困扰将他们定性为原象征主义者与原自然主义者。故而，这种热爱的形式并没有在龚古尔兄弟的身上体现，他们的现实主义更侧重于对于下层民众、社会的关爱；但这一切在左拉的身上并没有体现，他声称，"媒介语言已经消失"——左拉完全站到了自然主义立场之上。

福楼拜

左拉首次周密地将自然主义论证到了"主义"的高度。这是这个名词首次在文学视野下的现代语境中出现，浪漫主义从来没有如同时代的群体一般进行自我命名，也没有如抵制永久性原则一般，在同时代的基础中显现自我的价值。但是十九世纪的历史研究催生了文学关于革命的自省。致力于宣传事业与新闻业的左拉，把自然主义看作一场文学革命，加以充分准备，如给整个运动命名，如给这场革命指明方向等等。更关键之处在于，他将这场运动定位到了整个时代当中：

"自然主义是战无不胜的大师，他用极大的生命力为我们这个时代指明了方向，它是我们达到目标的动力，也是社会运转的中枢，你可以在科学中找寻到它……它改变了艺术，雕刻术与某些美术的领域。"

在这段叙述中，文学中的自然主义并不只是一种简单的优越性，更是在

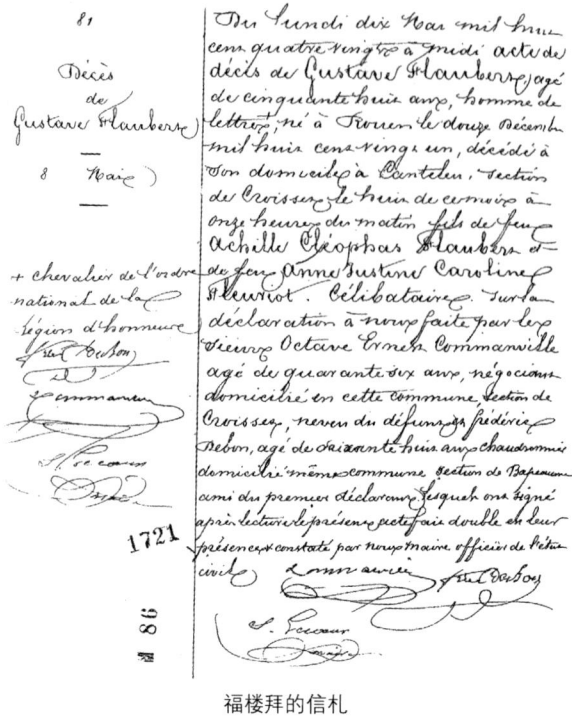

福楼拜的信札

于其出现是大势所趋，历史必然，无论某个作品的吸引程度如何，这场运动势必会成功的。

实际上，自然主义者并无意让其作品变得有多么吸引人。在十九世纪早期，世界雷同的现实主义描述激发了受众对于愉悦语境的认可。这种现实主义的喜好并不是源于空想巧合、刻意担心、情感转折、高潮结局或是愉悦收尾的不和谐。

在十九世纪早期小说当中，关于现实主义描述的新尝试并没有在所有的尝试中享有优先权，但是就自然主义者而言，对于真实的纪录要比尝试重要得多，这是一种绝对的原则。左拉曾如是说：

"在我们一开始的意识里面，自然是必需的；无论谁都有必要去接受，且不可以进行任何方面的曲解和缩减……取而代之的是对于猎奇的一种憧憬与复杂化，为了获得最终的结论他们不得不将夸张性的影响做一个有序的安排。我们简单地从生活出发，这里的故事或是体系自然就因我们所安排的情节而恪守存在，故此作品也因而打上了官方的印记，仅此而已……"

在自然主义来临之时，现实主义则变成了介于作者与受众之间的责任。

福楼拜的信札中有一段非常著名的评论，这一段评论是为了举例说明原自然主义者有志于献身自然的精神，"不要相信那卑鄙的现实，对于这种现实的描述将会令你作呕，甚至于我们的想法会因为这种平等而恶心，假使你能很好地了解我，那么你就能感受得到我对于日常生活的诅咒"。在《包法利夫人》一书中，福楼拜强迫自己准确地记录客观真实，但他却不会凭借自己的小说去取悦读者，"乏味的作品包含着痛苦与下作的丑恶"，就龚古尔兄弟而言，他们的小说《杰弥丽·拉舍特》无疑是给了大众阅读一击响亮的耳光。

"所谓公共性，无非是追求索然无味、聊以自慰的阅读。大团圆式的结尾，刺激感官的情节，这种想象既非可以理解的，也非纯洁的，此等作品用龌龊的内容来让你觉得恶心……"

左拉面对评论家对于《特赫莎·拉昆》误读的悲哀，他过多地陈述了自己相同的立场，他仅仅希望"对于一个正常的人来说，他能感受到一种深深的恶心就足够了"。潜在的假定，事实上就是对于受众的知识内涵与真实性情感而言的，其实质是不充分的，并且是站在改进所需的立场上。左拉说"目前看起来当务之急就是所有的世界必须用两只眼睛去看，因为没有什么比真情实感更普遍了。但是也没有什么是非常杰出的，就他们自己而言，读者必须要面临更多的真实，而无论他们自己是否喜欢。

左拉之墓

这仅仅是旧式贺拉斯原则的一个糖衣，读者必须在文本龌龊的心理状态下处于一种无为的状态。在实践中，这种精神状态常常是出于一种"迷离"（shock-appeal）的心理机制——并且这种力量一直在持续着。

但是，这种诉求并不能在公众中进行表达或炫耀。自然主义者们需要其他的理由来服务于现实主义责任的信仰，并且他们在科学中将其发现。"在当下……小说开始试图在科学中进行研究",龚古尔兄弟如是说。科学导致了自然主义在最后不可避免地成功,小说家在科学家那里获得了面对不满现实的精神支持。他们所接受的世界大异于人类所期冀的世界。这种与理想有出入的现实,在1859年达尔文的巨著《物种起源》付梓之后则变得愈发明显。

从科学中我们可以看到,自然主义者们拥有自己个性的方式。"对于单独事实的研究,我们采取的方法,是将人类的资料一一进行收入个案分析、别类与诠注"。如科学家们一样,自然主义者们信奉一视同仁的世界观,认为任何生命与政治团体都没有理由会被认为在本质上要比其他的同类优越或是重要。至于人类的举止,他们则认为,"人类的大脑与路上的石头皆决定于宿命"。生理学的模式如感化十五世纪科学家一样感化着左拉,"我们对于情感、个性、人类以及社会的解读,就应该像化学或是生物学家一样去面对自然客观"。除此之外,他最著名的概念论断还有"实验小说",他认为小说家应该同自然科学家做实验的方式一样去在小说中结构个性,这样才能更好地进行假设,角色通过他们自身进行相互影响,小说家们在这里只用简单地记录结果即可——完全的对比——事实将其完全削弱。小说并不能在自生自灭的状态下发展自己。类似于一种物理的关系,左拉的论点抑或有短期的战略价值,但是当自然主义者们利用自然行为呼吁真实世界的实验之时,

左拉

自然主义者们则在普遍上处于一个相对安全的境遇。

无论这种实验发生于何地，类似于科学家的小说家们因为结果而受到干扰，但道德信仰却最可能地成为了这种干扰的滥觞。正如福楼拜所发现的那样，"在道德下由于恍惚而形成的文本是如此的愚蠢与虚假"。对比看来，福楼拜断言在十九世纪普遍的观点中科学将会是超然的，客观的。"自然科学是极妙的，因为它并不期望改变什么，小说家们的科学职责是依靠置身事外的方式来履行的。用同样的方法来看，当结论与社会伦理相违背时，小说家们是不应该受到非难的"。在科学的世界中，所谓对于有伤风化的指控是没有任何价值的。左拉在《特赫莎·拉昆》一书中对于有伤风化的批评发出了如是的批驳，他还从龚古尔兄弟那里进行了较早且片面的引用："当下小说着手于进行研究并有义务关注科学领域时，那么他就会需要科学的自由"。

假设自然主义者的实践是客观的或是超然的话语，那么，他们的方式肯定也是如此的。如科学实验报告的撰写者一样，自然主义小说家必须避免个人的观点与偏见。在彻底的自然主义到来之前，福楼拜关于这种特殊的必要条件有一个清晰的阐释："我相信，小说家们并无任何权力在任何事物上去阐述他的立场"，左拉则拓展了他的观点。

"你几乎很难想象，一个化学家因为元素在日常生活中的价值不大，或鉴于对立原因而对于氧气的偏爱，进而导致他对于氮气的强烈排斥。同样，一个小说家如果在作品中有着褒善的立场，那么势必会对他文本的本身有着负面影响。"

这一切并没有给自然主义的实践划上一个理想的句号，"作品将结尾寓于文本本身"。大多数自然主义小说家在政治上是偏于左翼的，并且在他们的生活中是以左翼政治活动为主。但是他们的作品中，却谨慎地给了受众们一个适当的政治结论与政治答案。

这种基于科学的、并为自然主义服务的同盟在早期阶段里确实考虑到了很多长期的价值。现实主义的极端形式并未在自然主义的早期阶段逐渐消失：某些类似于自然主义的形式仍然浮出水面，并持续到二十世纪。从这种忠实的、不加遴选的记录上看，还有什么比纯粹的意识流创作更好的呢？从这种对于人类设想的断言上看，还有什么比罗柏·戈里叶的物本主义

(Chosisme)⁴²更合适的呢？但是这些现实主义的极端形式并没有受到科学的辩护，故他们在二十世纪早期就已经丧失了自己的魅力。

二、法国的象征主义者

（格里叶、波德莱尔、马拉美、瓦雷里）

由于法国很早就出现了现实主义，故其浪漫主义出现的就要晚些。在文学理论里面这一切就体现为法式浪漫主义要属于一种晚期的观念，在文论中这种观念为今后的革命营造出了萌芽，法国浪漫主义中的波希米亚思潮在浪漫主义与象征主义之间搭建了一座进化论的桥梁。但此桥梁在欧洲诸国并不是平行拓展的。在过渡期的诗人中，格里叶和波德莱尔尤其重要地规划了很多构思，这种象征主义就变得更加基本了。

格里叶

浪漫主义因其独特的面貌，被格里叶与波德莱尔两个天生的自然主义者所抛弃。正如格里叶所说，"自然是愚蠢的，没有任何自身的自觉性，也没有任何的思想与激情……相比较而言，艺术比自然更美，更真实，更有力"。作为一个剧作家，格里叶更热衷于华丽的舞台风格而非天然去雕饰的舞台。波德莱尔则在其作品中大力宣扬化妆的重要性，这种超越自然的艺术呼声则在法国传统中一直有很长的一段历史。到最后，他尽可能地回归到了新古典主义时代的习惯与周密的诡辩之

从柏拉图到巴特：西方文艺思想史

118

42 罗柏·戈里叶（Robbe·Grillet）法国作家、新小说派的创始人、理论家。他对小说艺术本身进行了深入的挑战、反叛、思考和建设，具有英勇强悍的新英格兰极端个人主义传统和坚强的艺术开拓精神，强有力地显示出他在短暂的数十年的文学生命历程中的艺术自觉和尼采艺术哲学当中艺术家享有的奴隶主道德。其代表理论著作《为了一种新小说》、论文《未来小说的道路》以及《自然、人道主义和悲剧》集中体现了他的小说观念，即物是无所谓意义的一种存在。也就是说客观世界没有丰富的意义，也不是荒谬的，它就是存在着。物是物，人只是人。事物没有什么特别的本质。这个观念被后人称为物本主义（Chosisme），亦称尚实主义。——译者注

中。这种相同状态今天仍然在法国的后结构主义与结构主义中有所体现。此时，罗兰·巴特也称赞在伪自然主义竞争的好时尚喧嚣的、做作的角逐。

这种对于艺术的维护给诗歌的创作带来了极大的影响，自然灵感的浪漫主义派系并没有受到格里叶的渴求。他坚持认为，"词汇诗人实际上就是文学制造者，无论如何他们不能很好地去创造并不存在的东西。"这种创造涉及到了手艺、体力劳动，甚至于计算。毫不奇怪，建立在智慧情感上的浪漫主义立场同样也面临着质询。正如波德莱尔所说，"心灵的情感，之于诗创的工序，并非完全彻底的热衷。"在此，格里叶对于巴洛克诗学再发现的进一步认同，并非只是巧合——这只是一种特殊的智慧而已，并且给现代主义者带来了重要的发展（尤其在英语与西班牙语的国家当中）。

这种思想的大众趋势认为，艺术是一种非常特殊、非常独立的事物。艺术被认为是从作家日常生活以及道德中脱离出来的，当然也更从社会公益中所脱离。纵使有不同的旨趣，但这种分别的滥觞与作家脱俗的个性仍然存在着较强的对比。

其次的分歧则与无干扰的科学自然主义教义相匹配。但是第三个分歧则是与自然主义、十九世纪社会政治批评相悖。当时的格里叶有一句很有名的论断就是"艺术者，艺术也"，抑或是"艺术为艺术而生存"。作品中华丽角色的出现，诗歌便远离了实践的生活，远离了科学，远离了进步，而且还远离了中产阶级市侩的庸俗旨趣。

格里叶几乎可以算是这种批评方式的鼻祖。但是波德莱尔在他艺术化的新世界观里增加了新的深度。格里叶更热衷于关注形象化的表征方面，波德莱尔则被表征背后隐蔽的真实情感所牵动。在波德莱尔半宗教化（Quasi-religious）的观点中，他认为，"世界就是一部象形文字的百科全书"。这种显而易见的真实被"普遍一致（correspondence）与象征主义所决定"。这种促使意蕴与关系中隐喻层面的、更深层次的关注，将象征主义的发

波德莱尔

展拓展得更加深远。

关于象征主义更深远的发展最重要的表征就是斯蒂芬·马拉美与自称其弟子的保罗·瓦雷里。马拉美应为这种突破性的早期发现的最大功臣，但瓦雷里的理论则建立在象征主义与现代主义合二为一的时期。这种闪光之处往往都出现于被完全证明了的原则之中。诗人们均接受了波德莱尔更深层次的见解、内涵与隐喻层面。但这种接受在某种程度上忽视的就是世界而关注的则是诗歌本身。象征的一致化在这里则建立在语言与诗歌结构之上，而不管他们真实中最原初的东西。

从诗学上看，这种普遍的象征主义概念促进了对于隐喻层面的揭示。这种隐喻层面显然在层次上要高于在语言上的显性含义。与此同时，这种隐含的含义被波德莱尔认为是"自生"（Self-generating）的。这一切的发生并非是被作家们按照旧的方式进行的，这里较高层级的含义层次毫无疑问地就成为了最原初的层面。同样，笔者在另外一本书（《超越结构主义》，第十三章）中也提到，在象征主义者那里这好比是一颗鹅卵石在水中泛起涟漪一般。这种所谓的"鹅卵石"在这里则将动词或动词词组从普通的文学体系中剥离出来，这一切均在组合语言之间发生。"语言在独立中获得'狂喜'"，马拉美如是说，当（意识）认为词藻并没有在正常的秩序中时，这一切如置其于洞穴之墙的影子一般。这种模式和宗教中的"冥想"（meditation）极其相似。

"当我们说'花'的时候，我们的声音所表现的只是花儿的表征形象，这种形象与普通花类植物的定义有着一定的差异，它可能鲜艳动人，可能诗情画意，但它却没有芬芳。"

马拉美甚至还诟骂诗歌乃是一种"妖言惑众"的统一。这种统一曾出现于戏剧的隐含层面之间。就马拉美而言，"诗人们必须逃开任何想法，从而导致在素材上是直接、准确的"。抑或是"在两幅景象中形成一种微妙的关系，这两种景象源自于三个元素，清楚的并且是可信的，是可溶解的。这一切是由大浪淘沙的方式得来的，并且被我们的想象所统治。"取而代之的是，这种思想被句法所叙述与控制。马拉美主张读者们预言他们自身的关系。这种关系的发展与诗歌的发展是同步的，这一切忽略了普遍的连续性与语言的接近性。当瓦雷里阐述相同观点的时候，作为意识的诗歌形式大致如下：

"路人皆知的事实与存在——这一切是由观念所指的……吸引着其他的东西，他们的联系在这里大异于平常，于是他们开始朝音乐化（Musicalized）发展，并能引起合声一般地共鸣。"

音乐化的类比在象征主义诗学批评中很快变得流行起来，在这里音乐被单纯地关联与共鸣所控制。尽管如此，象征主义诗歌比先前的诗歌在普遍上更加形象化，但在健全方面要略微欠缺。马拉美对于"负面中特殊的观点"有着特别的关注，同样，他也认为铅字字符之间或周围的空白是尤其重要的。

这种新的诗学内涵被直接叙事的含义保护了其固有的神秘感。"命名会让诗歌的愉悦性大打折扣，因为这种愉悦来自于逐步的预言"，马拉美如是说。这一切不可

瓦雷里

避免地在受众中营造了一个很大的需求。此后，马拉美清醒地认识到，很多读者排斥这种被视为晦涩的新诗学观念。但是他完全不在意这些读者们的看法，"假设一个弱智加文学白痴的读者去在一本晦涩的书中找寻愉悦，那么这是荒谬的，这将是一个低级的误会"。诗歌于是在这里变得孤高自傲起来，在此并不只是因为诗人们选择接受了面向政治的贵族式散文，更是由于诗歌媒介变得自然化，或许瓦雷里在早期论述中关于象征主义精英极端表述可以说明问题：

"我们热衷于这个时代的艺术，复杂并且做作……所有的一切都充满了神秘感，虽然更加狭窄，但是在这个群体中变得更加不易接近。如果多半以上的情况都是封闭的，且最终的结果只是为了成就少数人的奢华，假使这只是一种极少的选择，并且在一个神的王国之中，那么这将是辉煌与纯粹的。"

更多时候在于这种新的诗歌形式并不能服务于政治需求——哪怕它有这

个想法也不行。这种一致与联系并不能等同于主张或是信息。这种被马拉美与瓦雷里设想的音乐式结构根本上是一种封闭的系统。正如马拉美所说的那样：

"我们主要的目标是让诗歌的语言自我映射到一种维度上来，这种维度中没有任何的（语言元素）将会拥有自己的气质，但是他们的一切仅仅只是阶级的一种概念。"

马拉美

到了最后，诗人仍然只能独善其身。至于社会而言——正如马拉美所说，在我们这个时代，诗人仅仅只能虚妄地对抗社会。无论如何，对于诗人来说，在政治舞台上他们都没有任何角色可以扮演。

但是诗歌在语言的关系中却充当着重要的角色，就马拉美和瓦雷里而言，日常的通用语言本身就缺乏获得在经验中实质的奥义。语言媒介被唯物论所主张的天然习惯所消减了。马拉美说，"语言与市偿中的金钱一样，可以变得易于流通"，瓦雷里尤其诟骂那些消弭个性的范畴化社会（Social categorizations），并对此表示忧虑：

"语言乃是众口相传，形成了众多的词组、用法甚至于粗口。对于这种存在于我们思想、词典、作品等中的困惑，我们理应设立一种合适的避免措施。这个问题实际上在有人类的时候就已经开始需要列入思考日程了。"

在这个观点中，诗人的挑战变成了"书写纯洁、理想的声音"，一切衍生于"一种中介的、本质的实践、永恒的变化和被玷污的以及所有作品的仆人和'日常语言'。而瓦雷里则用华丽辉煌的语言来叙述自然主义者们的雄心。"诗歌暗示了语用变化的一种选择，"诗歌于是被认为并非是经验、思维或感觉的更高形式"，但是在结局的甫一开始却成为了语言的一种更高形式。

在某种维度上，自然主义者们坚持认为诗歌的口头自然叙事性是一种全新的定义，瓦雷里从德加那句名言出发——"你所拥有的是一种不人道的技艺，我并不能说明我的需要，但我却充满了想法"。他忠实地记录了马拉美与德加之间的变化。鉴于此，马拉美回信称，"没有人能根据意念写诗，只有根据词语写诗"。瓦雷里自己在论证特殊的诗歌文本中则走得更远，在普通的日常关系行为中，他曾声称"我已告知与你，如果能理会我所说的话……那么我说的一切将在你的意念中灰飞烟灭，并且这一切将被他们的对照、图像关系以及欲望所替代。"但是在诗学语言中，"发生的具体形式中……为自己主张与为自己成就则变得尤其重要。正因如此，故获得了关注。诗歌与散文不同，诗歌倾向于自身结构的再复制，从而完全地增强我们对于它的重构。"这仍然是在整个浪漫主义时代中可以听到的主张，正如瓦雷里的推论那样，"将诗歌降格为散文是不可能的，哪怕是按照散文的形式去叙述，去理解"。但是这种基于关联的注意则是介于施事者与接受者之间的一种强调。在对于文本的关注中，对于"语言目标"的强调则被认为是施事者和受事者之间的一个鸿沟。正如诗歌的施事者那样，诗人相对变得比较无形，"这是现代诗歌中最为伟大的发明"。马拉美甚至还称其为"诗人大发现"，就这种"大发现"而言，诗歌的语言获得了授权，"诗人的声音定然被词语本身变得沉寂又主动。"象征主义理论与浪漫主义理论不同，在诗歌中，诗人的个人风采能得到擢升。同样，在自然主义理论中，这一切促使小说家们的匿藏，从而做到所谓的"主观记录"。正如诗歌的接受者一样，马拉美谴责诗歌"在给我们意念极度愉悦的同时，我们必须发现这种愉悦需要一种源自读者的、新的创造层次。"

在这里，瓦雷里表达了相同的感情，诗人关于作品的创作与读者关于作品的诠释是截然不同的，与其他实验的观点不同，但与马拉美相似。瓦雷里主张写作者放弃对自我的控制，"毫无疑问，一个作者能做的事就是告诉我们他的目标何在？但是这并不是关键，关键在于一个作者他需要依靠什么生活？他要怎样才能养活自己？"至于如何解释，马拉美设想了瓦雷里在此时关于创造力的引导性，并且考虑到了在部分作者中绝对的创造力。

"真实的含义并不会存在于文本当中——抛开作者的威信不谈，一旦文本被出版发行，文本就变成了一种类似于欲望和本能的器官，但是这一切并不能被证明它比其他的东西结构更好。"

象征主义的逻辑学领导了整个现代主义甚至后现代主义。

象征主义语言的自觉性亦可能表现了早期的语言规律体系性表述。这种规律在二十一世纪的思想界中起着独领风骚的价值，在语言学与语言哲学中，甚至包括人文科学与社会科学领域内对于语言学的关注远远超过了其他领域的关注。在他们看来，万般社会科学皆下品，唯有语言学高。毋庸置疑，这种语言学大大促进了其他实验的方向。

三、英国的唯美主义与亨利·詹姆斯

(佩特、王尔德)

佩特

格里叶与波德莱尔关于英国唯美主义中"为艺术而艺术"的观点之陈述明显要优于象征主义者们的叙述，虽然他们的激进叙事是出于偶然，但是斯文宾与佩特仍然在浪漫主义的大众流行中继续。对比来看，奥斯卡·王尔德则是一个极其完全的、一致的激进主义者，他的激进理论常常超越就事论事（outrage-for-outrage's sake）的局限。正如斯文宾和佩特，王尔德在象征主义与现代主义中掀起了一次直接的先驱性革命。但他也在随后的现代主义文学理论发展中嗅到了一种具有迷惑性的诱惑。

英国的唯美主义与法国诗人对中产阶级的文学道德采取了唾弃的态度。王尔德说，艺术的维度与伦理的维度是绝对不同的，他们亦都鄙夷对于日常生活的"模仿"的关注。尤其王尔德业已声称自然的劣性所在："艺术让我们看到了自然的粗陋，他出于好奇的生涩描写，以及异常的单调表述，甚至于他绝对地未完成条件"。尽管如此，但是他对艺术的构思仍然不在一致或联系的关系（或关联结构）之上，他尤其关注的风格乃是在浪漫主义尾声之上的个人主义风格。

就王尔德而言，艺术不仅仅是拒绝对于真实生活的复制，同时也拒绝一种对于真实生活进行创造的意念。因此，多亏了培养诗人与画家专门学校的出现，这才使得"伦敦迷雾"变得可以触摸感知。

"就在此刻，人们已然看到了雾霭——然非因为此处有雾霭存在，乃是由于诗人与画家们赋予了雾霭一种难以名状的情感。伦敦之雾已逾越了数个世纪，我敢说，在此之前并没有人能看得到它们，故我们对于这一切一无所知。最后直至艺术的出现，才让人们发现了它的存在。"

这种关于文化的、荒谬的事先考虑超越了自然地预兆，甚至也越过了结构主义与后结构主义之间的矛盾，此影响至少蔓延了五十年。这种深刻的预知仅仅只是一种针对"语言"的偶然提及，他认为，"语言是思想之父，而非思想之子"。

唯美主义依然涉及到了一种独特的文学批评，印象主义的批评开始对客观主义的准绳产生了深深的怀疑。瓦尔特·佩特认为，只有对独立作品的独立反应才是印象主义批评的先驱。所谓著作只是个人的一种相对的阅读偏好罢了。

"在书中，什么是之于作者的一种个人化叙述？我们的本质又是如何被表征或潮流所限制的？"追随的评论家们除了忠实记录我们的"实验记录"之外并不能作更多的事情。"第一步就是关注我们可以去接近的真实存在，并去了解我们自身的真实表达"。

在《艺术批评》一书中，王尔德用逻辑体系来传述自己的观点，客观的叙述与批评文本并不相同。"简单地认为，艺术是一种创造的出发点（starting-point）"，他亦声称独创的批评结构将扩大创作的滥觞。这种独创性的批评"将一直在我们的时代中展示着艺术作品的真实关系"，必然地，作者的目的在其后随之展现了出来。

"最高级别的批评……并没有限制到他们自己……乃是为了发现艺术家

其真实目的，并且最终要予以接受……当著作完成之时，生命由其自决，甚至于他们所传递的信息比他们所叙述远远要高深得多。"

王尔德

就批评主义的作品而言，最好的写作形式将是开放的，比其后的解释更有利用价值。"唯美主义批评家反对任何形式的、通晓的艺术形式，但是在叙述中这种陈述就变得真实，并且这种真实将一直继续。"

每一种叙述方式(statement)都援引着某些后现代预示性的主题，但是这也存在着某些不同。王尔德关于批评创造的观点常常在根本上形成一种风格，"艺术家的批评"自身在篇章中充满了忧郁气氛，华美的评论变成了所有象征主义批评家都去努力追逐的目标。这种新的呼声事实上在早期浪漫主义"美学"中就已经被同化了。

在实践中，印象主义的批评家们并没有真实记录他们自身的阅读反应。并且他们还在官方的文学作品中杜撰了一些虚伪的、令人恶心的词藻，这些词藻均被政治统一安排，并将其理想、美化了。

亨利·詹姆斯的批评理论大约是和唯美主义处于同一时代。如唯美主义者一样，詹姆斯在艺术上按照他的理想与观点予以了大书特书，他还因大众与抽象的原则怀疑这种批评理论，并且他主张将前瞻性与后顾性的元素结合到一起。但是当时唯美主义者们所关注的焦点是诗歌——尽管他们在诗学上一了无成就，詹姆斯也关注小说，但是他却选择了一条批评的歧路。

詹姆斯几乎一直在回顾小说中的道德作用——这种道德作用乃是由华兹华斯所构想的。于是乎，他便声称受众们在一部成功的小说中仅仅只能获得

"实验性的超自然夸大"。在别处，他则声称文学中的道德因素只是"华丽的情感中某一必需的组成……越多的文艺作品觉察到道德是他们创作不可或缺的源泉之时，那么，这种东西的华丽感就越强。"文学本不应包含特别的道德评判，但是在其他评判的预备期中，这种构想与情感被扩大与净化了。

在其他方面，詹姆斯倾向于自然主义的信仰，他坚持认为小说应该毫不偏激地阐述真实，而这种阐述则是基于娱乐的一种浪漫主义、人为基准或是一种功能性的筹算。

"与抛弃我们对于真实的把握相比，小说给我们提供了一个正视生活的方式，但当我们将这一切予以比较时，就发现妥协与习俗已然成为了其替代物。"

更重要的是，他已经认可了客观的自然主义原则，于是他便赞同屠格涅夫的小说。在那里，"戏剧变的相当与众不同，诗歌将脱离音乐而存在，一切景语皆情语。"比较看来，他对于特洛洛甫则是相当贬损的：

"（他）对于回忆的读者们来说，常常会进入一种毁灭性的追逐，并且这个故事只是他亲口所讲的。综上所述，他已习惯性地将所提及的著作列之为'小说'，并以小说家自居，甚至于他热衷于引导作者通过小说家们的乐趣来了解文体。"

作者显而易见的"存在"则逐渐削弱了真实的表征。

但是詹姆斯并没有把自然主义归结到科学当中，当然更没有不希望小说是按照科学的方法去接受客观。同样，他发展了人性中净化（Filter）与反射（Reflector）的概念，角色成为了调停受众与文本之间的砝码。人们的兴趣与意义将因为这种存在而形成"缺位"，这种呼声打开了许多联

亨利·詹姆斯

合性要点的观点——这些要点并没有把先前小说实践中那种"角色移位"的形式予以唤醒，在这其中，我们可以明白地看到詹姆斯对于小说批评中最为原初的作品。

这种观点体现在治疗这一方面，且詹姆斯一直坚持这种"治疗"的重要性，"小说家们的主题就是……我们在无为状态下所赋予他们的一切，从另一方面看，他的实践则是积极得来的，并且这一切与批评有着密切的关系。"就一部小说而言，将治疗视作一种针对于目标的孤立元素或次要元素。詹姆斯曾作为一个自然主义者声称小说需要抛弃矫揉造作而去叙述客观真实的生活，但他同时也如唯美主义者那样，主张"艺术创造生活、旨趣，甚至价值"，同时他也与象征主义者一样强调技能与意识所扮演重要角色的作用。

"忽略了细节结构的图片，是构成审美的最大契机。除非画家本身就知道什么是可行的原则，否则他是不知道如何去构思的，创作对于他们来说就是一种对于艺术的预谋，但这却流行了。"

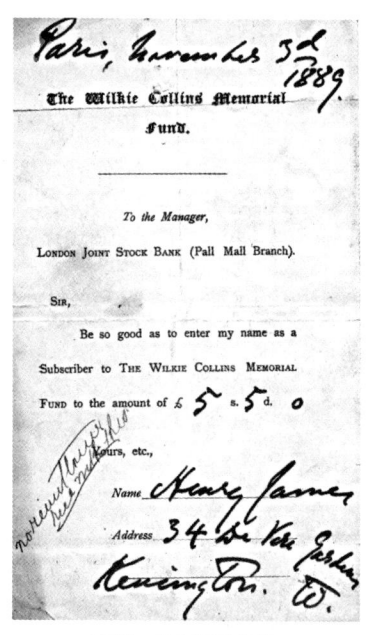

亨利·詹姆斯的信札

需要说明的是，这里并无矛盾（contradiction）之处。在这里只存在流行批评的一般性的吊诡（paradox）。詹姆斯对艺术与作品的赞誉并非基于具体的问题（subject-matter）而是建构于一般性的方法策略之上，关注的是故事的在场叙事而非故事本身。每一个关于小说的统一化显示了詹姆斯的无意识或下意识——而非刻意。詹姆斯将旧的批评原则带到了新的维度当中，如象征主义者们之于他们的音乐结构概念很相似。当詹姆斯关注艺术对于媒介[43]（medium）的修饰与影响之时，他关于小说的思想是与象征主义者对于诗歌的思想处

43 雷蒙·威廉斯在《关键词·文化与社会的词汇》一书中认为，medium 的概念已经在语言的思考里被舍弃不用，语言并不是媒介，媒介的技术意涵指的是独特的、决定性的特质。在这里更侧重于艺术与社会性的内涵。——参见雷蒙·威廉斯《关键词·文化与社会的词汇》，三联书店，2004 年。

于并行不悖的。

其后的文学批评流派发生了日新月异的变化，卢伯克客观地将詹姆斯的观点援引到了《小说技巧》一书当中，而布斯则成功地将这种教条援引到了《小说修辞学》里面。此类观点性的概念因为布斯与热拉尔·热奈特的解释而变得令人难以费解。简而言之，当下的批评主义重新发现了作家个体，但没有促使其回归到昔日权威的位置。如果说要有什么不同的话，这种个体的协作者在观念上的分析则略显得仓促了，尤其是对于角色的表达与净化。遗憾地，观念批评在其后的作品范畴中变得尤其突出。

四、现代主义与先锋派

现代主义在二十世纪二十年代来临了，它并没有夹杂在世纪之交的浪潮中而来，但它却确实肇始于这个时期，且随着思潮的变革而出现。显然易见，在那个背景下自然主义与象征主义均已经出现，而这一切正随着第一次世界大战的爆发改变着社会思潮。或许这一切因为战争的出现而变得显而易见。毫无疑问，这种大战之后的心理影响变成了一种压倒一切的强势因素。

世界大战改变了两个状态。首先，在科学中的自然主义信仰、进步以及人类的合理性，包括生活实践中的象征主义诗学，如对科学一样，能量守恒定律与相对论理论一起构成了十九世纪末科学技术的嬗变。其次，人文思想在这场运动中也得到了显然的变化，其中某些还将在下一个时期得到证明。但最遗憾的是，一战本身却是人文主义思想的一个最好反证，并且科学技术在这场战争中的主导作用也是不容忽视的相当之大。从象征主义的诗学来看，对于现实生活中最原初的死亡和毁灭，他们报以一种相当的冷漠。如果在当下阅读马拉美，其思想中的冷漠残酷甚至血腥会让你联想到艾迪雅、阿德诺以及阿卜赛赖特这些纯粹的诗人。

从另一方面来看，自然主义与象征主义在现代主义思想里面合二为一的。尽管诗歌是以当下城市为素材，但是自然主义却将其引入了小说的范畴。反言之，小说中亦蕴含了很多象征主义诗歌的角色。举例来说，一致性的观点则在顿悟（Epiphany）仪式中的小说动作获得了彰显。鉴于此，在这里"角色"找寻到了他们杂乱的生活顺序，这一切忽然地被所有内涵中"垂

加赛特故居

直"的洞察力与同步的联系所实践了。更为普遍的是，这种小说的细节描述则变成了建构于动作与象征一致性之上的一种主题。在此之后，自然主义者所营造出来的维度将促使故事细节的叙述变得更加自由。而这种自由正是象征主义者所赋予作者本身的。

这种在媒介上不安份的实践将导致现实主义在新的发展中认识他们自身，象征主义者挑战了最原初语言的充分性，并且在新的内涵中提供了可供选择的东西。但就一些比较细微但很受关注的例外而言，它们业已成为（已建立）文本形式中的普遍内容。就现代主义者来说，无论如何，每件事情在支配的过程中必须要从头开始进行批评与再思考，这种对于他们的触动确实是一种现代的意识，此刻在这里所存在的一种新的形式中旧的规则与传统将不再被使用。这种心理状态毫无疑问地被归因于第一次世界大战。这一切将对过去产生激烈而又突然的冲击。但这一切均可追溯到自然主义者们本身，他们在反映中号称现代性，然而他们世界的基础，则在不断地发生变化。相似的是，关于"主义"的种类不断地增加，并且，现代主义的宣言不断涌现，如：意象主义、漩涡主义、未来主义、表现主义等等，这一切将被追溯到自然主义之上，并对这种自身的革命与群体性原则有着原初的、充分的觉醒。

在现代主义时期，这种思想初具成果并相当重要的就是先锋派。在这种思想之下，文学所追求的并不是质量的优秀，而是能否超越他们所处的这个时代。他们的写作远远超越了他们大众的情感以及它们那个时代的语言修辞学。作家所扮演的角色应该是一个探索者或是一个拓荒者，并且也应充当类似于领军人物的角色。传统的、根深蒂固的观点并不能被当时的读者和作家们所接受，自然与明晰愈发被彰显出来。事实上，比较说来这只是一个历史的发展。

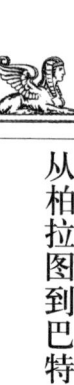

现代主义实践给读者们带来了一个相当重要的需求。在现代主义之下，象征主义者将所有艰涩的文学界定均列入了诗学的范畴，但现代主义者对于文学书写的困境决非单独的文本内在性变化的成果。它同样也是一种更大文化语境的反应——在新文化形式下一种极其壮丽的变化。从十九世纪末到一战这段时间中，电影工业石破天惊地出现了，并且促成了报业市场与畅销书市场的大规模发展，从十九世纪末至一战爆发，喧嚣的电影产业被彻底"引爆"，随之带来的报业市场与"娱乐"小说均引领着大众文化（Mass Literary）的前行，在这种新文化力量的表征中，"文学"为自身的安全曾与大众化、商业化与娱乐化做了谨慎的对抗。现代主义的反民主倾向被加赛特（Ortega y Gasset）[44]强有力地诠释了，"这种新的艺术显然并不是为每一个人服务的，这同浪漫主义一样，只服务于有才华的少数精英分子。这会让大众对其产生不满的抵制情绪。"更重要的是，文学变成了精英的先锋。但值得注意的是，这个层面的精英与社会阶层中的精英完全不同，但却和专业领域中的精英有类似之处，为名利而文艺的人比纯文艺分子还是要少得多。

至于文学出版，其最重要的标志就是现代主义时期那些地下杂志（Little Magazines）的涌现，这些杂志的影响极小，发行周期极短，诗歌尤其在这里获得了发展。实验小说在大众传播的语境下不

法国马赛海边卢米埃尔兄弟的雕像，1895 年他们正是在此处发明了电影，之后世界文学进入了全新的商业传媒时代

44 奥特加·伊·加塞特（Jos ©rtega y Gasset，1883—1955）是二十世纪西班牙最伟大的思想家之一，被喻为西班牙的陀斯妥耶夫斯基，而法国存在主义作家加缪则称他为继尼采之后欧洲最伟大的作家。加塞特还是现象学传播史上至关重要的人物。他创建了著名的西班牙报纸《太阳报》(El Sol)和文学月刊《西方评论》(Revista de Occidente)。其主要作品有《无骨气的西班牙》、《大众的反叛》、《大学的使命》、《面对历史的哲学》等。——译者注

再受到重视，最后只有在小众传播中找到自己的地位。在这个时代里，大众流行中的问题之处受到了特别的关注，这种关注并非只是简单的副作用，实质上，这是一种文学责任危机的证明。

五、休姆与庞德

正确对现代主义的左右两翼做出判定是极其有价值的，尤其是针对诗学的关系。一方面，如象征－现代主义者们如瑞克、布洛克、希梅内斯以及瓦雷里；另一方面，则是一些先锋派的思想家，如本恩、马雅可夫斯基和阿勃利奈尔。象征－现代主义发端于早期象征主义的神秘倾向。笔者曾经讨论过瓦雷里的理论地位，其地位在作家们之中是最引人注目的。比

庞德

较看来，这个象征现代主义者作为这个时代的晚生儿，看来尤其觉得愤世嫉俗，更加具有讽刺意义，更加唯物，也更加机械经验主义化。在英美文学当中，作家常常沉浸于当时流行的维多利亚道德与晚期浪漫主义情感当中。现代主义在飞跃中到来，这一切并不奇怪，英美现代主义者趋向于一种先锋的态势。而我认为，在英美语境中休姆与庞德是两位关键的改良者，艾略特则是所有先锋派现代主义中最重要的作家与批评家。

作为一个诗人，休姆被列入了意象主义的范畴。尽管他自己的作品数量不多，但作为一名哲学家，他从不同种类而同时代的欧洲环境中——比如说柏格森，获得相应的资源，故他的诗歌中出现反浪漫主义倾向，对于"属性"（sloppy）这种情感无穷的、模糊的祈祷。"证明美是存在于渺小、干燥之中是很有必要的"，就休姆而言，由于浪漫主义在英国诗学中享有绝对的统治地位，故休姆视其为巨大的敌人。从立场上看，他自称自己的观点为"经典"，

尽管其观点被打上了庞德与艾略特的标签。但实际上休姆并不具备经典的博爱性。柏格森的思想将其推到了一种非古典主义的非理性当中，总而言之，"经典"的荣誉已经从英美现代主义的真实中剥离开来。

"这个细小、干燥的东西"被休姆予以了直接的关注，并且将这种值得注意的东西具体化。他认为，诗歌如诗人所认为的那样，是单独存在的东西。"这种关注是相当精确的，无误的，也是相当坚定的。"这些事情在叙事程度上明显更侧重于琐碎叙事而非宏大描述。娱乐的成份要多于教化的成份——这些将会更好地对文字的使用，休姆认为，"主题无关紧要"，并且他主张这种描述，"这种好奇的方式如裙摆与膝盖之间的关系一般游离"。这确实是一种建立在自然主义者之上的一种观点，更是以现代主义、象征主义为基础的，没有任何主题能比文学或诗学更有内在价值。

准确的描述看起来是一个简单的目标，但休姆认为其相当艰难。这种艰难的原因就是普通的语言。"语言本身是一种自然的、公共的东西。这种表达从来都不确定但却是有着折衷的一面——这一切对于你、对于我，对于所有人都是一视同仁的"。更多的是在于我们的日常语言习惯倾向于陈旧的形式，且再也不可能促使他们在感性的层面上对于他们的想法有任何形式的猜测。"古老的（别称）非但没有物质价值，而且走向了抽象的反面。"休姆亦在这一方面拓展了其判断，一方面在其中首当其冲地建立了自己的洞察力。"我凭借我的观点将万物分类，我发觉，这种分类法才是事物的框架所在，对于主题我几乎无法窥见，且仅仅只能看到某一层面的归属。"如马拉美与瓦雷里一样，休姆觉得通用的语言是不尽人意的，但是在典型的英式变体中，他并不满意他的现状。他期冀他能获得更多超自然的感觉，而非具体的洞察力。

休姆和其他人一样，主张诗歌是一种"和语言的斗争"。首先，语言必须要打破传统语言分类的桎梏，从而再发掘其真实存在中新的洞察力。其次，诗人必须依据诗性的语言去重构一种新的洞察力，最高形式的诗歌行为就是"对于传统语言习惯的回避，从而获得对于真实事物的曲解，诗歌中将延续地去观照物质的东西，从而防止你从那些抽象的过程中脱离。"不管这种另类的东西再另类的诗歌在创造中是如何无足轻重，对于我们的语言与感知系统而言，这种颠覆是大有裨益的。

但是诗人并不能把目前未发明的新词语杜撰出来，那么他们又是如何赋

休姆

予传统词语新的意境内涵呢？其答案就是隐喻（metaphor）。"形象的含义只能被隐喻所左右。"休姆认为，隐喻是诗歌的核心与灵魂，在二十世纪的英美文学批评中，其身份提高已然成为了常见之事，但尽管隐喻是如此的重要，而它的效用却是暂时的。"你不停地去寻觅新的隐喻……因为隐喻形象化的形式是速朽的。"一位诗人，或许会因"山被树覆盖"而关联成一种新的隐喻，但是将"覆盖"降低为一种抽象形式或已经亡朽的隐喻，已然成为了一种习惯用法。休姆有时也声称，"语言中的词藻以一种有生命的隐喻形式开头"。他的理论并没有顾及到常新的诗歌与隐喻，取而代之的是，语言在替代与更新中不断推陈出新。

作为新领域、新宣言中一位不知疲倦的先行者，庞德将先锋主义者们的探索作为例证拿出来举例，"艺术家乃人之精英"。这是他作品中的第一句话，同时他也援引到先锋主义中一些特殊的观点。他绝望于时下英国人对于非科技化与市侩世界观的追捧，"对于艺术优劣，他们并无自己的评判观点"。他希望"大众都能理解诗歌是一种艺术而非是一种娱乐……以致于这些外行会把专家们拖死"。在这个观点中，预言获得了发展——他诉求于一种"立场独立并且坚定的艺术家、作家等等"，这一切将促使他们去以最高的雄心壮志为旗号，而非去抚慰整个过程中的幼稚一面。

在很多方面，庞德的观点与休姆的观点极其相似。他希望诗歌是"严肃的、直接的、随性的。"他警告某些诗人不要"陷入抽象地恐惧"，甚至他强调对于准确描述的必要性是自然主义观点中几乎最有真实价值的主张，"劣等的艺术只是不真实的艺术，一种谬误。"如休姆一样，诗歌最初的作用就是维持语言的健康。

"小说（文本）并不是一种强迫的或是感情的压力，也不会迫使受众去

认可一种或是几种观点模式……我们需要一个或几个的观点或想法，且务必保证方式的纯洁性……独立的个体是没法思考的……抛开词语之后，词汇中的某些坚实的、可靠的东西受到了被蔑视、被鄙薄文本的重视。"

社会或许会诅咒、蔑视生活在社会生活中的文学作家，但这确在无意中为其履行了一个原则——尽可能为政治服务。

就庞德而言，诗人一直在写"极端的、膨胀的语言"，做着坚定不懈的斗争。对比来看，诗歌渴望"最大效率的表达"，他无处不告诉诗人们应"不要使用任何冗余词藻"，并陈述"伟大的文学是由简单的文学赋予最远、最可能的层级……诗学意义的理念，如独一无二的集中结构。"或许是庞德对于文学理论中的卓越贡献，他关于意象最重要的诠释就是利用了他的这个主张。

"一个'意象'出现在由智慧与激情而组成的'即刻'时间中……其表征就是一种带有混合性质的感情猝然地出现，这种感情源自于受到约束的时间和地点，这种感情的猝然出现则是衍生于伟大艺术作品中我们的实验。"

与铺陈般的叙事不同，这种意象往往如闪光灯般稍纵即逝。这种批评的观点是英美文学批评在下一个十年的主要动向，也是庞德基于集中含义的大众性主张。同样，这也是之于具体的、首要的形象外化的一种诉求。

六、T.S.艾略特

如休姆与庞德一样，T.S.艾略特是一个有一说一的学者型作家，但在作品中却显露出一种类似于宏大叙事（catholic form）倾向，并且是以一种谦恭的态度建立在过去文学之上的一种声音。这种关注欲确实是艾略特作品中一个颇为奇特的亮点，他几乎不能说服自己：这些含有异端和极端冲动的知识意味着一种挣脱。艾略特与一般的现代主义精英分享的是关于艺术的内容，但是其他现代主义者们却给人一种对于精英革命事不关己的姿态。在这里，艾略特就变成了一个传统等级坚决的捍卫者。

在艾略特作品中最冷静客观的单篇作品就是一篇出于自我表现的、与浪漫主义诗学观点相对抗的作品。艾略特认为，就马拉美和瓦雷里而言，诗人必须如诗性语言的吸收一样"藏匿"起来；再者，诗歌的存在是以一种口头的、人工制品流传的，这种属性很容易让其成为诗人与读者之间的一个巨大沟壑。

艾略特

"假定诗歌是一种沟通的形式，那么这种沟通势必是诗歌文本自身的沟通……诗歌存在于读者与诗人之间的某一个位置，这种真实并非简单是作者试图去'叙述'的真实。"45

这一切定义到了二十世纪的文论，于是遂演变成了老生常谈的一个定义。艾略特亦声称动词化在创造新的实验这一方面是诗人们所没有预先想象到的。"至今为止，实验已经设立了一种诗学规则，这一切都是与原初的实验所大相径庭，而又几乎是不可察觉的。在诗歌完成之前，这种联系又是不存在的。"

艾略特尤其忧心于预先存在感情（pre-existing emotion）中对浪漫主义旨趣的遗弃。"诗歌不仅仅只是一种感情的释放。"这仅仅是一种中肯的感情，"诗人是灰色的，诗歌之树常青。"只有依赖于独立的客观关系，才能将情感融合到诗歌之中。通过艾略特的定义，所谓的客观关系就是一种"目标的设置，一种状态，以及由特殊感情组合的事件环节"。这种外部的事实将会在感觉的尝试中逐渐中止，但一旦引起就会立刻将情感唤醒。显然，这种客观的关系在象征上被拓宽或缩小了，确定的意象建立于不确定之上，并在其自身之上予以表现。

预先存在的想法在这里也没有被考虑在外。在诗歌中，艾略特对于哲学理念都没有目的性。"诗人必要的兴趣是无限的，越有灵性则其越优秀，我们唯一需要的就是诗人将自己的情感融合到诗歌当中"，但是这种"融情入诗"的过程却抛弃了真实的价值。艾略特在哲学与价值之间设置了一个绝对不同的准则，类似于哲学与诗学价值之间的关系。但丁关于信仰的想法通过他的诗歌而让读者们所接受，"但你却不能在看书的时候想起他的信仰"。

就艾略特而言，感情与思想乃是诗歌的价值而非诗歌的元素。但是他们却将其他的情感与思想携带进入到其他维度的关系之中。"这种感情组成的灵光一闪并不是伟大的东西，但艺术进程却是伟大的，在其之下，一切融合于一体。"并且在此不仅仅只是感情与思想的融合，更是通过所有水平层次、不同尝试的融合。

> "当一个诗人的理念在其作品中完美呈现之时，那便是不同尝试不间断的融合。对于一个普通人来说……谈恋爱或是阅读斯宾诺莎这两种尝试看起来似乎风马牛不相及。抑或是打字员打字时发出的声音与厨师做饭的香味，诗人意识则会认为他们以一个新整体的形式出现。"

这种新的组成看起来宛如一个诗歌的特殊组成，在这里诗人的表现不只是个人的，更是一种"特殊的媒介……在此意象（impression）与尝试在意外与特殊之间予以比较"。

在象征与关联之间存在着相似的象征主义观点，在引用之上是对于意识的、知名的、明确的层面上瓦雷里的预先例证引用的延续，并且在这方面变得与常规不一样。但这亦是一种呼声的变化。关于对自然关系的获得，艾略特称自己所得甚微，但他却认为收获了很多杂糅的东西。艾略特思想最本质的精华并不是神秘主义，而是一种直接性的包容。他珍重元素带给诗作的一种极大的质量——"专心……从属于多次的尝试"——并能关注到"多样性与复杂性"，如二十世纪文艺批评中协作的多样性与复杂性一样，理论嬗变的呼声意味着介于瓦雷里《年轻的命运》与艾略特《荒原》两种主张中的不同。艾略特在不一致的元素之间选择飞跃的快感——一种新的尝试将现代主义从象征主义中剥离出来。

作为媒介，在这里将不同的尝试联合起来并不仅只凭借语言，而是诗人的理念。诗人的理念在这里作为媒介之一将起到过渡某些元素的作用。"实

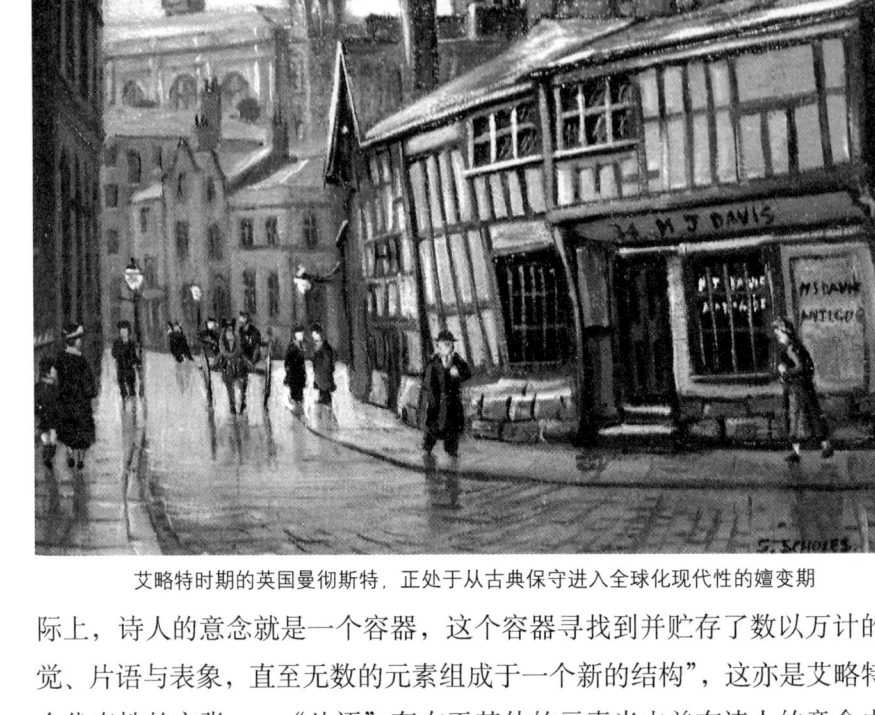

艾略特时期的英国曼彻斯特，正处于从古典保守进入全球化现代性的嬗变期

际上，诗人的意念就是一个容器，这个容器寻找到并贮存了数以万计的感觉、片语与表象，直至无数的元素组成于一个新的结构"，这亦是艾略特一个代表性的主张——"片语"存在于其他的元素当中并在诗人的意念中形成。诗作是由当下意识的语言组成的，同样，诗作中最重要的一个部分或许存在于"亡故的诗人，以及他们的祖先，积极的维护他们不朽的声誉"。诗歌在机遇这个层面就成了真正意义上的"荒原"，艾略特的批评主张在这里预示了即将出现的、混杂的现代主义概念。在这里，每一个文本都是被早期文本所沟通的渠道。

就"天资"而言，尽管如此，艾略特仍在不同的方面寻求到了这种具有导向型的方法，如向"诗人之死"而致敬，这种传统要远远大于传统的天才。但是这种保守的扭曲却是虚伪的、带有强迫性质的。假如诗人如此去做，似艾略特声称的那样，"语言之仆远远优于语言之主"，所谓诗圣诗仙最后都是被历史所遗忘。这并不只是当代诗人通过语言所谓的"写作贯通"，就语言所主张的维度，诗歌并不是一种周密的动作形式，而是一种之于其他形式的服从。

在其他地方，艾略特以另外的形式贬损诗歌中的"大师"：

"一千个读者就有一千个哈姆雷特,而这一千个哈姆雷特恐怕都与莎士比亚无关……读者的再诠释或许与作者相当不同,但效果却相当。看来诗歌本身要比作者'博学'多了。"

到目前为止,这种观点仍旧是可行的。诗人做诗之肇始,其实并无其他的特权可言。读者获得什么,时代也就获得什么。"每一个时代如同每一个单独的作者一样,将艺术的哲思带入了我们自己的评估类别,并在艺术上建立我们自己的需求,以及在艺术上厘清我们的目的"。艾略特认可这种立场的价值,且此时他也主张,"过去会被当下所尽可能地遴选,如被过去所引导的当下一样。"但是在这里对于过去的改变并非是充满敬意的。

艾略特自身改变了传统的"情思分离"(dissociation of sensibility)的兴趣[46]。通过这种模式,我们可以知道之于十七世纪形而上学的诗学而言,应去"寻求比当下更重要的东西,以及去领悟人类情感的艺术经验"。但是复辟时期与奥古斯丁时期风格的诗歌则关注于思想而非感性,而情感时代的诗歌与浪漫主义则关注于感情而非思想。这种分裂出现于弥尔顿(此君完全不懂得如何就情感而举例)的夸张与德莱顿的机敏之间,在此之间的冲突明显要少,而讨论形式之间的冲突则明显要多。作为现代主义者的艾略特声称,"净化语言是诗人应负起来的责任",这无疑是给弥尔顿和德莱顿一记有力的耳光——他们主张"语言有害论"。

对于寻找如何去重建诗歌与形而上之间的联系,艾略特毫无疑问地被巴洛克与现代主义诗学之间的真正亲密存在所感动。但安德鲁·马维尔对于巴洛克方式的急功近利并没有进行详尽的描述,并且这种观念的精华被一种平衡的维度——无意识(mindedness)所替换。尽管这种形而上情感的智慧被认为是一种"值得认可的,并且是在每次实验性的阐释中,在其他可能的形式中予以含蓄的表达"。艾略特在其著作《什么是经典》中尤为深远地探讨了这个问题。在这里,他褒扬"全面"与"成熟"两方面的价值,这种价值

46 将Dissociation of sensibility译为"情思分离",是参考著名作家温瑞安先生的译法,他曾说,"Dissociation of sensibility是病态的, unity of sensibility的大意是:对思想作直接的感官理解,或者把思想创造成为感受,而dissociation of sensibility便是思想与情感分了家,这种'情思分离'造成文学作品不是过于着重内容便是过于注重形式,这是坏的倾向。知性与感性在一部作品中交合无间才能算是一部真正的艺术品。"见于《温瑞安、温任平对话录:我们为散文定位》,尔雅出版社,1999年。——译者注

或许会无所不包，但断然不会包括艾略特早期批评与诗作中所提到的"异质"（heterogeneous）[47]。同样，艾略特的名望欲亦导致了在他强烈的判断力上出现了不可小觑的污点。

艾略特的批评是一种引导其他后来批评不走上歧路的概念性批评。在英美世界里面，现代主义作家、批评家们的成果只能算作是早期之作。同样在俄国，未来主义的创造性革命为俄国的形式主义理论赋予了开天辟地的价值，这些其后的发展将在本书的第八章与第九章予以详述。

47 将heterogeneous译为"异质"是参考中南大学文学院欧阳友权教授的译法，具体参看《网络写作的主体间性》，载于《文艺理论研究》，2006年第4期。

第七章 文学理论的新发展

象征主义与现代主义诗歌评论家们在一种极为特殊的领域捍卫着文学的尊严。这种与日俱增的力量在表征上令他们感觉颇有敌意。他们坚持认为正是这种强大的分歧才促使他们将自己的行为与其他大众的行为区分开来。这种非排外（defensive—exclusive）的立场被晚期日益发展的自然主义批评运动赋予了新的定义。就俄国的形式主义者而言，英国的剑桥学派批评与美国的新批评自然而然地就进入了一个新的文学范畴。他们的思想与他人的思想大相迥异。在二十世纪的上半叶，文学理论却忙于在跨学科之间打通障碍，从而将自己的学科尽快建立起来。

毫无疑问，在文学批评的新发展与哲学语言、心理学、社会政治学的新理论之间，必定存在着某种潜在的联系，这些新的理论时常会以争鸣的形式延拓到文学理论当中。但就文学系、文学院等专门学术机构而言，对于这种理论的态度则是排挤的、拒斥的。直至二十世纪下半叶，学科间与学科间的沟壑已经被粉碎掉了。还在那个时候，新的理论登上了舞台。在此，我将按照年代的顺序而非文学批评的影响来进行叙述。

一、尼采

尼采的哲学著作完成于1870—1880年期间，但是他的思想在世纪之交才变得名声大噪。尼采用叔本华的维度去观照人类存在的一切，并且这种观照被盲目的愿望与欲望所引导。这种意识仅仅只是事后的一种合理化。"世界就是权力意志，并无其他"。但是就尼采而言，在一贯性与彻底性上要比叔本华深远得多，并且拒绝脱离此条件并在特定条件下去找寻其漏洞所在。相对而言，他更接受并包容叔本华所厌恶的那种"潜在力量"。他抛弃了叔本华的厌世观点，并把这当

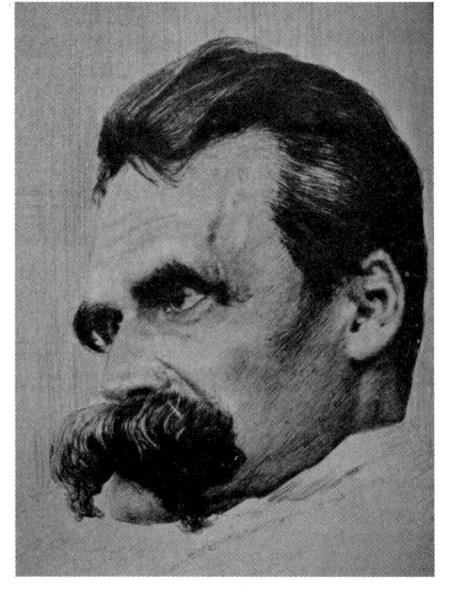

尼采

作传统哲学家思想中不合理的反映。尼采尝试去发展关于游戏的新观点，尽管这种游戏是悲剧的、苛刻的。

正如我们所看到的那样，叔本华发现了他在美学冥思中最大的漏洞，但是尼采却主张这种"不合理"乃是推动艺术最原初的力量。"各种狂喜 (ecstasy)尽管成因不同，但是，都是创造艺术的力量"。此主张不久后便在其处女作《悲剧的诞生》中获得了阐释。该书超越了对于古希腊艺术的传统观点——即某些典范(exemplifying)主张，诸如纯粹、明朗、平衡以及和谐。尼采并不否认古希腊悲剧中蕴含这些元素，只是声称这些元素乃是源于太阳神阿波罗。但是他也发现了一个负面的问题，就是他的观点丝毫无法引起古典学者、批评家们的关注。就单独的悲剧主人公（如叔本华的悲剧理论）在受众的身份中先前也曾获得关注一样，尼采则辩称，受众更应该去关注尤其重要的合唱队（chorus）。"阿提卡悲剧的受众在管弦乐队（orchestra）的合唱队中去找寻'自我'(itself)。"合唱队在这里只是扮演一种仪式角色 (ritualistic role)，这是与音乐、措辞、黑暗恐惧和直接预兆相联系的。从这方面看，古希腊悲剧的过程包括狂喜与沉醉，这将超越分野，并获得自身个体的妥协。尼采将这一切都归因于古希腊酒神迪奥尼索斯。"就迪奥尼索斯神秘的狂欢（jubilation）而言……其不但破坏了个体的魅力，且为通向母体子宫打开了一条通道"。尼采还就祭祀仪式做出了分析，从而去探寻受众在面对悲剧时由于恐惧与怜悯而产生的"吊诡兴奋"(paradoxical delight)。"(受众）即将……看到那史诗中的悲剧英雄在壮美中带着自豪走向毁灭"。就他对希腊艺术中"原始"元素进行分析而言，尼采预示，古典主义研究及其专家即将成为当下的主流趋势。

尼采亦预言了一般文学理论因过去二十年而变得更加宽泛。他主张：所有的艺术都是"旨趣"(interested)。叔本华援引康德的理论，声称美学沉思乃是绝对的公平无私，是从一般自私欲望中绝对的超脱解放。尼采却如是嘲笑这样的主张：

"当我们的美学家们进行不屈不挠的重复劳作时，目的乃是为了支撑康德大师的观点。这种对于美的狂热会促使我们去'无私'地审视一尊裸女雕塑，我们或许会有丁点嘲笑他们的损失，但这种艺术家的经验在微妙之中远远胜于所谓的'旨趣'"。

尼采、席勒与包豪斯三人塑像，并称魏玛三杰

尼采用作家一种"无言"（unconfessed）的渴望来对待创作。他指出，艺术是一种能量的宣泄，艺术家是一种极端以自我为中心的人。他质问，"（艺术家们）如何升华自己的直觉？"性别与肉欲的驱动力是构成其他动力的要素，同对成功（或力量）的渴求是一起的。对于性冲动的回避往往被看作是自私性兴趣（selfish interest）的一种形式。尼采几乎对于心理学有着破坏性的曲解，并称，叔本华只是在精确的方法上出于自身的"旨趣"罢了。

如兴趣所致的力量一般，叔本华认为艺术并不比其他人类行动要高级。但是当所有人类活动获得平等旨趣的时候，艺术亦并不比余者低劣。就尼采的批评挖掘深度而言，他将更深入地与科学、心理学所呼吁的"自我性的传统"（objectivity traditionally）所抵触。"从怀有偏见的主张、观点或'建议'可以看出，心里的渴望普遍都是精炼的、抽象的，这一切都是在事发之后为了捍卫其论点。"尼采称，"求真意志"仅仅是"权力意志"的衍生，包含建立统治或控制的一种含义。在所有的事实中，世界被意志建构，并且这些事实能够支撑一个观点，那就是阐述的行动构成了整个世界。

"'求真'并非此刻被发现或是建立起来的，它或许是被其命名者所创造。就'超权力意志'而言，其自身是没有目的性可言的。对于真实的介绍……乃是一种'主动的决定'——这并不能成为一种意识的进程，这在其自身当中则是被确定、肯定的"。

很多解释都貌似可能，但是没有一个能够最终与单独的个例获得有效的对抗。"这里有很多的观点……自然也会有很多的'真实'，所以说，根本没有真正的真实可言"。所以说，所谓真实，只是由被观点的选取所决定。

尼采仍然凭借非常现代的修辞学对科学与心理学进行了挑拨："尽管它

的分离与自由皆来源于感情，但是我们的科学仍然受到修辞学习惯的愚弄"——就像是能量的物化与原子结构如"存在"(out there)的顶级形式一般。与心理学相似，介于印第安、希腊与德国心理学的家族相似性乃是由印欧语系的姻亲关系所决定的。"这归因于相同语法功能无意识的支配和指导……虽然没有可能性，但是却为心理学的发展与成功做好了必要的准备。"就尼采而言，语言通向世界的通道业已建立。

综上所述，尼采认为语言是一种基本的隐喻。新环境对于语言要求一种全新关系的主动创造由于有很多可能的相似，所以要将外在的相似予以把握。在最后，"真实"在语言的阐释中并不比"一支由比喻、借喻和拟人化修辞所组成的流动大军，简而言之，是经由修辞和艺术手法所强化处理、变形和修饰的人类关系总和"要更多。尼采称，树的"性"在隐喻层面上是"雄性"的话，那么"植物"就是"雌性"的。他对等地指出，隐喻跳跃时所携带的语言乃是抽象意境的结晶。但危险的是，正如尼采看到的那样，相当多的隐喻有责任去遗忘它的隐喻喻体(status)。当它变得"对于意境的影响无能为力"之时，它看似也开始成为了"不变的、墨守成规的、甚至是丧失判断力的"。取而代之是不间断的主动进取，语言在"神灵感应"中变得僵化。我们丧失了见微知著、窥一斑而见全豹的眼光，假象假扮成永恒不变的真理，隐藏在单独的个体之后。而这种"感应"则是由科学和心理学所建立起来的。

这种争论超越了传统的等级，人们的这些说法或多或少属实。但是另一种阶级却在颠覆中浮现出来。假如这个世界是权力意志，那么断言与行动或多或少的意志会明显被认为是正直的、坦率的。尼采藐视伪装，尤其由权力意志所假扮成其他东西之假象——这在科学中尤其明显。比较来看，文学与艺术为意志的表征提供了非常大的可能性，因为文学和艺术从不呼吁真实，"在艺术中，谎言变得非常神圣，诡计凭借良知在其背后形成。作家既不听命于现实也不服从于社会道德，他们能够创造超脱自身的真实与价值"。当然，作家们更热衷于新隐喻的创造。尽管文学不能阐释真实，但是文学却可以讲述"真实的行动"(act truly)，看来这和人类自然环境是相一致的。从这方面来看，美学创造成为了人类所有活动的一个范式，"只有艺术生产才是全世界的正宗"。这些观点几乎完全是与叔本华相对抗的。同时，尼采将艺术的重要性抬高到前所未有的高度。"所谓形而上学、道德、宗教、科学——无非都是艺术意识的衍生物罢了"。

尼采最著名的论断则是声称文学乃是由我们自由创造下的一种狂欢。

"所谓作家，乃是一个将不可能描述为可能，并且声称道德与天分均仅是一种感觉与兴致的人。他们引出令人激动的感受，好似脱离了内在的快意，进行着蹑手蹑脚地、简单的舞蹈。"

模仿式的写作并不在他所列举的价值当中。"艺术不是自然的模仿，而是形而上学的一种补充，之所以在形而上学旁衍生，乃是为了对其进行克服"。他自然也在部分艺术家中将某些确定的看法予以了评估，崇高的或是神圣的，尤其与希腊艺术相联系。在这方面，尼采是一个反浪漫主义者。

"这里有两种受害者，一种要忍受着旺盛的生命力，这些人需要酒神艺术，以及诉求一种用于观照生活的悲剧眼光；另一方面，这种人不得不面对衰减的生命力，他们处于沉睡、安静、沉默之中，通过知识和艺术他们获得超脱，否则就会迷茫、痉挛、痴狂。所有的浪漫主义者都在这里获得两倍的诉求。"

尼采看不起自我意识不强的浪漫主义者，但是，他自己的诗歌则是浪漫主义的，且关注于作者创作冲动的表达。毫无悬念地，尼采先前所引用的章节称，他注意着观众们的定向，并嘲弄着存在的假定。而这种定向则是朝向着艺术家们经验下更多的"兴趣"。就尼采而言，观众们最具压倒性的力量则是一种艺术家的身份象征——在艺术家创作意志下，怜悯带有巨大的力量。

二、弗洛伊德

与尼采不同，弗洛伊德对于非理性（irrational）并不持极端的观点，但他能一直在力图客观、科学地将其作为自己的研究的出发点。关于无意识的研究，他赋予了新的非理性内涵，新的重要性与新的地位。弗洛伊德发现，自己如演员一般，作为第三个脱离人类中心图景的表现。正如哥白尼否定了地心说，达尔文发现了进化论一样，弗洛伊德发现，人的意识并非存在于物质当中，乃是蕴涵在人类的灵魂之内。其观点确实是令人非常不安的，其原因并非在于他发现我们的身体乃是茫然地、超越我们控制范围的，而是在于指出了一种我们从未发现过的思想（thinking）。弗洛伊德的无意识并非仅仅只是存在于意识之下，

弗洛伊德

究其本质乃是一种可供选择的意识。就我们自己的意志和目标而言，它一直在抵御一种可以制服我们意志与目标的策略形式。

弗洛伊德解释，这种无意识乃是发生于对愉悦简单性的"延期"（postponed）与"转置"（transposed）上，但这些却是来源于社会存在与现实原则的压力。这种能量与无意识的产生相抵并使其分裂，这种无意识构成了一个否决箱[48]。正因这样，幻想与冲动很快就被意识所"否决"了。当意识在其他位置时，这种被排除的物质则将"关系的模式"与"组织的规章"予以了发展。这种无意识的能量，利用生理上不对等（equivalent）的人类表现欲去寻找表现自身的范式。

在一种思想的无意识中，其需要伴随着意图而运转，及至去寻求对于自身的展现；它通过透过自觉对比含义中的优势社会层面，力图使这些含义出现。因而，无意识的含义被隐藏在一般性的传统含义之后了——这与符号主义与现代主义的诗人将隐藏的含义埋葬掉并无什么区别。在这双重之中将隐含的含义逐字逐句用明朗清晰的编码进行解读几乎成为了一种不可能。当弗洛伊德讨论心理学上梦的解析之时，这种相似几乎到了极为贴近的地步。

"梦的造作（dream-work）实现了许多不同种类梦的解析。这并非是逐字逐句或是一个符号接着一个符号的刻板分析，也并非是通过混合的规则进行的

48 用于记录各种被否决的提议，以及这些提议被否决的原因。 ——译者注

一种重组……这确实是一种很复杂的、很不同的行为。"

与最基础的语言相比较，符号学的模式在这里变得更加无法预料、开放与更让人引发联想。

弗洛伊德将梦的象征解构为两个步骤。首先是置换（displacement），一种要素代言其他几种要素，介于两种不同要素之间的关系乃是一种"映射"（allusion），通常以"最外或是最远"为界限。相反，在摘要（condensation）中所体现的乃是每一个要素都是复杂的，但是其任何一个都可以代言全部。在一个标准病例（standard case）中，其实是几个要素聚集到一起发生的结果。所以说，梦中人的形象无非是将一些典型、真实人生中的部分进行联合性的重组。比如说，A 的眼神加上 B 的衣着再加上 C 的习惯，诸如此类，不胜枚举。这种过程类似于诗歌语言中所谓的非理性过程：在比喻中，诗歌中某些出现的东西会指代一些未出现的东西。在转喻中，诗歌中某些出现的事物将会指代或是暗指某些并发的东西。这一切虽然是被关注的，但是这种替换却未能构成相似的关系。对比来看，弗洛伊德更喜欢强调两种要素中纯粹的不同。这与比喻中的传统解释是相违背的，但是这又比二十一世纪的比喻稍稍差那么一点。在这里，相似的角色就被泛泛地轻描淡写了。

在这种混合的梦中出现了很多真实的人。单一的元素很清楚地携带着很多的含义。从弗洛伊德那里我们能够得知，复杂的、含混的含义事实上在这里成为了所有梦想中的象征主义角色，在他自己那篇"关于植物的梦"[49]里，他如是发现并举例：

"根据很多汇聚的梦境，从而建立一个节点，因为很多含义在关系中都是由梦境所诠释的……梦境的每一个要素结果都是走向武断"。

所谓梦境的多因素决定（overdetermination）在弗洛伊德看来，就是许多的不同或是悖论将某个梦的主题进行推动。当然，这都是无意识的。

弗洛伊德学派所表现出来的特征，貌似与当下现代主义理论批评是并驾齐驱的。至于在随后的时期会注意到，这种批评尤其能关注到他们自身的寓

49 此文后来被收录到其《梦的解析》一书当中。 ——译者注

位于维也纳的弗洛伊德纪念馆

言含义，而这在标准的语言符号下则是不可能出现的。如果考察复杂、含混的含义，当它们以一种方式凝结时，从而证明未展开的、浩大的、更加遥远的综合结构乃是由某些小细节显现而出的。当假想的符号学成功地提供诗学的解释时，他们有时也发现自己的预言是被证实的——如同弗洛伊德发现梦境中的一切被成功证实一样。

在后现代时代，这种平行似乎被拿来者（deliberate borrowing）所证明了。特别值得注意的是，后现代主义者的批评指向已经关注到弗洛伊德如何致力于语言现象的分析。常常在每一个梦的检验中，图像自然而然地成为了一种元素（或要素）。弗洛伊德尤其致力关注于信口而来的自然语言——即携带特殊符号的呓语。就弗洛伊德而言，这种语言并不能在基础的方式中指出概念性的感觉，尤其其意义是一种围绕在词语本身的一种涵义。"呓语中的词语好像还真是那么回事似的"。诠释的进程乃是由寻找相关词汇的过程所决定，因为声音具备类似性以及双关性。

弗洛伊德仍然使用语言学研究的策略来诠释无意识中的含义功能，并声称这与早期甚至古代语言的功能一样。"在呓语中，观念仍然是矛盾，甚至与相反的含义联系——在这里，通过最古老语言的根源进行对语言学家们的假设"。弗洛伊德就某位语言学家，如是举例：

> "在古埃及，'Ken'一词指向'强'或'弱'的含义……及至以后，原始同源词开始出现微妙的改变，在相反的内涵中有两个不同的解释。"

在一个看似稳定的单个词语里面，含义不断在两极中游走。能够不断地在两极之间进行。弗洛伊德发现了语言现代性中相同趋势里所出现某些偶然的残留——举例说明，在汉语中，"行"一字既有"商行"的意义，也包含的"行走"的内容。这个发现很重要，因为这将削弱后德里达主义(post-Derridean)的诠释方式。在这里单个词的含义变成了从一个极端到另一个极端的故意倾斜。在他神秘化说明与文学"不在场"[50]的叙述之中，弗洛伊德认为前结构主义推动了德语单词"在场"的进化，它对其的引用既是平常熟悉的，且又是隐藏或是脱离于视线之外的。他援引韦氏词典（Grimm's dictionary）的词条，说德语的"在场"与"不在场"的意义非常接近。他推断，其含义一度是熟悉的、平常的——举例说，婴儿的"家"便是母体的子宫——或许这将被隐藏起来以及从无意识中排斥出来，直至表征出危险与奇异甚至神秘的一面。

最后提到但却是最重要的是，弗洛伊德发现了建立在基本口头言说下无意识的作用。行为乖僻的理论与弗洛伊德的失误——这将会出现在任何状态下口头表达的无意识干扰。假使有些人在口头言辞中将有意识的词汇替换为无意识的词汇，弗洛伊德发现，"失误"就是一种无意识的动力。所以，不能因为"送辱"这个词是由"护送"（begleiten）和"侮辱"（beleidigen）这两个词混合而成，一个男子就可以问一位女士，可否一路"送辱"她（begleitdigen）。在另外的一些场合中，无意识或许被否定、隔阂甚至鸿沟所"言说"（speak），在当下的批评中，关于代沟和隔阂、关于无法言说的阐述逐渐变成了隐藏阅读之下的全部美学。

不管存在多少有希望的潜在，弗洛伊德关于自己文学的一套理论着实是令人大失所望的。对于呓语、笑话以及日常习惯的语言胜似他对于文学的关注。面对一个文学文本，读者要做的第一件事情就是独立出文本，进行以自我心灵为依据的文本解析，当然，也有可能从作者或是角色出发。他的入室弟子们追随他关于精神分析的脚步，其中最突出的就是厄内斯特·乔伊斯关于哈姆雷特的著作，以及玛丽·波拿巴特对于爱伦·坡的诠释[51]。

---

50 所谓"不在场"状态，是参照海德格尔的观点，海德格尔后期甚至就把在裂隙中穷尽自己灵魂称作让人的灵魂作为deinon（恐怖的）处于不在家（unheimlich）状态。——译者注

51 玛丽·波拿巴蒂（Marie·Bonaparte）运用恋母情结理论对爱伦·坡的生平及其创作尤其是爱伦·坡的短篇小说《猫》进行了有名的分析，认为小说中主人公对两只猫的态度实为作者对母亲既恨又爱的情结的表现。恩斯特·琼斯（Ernest·Jones）也用恋母情结理论说明了"哈姆雷特的延宕"这一文学史难题，认为哈姆雷特之所以迟迟未能痛下决心，动手杀死他的仇敌叔父克劳狄斯，乃是因为哈姆雷特本人也有弑父恋母情结，这种情结终于把他束缚得失去了行动的能力，他对叔父的复仇行动的犹疑延宕乃是对自我本能的认识和态度的表征，即他深感自己其实并不比他要惩罚的那个罪犯更好。具体可参照马新国的专著《西方文论史》（北京师范大学出版社）。
——译者注

弗洛伊德关于文学的大致观点着实令人失望。他用科学家嘲笑空想家的傲慢与尖酸来讽刺作家与艺术家们：

"所谓艺术家们都是一群开始愚笨、后来傻狂的货色。他们长期受到欲求不满的束缚，对于权利、名誉、财富甚至女人都垂涎三尺，但他们又没有把这些东西弄到手的本事。随即，这些不爽的家伙们就开始逃离现实，在兴趣上改弦更张，当然也不得不掉转过剩的欲望，开始进行自己的意淫"。

尽管弗洛伊德常常用净化的观点来看待诗歌，他自己更多地觉得倾向于认为这是一种哄骗。"艺术家们知道如何去做白日梦，在这种方式中可以让他们自己进行过于个人化的迷失，以及对于他者的拒斥……如此屈己待人目的是为了更困难地背祖弃宗。"更值得注意的是，作家先天而然就有被逮捕的欲望，从而在这个欲望里可以让自己获得像男主角一样的关注与自豪感。"在某种潮流下，他总是把自己当作是一个英雄、国王或是造物主来看待，或是一切他期望坐到的位置。他们这种绕来绕去的行为对于改造现实世界并无作用。"这种白日梦也就自然而然到了轻柔舒缓甚至人格解体的地步。读者亦可以享受这种替代性的快感，这是一种源于不必要紧张的调剂。

弗洛伊德假定，作家和读者都是有意识地去在自身的愉悦与放松下步步推进，这种假定根本无法在自称现代主义作家的中间存在空间，只有去展开竞争、革命与制造新的社会觉醒。毫不奇怪，早期弗洛伊德主义者对于现代主义批评家有些尾随，因为他们都喜欢用俯瞰的眼神来关照作家们笔下的角色。显然，当下的批评家们再也不会持这种观点，他们更倾向于去积极地完成属于他们的任务——如何才能启发新的思想？且他们已经相对地不怎么愿意去发现文本中的无意识状态——其中无论作者还是读者都是不清醒的。然而，当下的批评最后将作者物质（matter）了，他们指出文本如社会最广泛、最全部的表征呈现一样。对比来看，弗洛伊德的观点本身就是一种医学理念，所谓文本的症候仅仅是某个的作家个人问题罢了。

三、索绪尔

弗洛伊德的心理分析迅速成为当时的一股热潮。及至十九世纪末二十世纪初，自然科学的影响力被拓展到人类世界的全部范畴。其中，关系最密切的当属语言学研究。从文学的立足点来看，十九世纪的文献学研究关注于语言的历史性革命，这也符合十九世纪的历史大转折，语言学新的研究方向开始聚焦于语言中的共时关系（simultaneous relation）与正式结构。于是结构主义语言学就被一个叫费迪南德·索绪尔的人及其演讲（1906－1911）与专著（1916年出版的课堂讲义）所开创了。

索绪尔

索绪尔为语言学的研究拟定了一个新的计划：既非言语(parole)与口头言说无止境的扩展，而是语言(language)[52] 或是规则系统、或是可以造成口头言说的可能。当地人将方言体系纳入其脑，就像象棋棋手将象棋的法则烂熟于心一样。当人类一旦进化为人类之时，语言体系也就早早地根植于人脑了，而这将早于个体有能力拥有控制与选择的力量。"一种语言不能被简单地认作是一种契约（contract）形式"。索绪尔说，在语言中，"语言的符号一直在逃避我们对于意愿的控制"。当社会变得不能有意识就语言做出选择时——譬如说，在特殊的语境下特殊的语言，就要去选择将词语的含义予以变化。因为这里的规则与种属的系统已然在我们的脑海里根深蒂固，但它却不能被召唤入我们有意识的思想。一方面，语言已经根植于我们的大脑；另一方面，语言却也独立于我们之外而存在——在弗洛伊德的精神心理理论里面，这是与无意识不同的。

---

52 索绪尔曾提出两个非常重要的概念——语言与言语（language and parole），语言是语言系统的整体，言语则只待某个个体在实际语言使用环境中说出的具体话语。——译者注

至于语言的组织乃是一种通过若干关系的拼合——再次声明,这和弗洛伊德的无意识不是一回事,索绪尔建构于不同的歧义之上。譬如说,在英语里,对于单词"hip"的选择就等于是对单词"hit"的相反选择,而对于"cat"的选择则意味着对于"pat"的对立——这些词音近而义迥。或是说,在语义学领域里,"热"的反义词就是冷,"升"的对立面则是"降"。语言中就是富含这种业已存在的对立,这已经被罗吉特百科全书[53]充分地证明了。

在如上这些例证中亦有一个不同——在"升"与"降"之间——仍建构于普遍的认知背景之上——即"垂直运动",正如此,所以"垂直"蕴涵于水平线这个范畴之中,而"运动"则蕴涵于"静止"这个维度之内。索绪尔如是推断,在语言的全部系统中,"只有不同,而无值得永恒之处(positive term)"。从关注语义学的这个层面来说,他将建构意象、予以表现以及结构想象这些需要都废除了,进而归纳出类似于词本身概念的一种含义。

"概念在问题中尤其变得不同……这并非明确的定义,就他们的内容而言,并非是在同一系统中消极地将各个分支 (item) 予以互比,而是因为这些个体均存在着非常大的非他性"。

综上所述,我们不得不提出疑问,真会有人不知"冷"而知"热"?不知"升"而晓何为"降"?答案就是,在索绪尔的理论中,词义被互相厘清的分界线恰到好处地分割成蜂巢一样的零散空间。

截然不同甚至大相径庭的关系在语言中并不罕见。毕竟人类的意识可以为不成熟的物质提供一种事关不同的判断力,且人类的观念会为人类意识规则中的相似或不同服务,故会在共同的背景之下进行一种二选一的行为。比如说,在交通灯信号中,不同的颜色代表不同的交通指示,红灯停而绿灯行——功能绝对不同。结构主义语言学家们认为,"语言"或许可以延展到人类生活的一切符号。在这个预言里,索绪尔声称,在将来的符号学或是事关符号的科学里,"法律将被发现可以适用语言学家们主张的符号学理论"。

153

---

53 所谓罗吉特百科全书,是罗吉特 (Peter Mark Roget) 博士于十九世纪编撰的第一部百科全书,当时他把所有的词汇分为六大类别,使得后世学人可以依据词语内在的逻辑关系,查找到自己需要的词汇。——译者注

四、马克思主义与文学理论

（恩格斯、卢卡奇、本雅明、布莱希特以及阿多诺）

马克思主义仍然假设了一种无意识：真实的生产关系实际上是对于人类行为的束缚，但是这一切却隐藏于意识之下。在二十世纪的前五十年，马克思主义的观点被苏联之外的国家所关注，工业资本主义凭此观点，用机器工业的关系取代人伦关系。这种关系在理论上的呼声逐渐嬗变，同时伴随着社会潮流的变化。当然，这些变化早已远离了《资本论》与马克思早期著作的要求[54]，亦违背了科学经济学的规律——但是这些主张却与社会政治主题相贴切，譬如商品拜物教与工人由于生产而被异化（alienation）。一位二十世纪的理论家亨戈林·乔治·卢卡奇成为了关注物化（reification）问题的领军人物。他发现，某些所谓商品的东西能够在人类社会中占据优势并发挥影

马克思与恩格斯的铜像，两位现代西方世界最重要的思想家，为人类文明的现代性进程做出了巨大的贡献

响，直至人际关系变成彻底的物化了。同时，德国理论家特托·阿多诺则谴责了"工具万能"与"技术万能"学说，他认为，人们的生活已经被"科学合理主义"的导向所支配了，从而丧失了人类的终极目标。在这些人道主义的马克思主义理论中，敌人不再是简单的"统治阶级"，而是"非人性化"的系统。

几乎同时，马克思主义理论家们开始着手关注艺术的生产，自然也包括文学，但是没有一个马克思主义文论家揭露了文学的本质。卢卡奇与阿多诺

---

54 马克思早期著作，即《1844 年经济学哲学手稿》等一大批后来发现的著作，这些著作包含了马克思科学社会主义、政治经济学与辩证唯物主义最精确的思想与主张，其中以"异化"论最为著名。——译者注

几乎持与之相反的观点，与此同时，本雅明与布莱希特却提倡出第三种观点。不同的理论观点都能引导出理论上惊人的分歧。

弗里德里希·恩格斯似乎成为了卢卡奇观点的前行者，他们俩同时对十九世纪现实主义小说不吝溢美之辞。恩格斯之所以赞美现实主义小说，是因为他主张马克思的观点，即要想改造社会，必须要充分了解社会。他认为现实主义小说可以在了解社会这个层面上起到点拨的作用，可以毋需在承担任何责任的前提下鼓吹令人神往的革命前途。恩格斯在《致米娜·卡度其1885年信札》中主张，"（政治）意图必须明显，而行动则需要含糊"。同样，在给玛格丽特·哈克尼斯的信中，他尽可能地声称，"我所暗指的现实主义或许是在作家脑海中突然灵光闪现的观点"。他援引巴尔扎克的例证，其小说在价值维度上乃是洞察社会真实而与真正的史实无关——巴尔扎克在历史上乃是一个保皇党甚至是一个老牌反革命。

卢卡奇将自己的观点变成了非常清楚的文学理论。自然地，伟大现实主义者的洞察力在这里获得了充分的实践。但是关于实践应用的观点必须不能在可支配的初级阶段就予以超脱。他曾如是关注美学：

卢卡奇

"真正有深厚底蕴的美学发展是不可能忽视道德与感受的。在美学王国里，尽管这些感受存在于沉思当中……问题仍然还是问题，'仅仅'被拓展到全人类的视野……而并未贯穿直接方式的实践之中"。

卢卡奇坚持认为"沉思"的沉淀乃是对于"抽象"宣传的一种悖反。他认为，并没有时间去关注"读图文学"（literature as illustration）。保皇派瓦尔特·司各特与老顽固巴尔扎克便是作家的写实主义战胜政治偏见的最好例证。

就卢卡奇而言，尽管其写实主义比恩格斯的主张更成问题，但是回顾整个二十世纪，卢卡奇无疑被放置到了从现实主义向自然主义过渡的革命前线上。这场革命对于卢卡奇来说无疑是发展上的滑铁卢，此失败一直可上溯到1848年的欧洲革命。自然主义的著作只是浮在表层上的繁荣，而不能深入到卢卡奇等马克思主义者的内心，从而变得有价值：放眼于历史深层次潮流之上，而置身于已赋予的社会范畴之下。他拒绝"'无私'模仿的僵化与盲从"。因而他必须对某些作家坚持"先入为主"（pre-shaping）的观点，根据"符号的等级"，能了解到某些事情是最重要的。其主张的乖谬主要存在于现实主义的叙述（narration）与自然主义者的描述（description）之间，并在这一点上得到了补充说明："叙述构建了一种平衡（proportion），而描述则只能形成一种层面（level）"。在与其相同的真实途径上描述人类的客观存在，自然主义者们将人类存在蜕变成一种暗无生气的、缺乏目的性与潜力的"僵化生命"。就卢卡奇而言，这是一种带有"物化"（reification）倾向的征兆。

　　根据卢卡奇的发现，所谓现代主义仍然是自然主义的持续堕落，且已经出现颓唐衰微的表征，此类表征只是一种主观的观点。快乐的生活（presenting lives）仅仅只是作为经历过的一个单一意识。卢卡奇反对"人类内心的生命……在因历史和社会而在有机的关系里被真实地描述了。"在他的马克思主义观念里，认为社会关系是人类生活的必需财产，并非是居于其次或是附加的。经验的主观化往往和自闭、唯我论紧密相联系的，现实主义文学中的典型人物被谴责为"孤独且在有意义的关系上属于毫无能力的"。

　　卢卡奇亦抨击现代主义者们将它们的符号技术与个体相联系的策略形式——他称其为"寓言"（allegory）。当个体在这里成为全部的指代或是符号时，个体会越发变得单一，而整体则更加变得绝对化、永恒化。卢卡奇厌弃这种单一，如同厌弃现代主义作家笔下所热衷的那些心理变态或是精神畸形的人物。他认为，这种角色仅仅只是"病态怪僻"罢了。在另一个极端，与人类生存形式的历史自然变化相对比，他亦憎恶所谓的绝对与永恒。就马克思主义者而言，大凡人类境况（condition humaine）并无永恒一说，此观点在当下普适，置于整个社会，亦是真理。卢卡奇在专业上的理论主张，故介于特殊和普遍之间。他称，"在现实主义文学中，每一个被描述的细节都是单独的、典型的"。别林斯基与杜勃罗留波夫的"典型"观点获得了再生，他称这种单独的角色被遴选成为了社会的典型。这种遴选在此处并未能给角色赋予其特征性。就人的全面的总体构想而言，目的乃是为了不至于产生所谓的刻板性。尽管如此，遴选出的完整个性（full-rounded）仍然成为例证，在某些最后但很重要的特征中，在其时代的无数个个体将会在社会中形成一种较大的普遍性趋势。

从柏拉图到巴特：西方文艺思想史

156

卢卡奇亦谴责某些极端的现代主义者热衷于正式实验的旨趣，尽管他决不坐视于形式所出现的问题。卢卡奇笃信"内容决定形式"的观点，并主张"无目标则无内容，尽管文学的语言有很多种，但是问题只有一个——并持续存在：什么是人？"。过于集中的形式被搁置到问题之上，就其结果而言，出现了非人性化的倾向。

瓦尔特·本雅明

在这里，卢卡奇关注内容，而瓦尔特·本雅明则关注媒介。在其关于语言的诠释中，本雅明拒绝关注某些独立的物质，而这些物质则又是以客观存在的形式将语言"穿透"（passing through）。所谓个体的感染力无非就是它自己形式、力量中的修辞而已。"所有的语言沟通均蕴涵其自身当中。"尽管如此，这种结构仍然不尽是一成不变或是近似雷同的——在这里，本雅明将现代主义或符号主义对于语言的提升割裂开来。就媒介而言，通过本雅明我们看到，生产与接受的特殊环境并非被认为是独立的，这种环境因为历史的变化，会导致社会环境与技术在关系上的变化。

本雅明关注介于不同语言使用中所存在的巨大不同，比如说，面对面口头言说这种沟通形式明显是和印刷品小说与受众之间的沟通形式相悖的。"小说的诞生地是一种独立的环境，没有人能够有能力将自己放置于最大的关注下并予以举例，当然，自己无法言说自己，也不能言说他人。"他很乐意在如何观照接受与生产之间的基本转换中假设一个极大的转化，所以说，本雅明是第一个真正的现代传媒理论家。

他最重要的理论影响就是现代技术为多次的艺术品复制提供了契

西班牙卜港小镇的本雅明墓园，本雅明死于此，葬于此。一条黑色通道伸向蔚蓝的大海，对岸远处有一座山，山后即是法国

机——如电影拷贝、音乐专辑、美术复制品以及出版的图书等等。在《机械复制时代的艺术》里，他称早期的艺术具备仪式性与宗教性——如某些旧石器绘画乃是具备原始的信仰，并扮演特殊的宗教含义。

他认为，艺术保持了某种自然（aura）[55]，此"自然"乃是一种自身逐渐剥离最后终于达到单纯美学与非宗教旨趣源头的质朴。鉴于此，艺术作品就可能如某些特殊且独一无二的事物一样将接近于敬畏或是尊崇，但是这种敬畏与尊崇却是与现代时期不相干的。大量的艺术复制品正在毁灭着这种特殊与独一无二，这种作品的复制已经延展到我们生活的任何一个角落。"艺术作品的'自然'在这样的机械复制时代早已失语"。电影拷贝、音乐磁带与美术品复制在根本上与戏剧舞台表演、音乐朗诵与早期绘画有着本质的区别。

从宏观上说，本雅明认为这也是一种潜在、断然的发展，尤其就电影而言更是如此。就"带有自然"的艺术品中那些精英接受者们而言，大量的复制品同时也侵蚀了社会阶层中的精英——他们拥有资本购买这些艺术品，并且能将其独占。当这些作品不再被认为是神圣令人尊敬的时候，本雅明相信，它们有适应社会批评的能力。"以前是以宗教为本，现在是以投机为本"。这种期许抑或被爱森斯坦和普多夫金加入到了苏联电影当中，在这里，本雅明看到了对于社会功利性的驱逐，导致对于传播技术的探索。尽管如此，他对于好莱坞的发展仍然感到很意外，在那里，电影反映的是日渐萎缩的"自然"与人工建造起来独立于"个性"之外的制片厂。故而，影星们的潮流彰显了在新环境下"自然"的复归。

在生产这方面来说，本雅明拒绝"创作与风格"这种过气的概念。通过对社会与技术元素的输入，作家无法忍受对于资源与源头控制下的盛大呼声。尽管如此，仍然没有可能认为社会与技术元素是有意识地涵盖进某人自己的产品之中。鉴于此，本雅明呼吁，"作家应该在创造自己产品的过程中

55 Aura是本雅明独创的艺术概念，用来概括传统艺术最为根本的审美特性。不同的翻译作品和评论文章中，对 Aura 的翻译经常不同，有时译作光晕，有时译作气息或韵味等。本雅明为 Aura 下了两种定义："在艺术作品的可复制时代中，枯萎的就是艺术作品的氛围"和"一定距离外的独一无二的显现——无论它有多近"。Aura 的第一个含义是艺术品的本真性（Echtheit），即"独一无二"（das einmalige Dasein），也可以说是"此地此刻"（Hier undJetzt）。它的含义之二是指作为传统艺术基础的膜拜价值（Kultwert）。图画来自原始人对狩猎的期望，舞蹈是古人巫术或祭拜不可缺少的部分，在欧洲，文字最早记载的是神话和宗教的内容。但是中国人习惯的评价是"自然／不自然"，故笔者在这里意译为"自然"。如上参考黄兆华《对瓦尔特·本雅明的"Aura"概念及其艺术理论的当代理解》，载于《艺术科技》2001 年 03 期。——译者注。

去思考、去反映"。假定某个"典范性特征"（exemplary character）是制造者，作家则必须去抗争社会主义方向下生产设备的改良。恩格斯和卢卡奇期望去改良读者们的"理解"，而本雅明则力图去改良读者们的"经验"。艺术产品的实践将"更好地有能力将受众转化为生产者——在这里，读者和观众成为了合作者"。

在他就生产以及合作者转换的观点中，本雅明明确地肯定了布莱希特的流行。布莱希特的理论主要集中于文化的生产环境与其自己作品的接受问题。但是在布莱希特的时代，戏剧并未被新的政治与技术元素所再次决定，所以布莱希特的方式明显与本雅明有很大的区别。当本雅明思考多种媒介变化如何的时候，布莱希特的先进理念已经关注于他自己的戏剧应该如何进行可能的变化了。

布莱希特关于诗剧（epic theatre）的观念与业已建立的中产阶级观念是相抵触的。他发现，受到怂恿的观众习惯将戏剧角色无思想化、无意识化，但是这只是就一部戏而言的。从另一个方面来说，布莱希特期望能够让受众思考——一言以蔽之，布莱希特期望观众在观看时能够理所当然地变得清醒。他比较了两种不同的反应：就一般性的戏剧而言，"是的，我也能感觉到它——如我一样——只是自然罢了——那是不变化的"，但是就诗剧而言，"我从未想象过——它是异常的、难以置信的——它或许行将就木了……"对于受众而言，则必须要领悟

布莱希特主张戏剧应该让观众冷静地思考代替融入戏中，而面具本身所具有的非现实性和不真实性也容易使观众产生他想达到的"陌生化"效果。上图即为布莱希特代表剧作《三毛钱歌剧》剧照

这两者之间的不同。这个说明恰恰是他间离(alienation)方式或是陌生化(A-effect)[56]的一种展示——当然，此间离并非是马克思所说的"异化"(alienation)——"陌生化存在于被认识到的变化目标之中……这些源自于平常的、自然的以及我们常见的环境，而这些又将进入特殊、显眼以及不可预料的一面。当然，某些个别间离效果包括不自然的动作、不连续的叙事、可以观见的舞台装置以及标题、海报。

布莱希特的"陌生化"曾一度为二十世纪的流行理论，但是布莱希特所表现更重要的则是在文学理论史方面——第一次将两种批评组合到了一起。一方面，隶属于美学批评的批评形式强调尝试剥离掉一种假定从而明白、自然地建构一种习惯的洞察力与传统的文学形式。此类批评带有强烈的现代主义风格，带有开一代文风的责任感与使命感；从另一方面看，这也属于马克思主义的社会批评，虽然也强调尝试剥离掉一种假定，但是却意图明白、自然地建立一种社会关系与国家机器 (power structure)[57]。在这两者里，更高层面有意识批评中的变化，用新的眼光可以明辨分晓。布莱希特预言，在将来后现代的政治语境下，两种批评会合二为一，这个时间大概是十九世纪八十年代到十九世纪九十年代之间。

尽管布莱希特期望诗剧能够成为一种流行的戏剧形式，但是他感觉到，戏剧只是精英阶层——现代主义文学接受者们的奢侈品。当观众凭借民主的原则预料时，他们自己需要这样地想——尽管他们有自己的愿望，但是他们仍然是被强迫的——这便构成了吊诡。但是就现代主义者们绝对的认可而言，这很必要地转向到了法兰克福学派与阿多诺的观点，这也是学术研究中最典型的美学问题。

法兰克福学派们对于现代媒体愤世嫉俗的观点比本雅明更甚。历史的发展证明，新的技术最后服务于右翼政党们的宣传——譬如说纳粹德国——或许很容易到了资本家们的手中——比如说美国。法兰克福学派社会文化学家们在他们流亡美国的日子里倒是拥有足够的机会去看到这一切最终的发展结局。阿多诺(Theodor Adorno)和霍克海默(Max Horkheimer)

从柏拉图到巴特：西方文艺思想史

---

56 詹姆逊认为，alienation最好译为间离效果，而A-Effect则应翻译为陌生化，见弗里德里克·詹姆逊《布莱希特与方法》，陈永国译，北京：中国社会科学出版社，1998年。——译者注

57 power .structure：the way in which the group of people who control a country, society, or organization are organized, Longman modern English dictionary, Longman press, 2000.——译者注

布莱希特

在他们合著的《启蒙的辩证法》(*Dialectic Enlightenment*)一书中就包含了关于他们研究成果非常有力的阐释。

在资本主义的环境下，就霍克海默与阿多诺而言，艺术已然变成了一种商品，和其他工业产品一样进入了市场交换。鉴于此，好莱坞风格的电影反映了"图像性与自发性的力量决定了大众传媒之于受众的责任"。经验日渐削弱，结果仍然未知。"兴趣最终堕于无聊，若想持续兴趣，则势必不需要任何的努力和举措，因而可以把'精确'这一说彻底抛弃"。尽管在这种选择下能衍生出数不尽的娱乐产品，但是这些东西最终仍然是雷同的货色。大众娱乐制造出来的只是眼花缭乱的幻觉。"流行的是虚假的个性，从合乎标准的即兴爵士乐创作到眩目的电影明星，他们另类的红头绿羽就是在展现其创造性"。雷同的新奇幻觉，尽管"从不停止的观念探讨，充满了新奇与惊喜"，但是这仍然是"在同一点上的机械运动"、"摸着石头过河"。这并不能促进批评的发展。大众媒体抑制了所有活跃的意识，自然也包括政治观念。

这种所谓的实践戕害了艺术，并将其推到了反方向。艺术一方面要坚持在读者这里仍然具备的影响，一方面又要在不同的个性与相同的个性之间相互抗争。这实际上是现代先锋主义者们所阐明的观点，譬如说阿多诺，他自己就是一个先锋主义作曲家——这是一种绝对的认可。这种艺术或许是精英们的，但当资本主义大众传媒起作用时，大众娱乐仍然不是多数人的产品。现代主义艺术家中象征性的中产阶级们比起大众娱乐的经营者们来说，要次

阿多诺墓地

要得多了。实际上，阿多诺曾强调个性中自由中产阶级的价值，这被认为是并不适合艺术的。"文化是一种超越大众的、长期的呼声，到最后，仍然是一种未解"。这与卢卡奇站在截然相反的观点之上，在这里是对"病态怪僻"的蔑视。但是卢卡奇却认为资本主义体系已经严重危及了社会人际关系，就阿多诺而言，他认为这戕害了人们的个性。

建校时间仅数百年的法兰克福大学图书馆，在这里，走出了数十名影响当代世界的法兰克福学派大师

在这里，阿多诺并不主张艺术家去宣传政治目标。在这里，其价值就是一种对单纯行动的否定，他将卡夫卡和贝克特两位作家拿来举例。"荒谬、自由的作品一旦逃避了通俗化与改变流落到市场上便是对于通俗化与改变的巨大抨击"。就大众媒体的流行而言，其在时下的社会环境中获得了很大的期望。"并没有时间做政治艺术……政治必须从艺术中迁移出去"。这里所谓自由，其重点通过结构的传递远胜于通过内容的传递。在形式领域中，艺术的对立面就是真实的世界。

事实上，阿多诺对于恢宏的幻想报以巨大的怀疑。在大众潮流遍及各个方面的条件下，他坚信当下已经没有可能在脱离现实之外的情况下去进行呼吁，或是在文化与政治遭遇戕害时给他们一个准确的答案。"这种不切实际的选择是虚构的，只有在理想国那样的结构里才会有。"他的《否定辩证法》(negative dialectic) 一书替代了逐渐衰微、过时的方法论。有意识的批评开始在这里发轫，这里虽然是管中窥豹，但是却获得了局部的真理性。与之相同的方法论在今后文论（政治）史中随着对于技术的颠覆而获得彰显。

第八章 二十世纪俄国的文学理论

在十九世纪，俄国的批评理论涌现出了一批非常主要的创新成果，在二十世纪，仍然有一批给人以至深印象的批评观点。在1914年至1929年这十五年里，苏联[58]文论界创造出了至少半个世纪才能完成的理论创新。毫无疑问，随后的斯大林主义的左倾错误路线不但把苏联文论折腾得停滞不前，甚至还有些退步。所以在那个时代，苏联文论在斯拉夫语系之外的国家几乎了无影响。西方批评界在晚近才逐渐发现苏联当时的基本文论著作，这个时候，他们对于文论的立场，已然接近一致了。

一、俄国形式主义

（史可洛夫斯基、艾肯鲍姆、托马舍夫斯基与提尼亚诺夫，以及雅各布森）

史可洛夫斯基

二十世纪文论大舞台的第一幕便是俄国形式主义。形式主义离不开两个圈子的讨论：一个是在圣彼得堡的诗语研究会（OPOJAZ），其代表人物是史可洛夫斯基、艾肯鲍姆、托马舍夫斯基与提尼亚诺夫；另一个则是雅各布森领衔的莫斯科语言学圈。大量的青年学人纷纷加入了这两派的讨论，他们与"未来主义诗学创作运动"（creative movement of Futurist poetry）有着非常强的联系。无论是形式主义者，还是未来主义者，他们都渴望对假定性进行挑战，并抛弃对传统的崇敬，且都在十月革命前后的那些年把持着激进的观念。他们对于现实主义是反对的，并被十九世纪俄国现实主义小说家不可抵挡的威信赋予了强大的戏剧性。同样，他们对于象征主义（与许多后法兰西主义者相似）观点的反驳亦有着重要的意义，这种象征意义似乎有着朦胧神秘主义的倾向。对比来看，形式主义者

58 严格说来，从1914年到1917年十月革命之间，俄国仍然是在沙皇尼古拉二世的统治之下，故应称为俄国，十月革命之后，苏联共产党（联共布尔什维克）夺取政权，成立苏维埃联盟社会主义共和国，简称苏联。在这里为了叙述方便，统称苏联。——译者注

与未来主义者幡然发现自己非但冥顽不化，甚至有些呆若木鸡，于是他们很快就如秋风扫落叶一般被现代主义中最现代的作家们给淘汰掉了。

形式主义者们期望能够凭借自己独一无二的研究，将文论批评灌输到自然科学系统当中。"那最终将会变得更加清楚"，艾肯鲍姆如是说，"把文学变成科学的一部分，并非如历史变为文化的一部分那样简单，必须把文学做成一种独立且特殊的科学分支，这将占有他们自己各种问题的维度(sphere)"。这符合十九世纪的规则的历史与生物的研究要求更为严格的研究方式，但是这种方式并不符合形式主义者。所谓文学批评科学化的真正的目的，乃是雅各布森的所谓的文学性 (literariness) 问题，这将促使文学可以区别于其他的现象。形式主义者们一如科学家们一般，他们开始为研究而摈弃附属的、混杂的物质，而会去探寻一些单独且单纯的要素。

很多致力于文学性研究的人都遭到了否定。文学并不能被诗歌中出色的感觉所阐释，也不能被主题所诠释，更不能被隐喻或是图象的功用所解释。鉴于此，形式主义者们将文学性归结到了一种语言的特殊功用之上。在法国象征主义与现代主义思想的潮流趋势下，他们在诗歌语言(poetic language)与实用语言(practical language)之间构建了一个分野。所谓实用语言，乃是现实世界中传递信息、自我表现或是介绍他人以及建立社会关系的工具罢了。但是诗歌语言却和这些没有任何的关系：它所关注的是如何以语言的形式来引起"我观"的反映[59]。雅各布森如是表述：

> "当词藻不仅仅成为词藻而具有命名含义甚至附庸于情感爆发之时，诗歌出现了。此时，词藻与其成分、含义、内部结构以及外部结构均获得了份量与价值，从而不再漠视真实"。

诗歌语言是一种非实用的，亦是从我们自身所出发的语言美学。

当语言自省的时候，自然性亦随之在物质性引起自省。在诗歌中这是一个很明显的个例，形式主义者们为俄国诗歌营造出了抑扬顿挫的音律节奏。他们如此注重韵律以致于可以厘清韵律中"独立/预存在"两种模式的区别。就形式主义而言，含义——不同含义系统之间的范围将会不可避免地影响到

59 draw attention to oneself, 译者翻译为"我观"。 ——译者注

作品的韵律。举一个很重要的例子来说，韵律自身也会改变含义，被扭曲的词藻自然会生造出新的反响和共鸣（sympathetic）。提尼亚诺夫说，"在诗歌中，声调决定了词汇的含义"。在声调质量的改变下，诗人助长了"第二含义"与"煽情"的滋长。之于形式主义者们而言，声调问题而非因此与情景分离。相反，声调成为了情景的一种媒介，其肇始于一种假定的力量，曾经认为附属的东西已然超越了存在的主体。

艾肯鲍姆的漫画像

很多形式主义者认为，韵律乃是诗歌里文学性多重而又复杂的滥觞。但是无论是何种滥觞，最后都归结到了小说散文的研究范畴当中。解决这个问题的关键就是介于故事性（fabula）与戏剧性（syuzhet）之间的差异，以及

提尼亚诺夫

介于"原因／事件"中原始材料叙述和被读者认为是叙事的艺术之间的不同。在托马舍夫斯基的观点里，"故事性只是动作本身，而戏剧性则是读者从动作中了解到的东西"。所谓艺术性，或许也包括流水账一样的记叙，或是其他角度对于问题的观照，或是营造出神秘与不安的氛围，抑或艺术性地去遴选一个"自由的主题"（free motifs）。譬如说，叙述的需求并不会去对于偶然的细节予以限制。在所有的这些原因中，就形式主义者们而言，戏剧性的转换中准许艺术、

技巧与文学都继承戏剧特征的衣钵。而故事性最多只是一种"催化剂"，或是半成品，甚至只是一种毫无艺术性的占有。史可洛夫斯基认为，"所谓情节线索的主旋律不过是故事形成的材料罢了"。

此批评观点与亨利·詹姆斯的看法有几许相似。小说家的意识中对于隐现化处理的考虑显然远远超越了以往——这仿佛是现实主义时代给现代主义时代让路一般。但是形式主义者们在任何时代都鼓吹散文与小说的重要性。但是艾肯鲍姆却拒绝这种说法，他认为在席勒的剧本《华伦斯坦》[60] 中，主人公因为自己的拖延而促使整个表演的速度变慢，结果导致整个结构与技术都不得不因主人公自己的拖延而变得整体拖沓。在类似的气质下，史可洛夫斯基回避塞万提斯小说里唐吉诃德的浪漫，在整部小说里，唐吉诃德逐渐有了自己的生命空间。唐吉诃德并非小说形象的始祖，"但是却被海涅百般吹捧，并被屠格涅夫多次引鉴。这一切，其实只是小说结构的最终呈现"。史可洛夫斯基认为，塞万提斯之所以使用这样的策略，乃是为了叙述一个故事——这个故事的结尾亦非他意图叙事的结尾，这一切如史可洛夫斯基所说，"诚然，（文学）任务的存在是令人满意的，但是这种任务被作者安排中的技艺全部予以阉割了"。最后，形式荒谬地超越了内容。

"形式主义者同时把自身从'内容－形式'的传统关联与形式的概念——如一个即将漫溢的容器里解放出来，这种形式的概念开始呈现出不同的含义"。

这种不同的含义源自于对于如何结构形式的一种认可，以及建构一种我们所能看到的目标。这种突出的、迥异的目标被明显的中性(neutral)与技术、媒介中无关紧要的特征所结构了。在这里，艾肯鲍姆说，"形式理解为内容"。形式主义者们尝试去将文学从生活中剥离出来，而这个生活则是如以往一样是具备政治指向性的。但是他们关于如何看问题特殊的观点却被禁锢于特殊的结构之上——这种结构成为了一种巨大运动的组成，此类运动一直伴随我们至今。

60 席勒的剧本《华伦斯坦》（*Wallenstein*，1796–1799）三部曲（第1部《华伦斯坦的军营》，第2部《皮柯洛米尼父子》，第3部《华伦斯坦之死》于1799年写成，这是席勒最大的一部历史剧，取材于三十年战争史。剧本忠实地描写客观史实，控诉了战争的罪恶，表达了德国人民渴望建立和平统一国家的美好愿望。——译者注形式与认识方式之间的关系出现于史可洛夫斯基倡导发展的"陌生化"[61] (ostranenie) 理论。这个概念可以适用于不同的层面，最初这个概念仅仅适用于文学作品对我们现实生活感觉的"重构"。史可洛夫斯基认为，我们感觉，被习惯愚化了"自动化（automatization）侵蚀到我们生活的一切，包括服装、家具、婚姻甚至我们对于战争的恐慌"。我们发现所能看到的一切都被符号化了。但艺术却给我们提供了迥然不同的方法论与料想不到的世界观，这一切貌似为了将我们第一次带入这一切。"我们必须把这一切从杂乱无章的无序中解放出来，颠覆这个目标的必要性已经到了燃眉之急的地步"。史可洛夫斯基指出了托尔斯泰的观点，即描述一个事物并不需要给其命名，当我们未知时赋予其名字的结果就是导致它迅速走向封闭与可知。托尔斯泰被援引的第二个例子就是关于不同观点的策略：我们看到眼前同样的一匹马。矛盾在于，自然的再发现乃是为了艺术的需要。

此争论在这里与 T.E. 休姆的观点有些类似，事实上这有些相似于柏格森的心理学潮流。但是史可洛夫斯基对于这种感知的每一部分都深感兴趣，而非简单的视觉观照，但是他所称道的这种"去自动化"策略已然和休姆当年倡导的隐喻方式相去甚远。具有代表性的是，或许很多延滞的策略消弭了简单的理解：譬如说，冗余、拖沓甚至畸形以及复杂的寓言，比比皆是。"我们主张诗歌的定义乃是一种破损的、扭曲的言论"。就史可洛夫斯基而言，日益加深的洞察力必须后于大量的一般性洞察力的积累，当我们超越重重困难，在开放中迸发之时，我们会发现这一切会更好。

但是这种抗争会让我们更加清醒地认识到困难的本身。这是"陌生化"的另外一个层面——词汇和语言的陌生感在关注语言时只是单纯的语言，而词汇也只是词汇而已。我们不再以习惯的方式去行为，当然，这里的媒介也是"非自动化"的。在最高层次的意识中，我们对于他们某些惯用作品的策略已然非常的清醒。故而史可洛夫斯基称赞《无稽之谈》(*Tristram Shandy*) 是多次折射小说技巧的圭臬之作，亦是在其自己的小说场 (novelhood) 中对作者予以提醒的作品。艾肯鲍姆也在欧·亨利的短篇小说中指出了具有相类似的趋势。

从柏拉图到巴特：西方文艺思想史

---

61 "陌生化"（ostranenie）是俄国形式主义者史克洛夫斯基首先提出的美学概念，德国戏剧理论家布莱希特称其为"陌生化效果"，即"以某物看起来陌生，促使我们用新的眼光看待它，这意味着某一普遍熟悉的东西的先行，一种阻止我们真正观看事物的习惯的先行，一种知觉迟钝"。——译者注

"欧·亨利给了小说情节发展足够的注释，每一步的推进之于文学反讽的采用、真实幻觉的打破、陈词滥调的戏仿、艺术习惯的感知，甚至于如何将零散的故事整合都是一种契机。"

在关注于其技术与环境（baring the device）的情况下，作品暴露出其自身巧妙的一面。这并非只是我们看到意识感觉的神化(apotheosis)，但是这种形式的神化已然超越了内容。当"策略随其自身而定"时，随之会出现非常文学化的语境即"形式的关系构成了作品的内容"。《无稽之谈》并非关于角色与事件的作品，但是自身的形式却是小说书写的技巧。

因而，陌生化消弭的不仅仅是现实生活原则中的"自动化"，同样也消弭了词汇的自动化与文学中的某些策略。形式主义者们发现不同的判断力最后都能变得相同，语言中未期望的扭曲最后都趋于期望。托马舍夫斯基如是陈述：

"策略也会出生、长大、衰老，以至于死亡。在维度上他们会趋向于自动化，其已然丧失了自身的效用，并不再包含了可接受的技巧。被梳理后的策略凭借新的职能与含义被诉求于技巧的保护，从而以至于避免被机械化"。

这种观点的必然结果就是导致文学革命会如社会革命般永无止境，为了保持行为（doing）的一致性，文学就必须保持行为含义的变化。显然地，文学的立场与价值包含了相对的方法，但是这种方式事实上已然成为了形式主义者们所倡导"主因"[62](the dominant)概念的一部分。所谓主因，乃是文学性的特殊观点支配特殊时代的特殊风格。但是主因与不同的风格、不同的时代亦互不相同，这是一种非单独的、永恒有效的文学观点。

这种方式不仅仅是相对性的，更是激变的。鉴于此，这并不因逐渐的单向的增长而运行，而是因暴风骤雨般的颠覆与关联。就文学语言的革命而言，提尼亚诺夫说："（文学语言的革命）不能被理解为传统的、计划好的发

62 "主因"是根据雅各布森代表论文《论主因》(The Dominant)中所提到的概念，依据雅各布森的看法，不同的艺术历史形态具有其不同的"主因"（the dominant)，某些海外学者也将其翻译为"支配元素"。 ——译者注

雅各布森

展，但是可以被认为是传统的、巨大的转移"。这种反应是与建立起来的主因相悖的，作者或许会转向更早期的、未建立的主因。正因为此，在英国文论史当中，浪漫主义作者们便会去参照文艺复兴与中世纪的作家们，而现代主义作家又会向巴罗克与先验主义的大师们致敬，史可洛夫斯基遂发现一条直系的发展体系。但当先前被忽视的风格被重新予以追认（canonised），并被新的文论原则奉为圭臬之时，另一条或然的旁系发展线索也被发现了。故而，英国的浪漫主义者们开始借鉴于精灵故事、民谣，以及流行的哥特式小说。

　　在这个方法中，文学革命的本质仍然是出于自发的，要求在发生于不受约束的政治中的变化中，并不存在"输入"一说。所谓革命的逻辑，即是形式的逻辑，并非内容的逻辑。史可洛夫斯基强调"展现新的形式乃并非为了展示新的内容。其所替代的形式远比艺术的功用要长久"。此观点引领着典型的形式主义学者们进行着现实主义时代的阐述。在艾肯鲍姆的《青年托尔斯泰》中，托尔斯泰所主张的现实主义必须被理解为与旧浪漫主义体系相对抗的新的策略体系。譬如在他关于战争的描述中，托尔斯泰戏谑一种浪漫主义的描述，他选择战争中不和谐的、杂乱的细节描写，这一切貌似慎重但却被浪漫主义者所遗漏。或是如史可洛夫斯基所主张的，"任何一个时代都有他们的清单，其中都是因为淘汰而被废止的内容。譬如说，托尔斯泰的清单里就明确表示不写关于浪漫主义的高加索与月光之类的东西"。二十世纪小说家们的现实仅仅只是一种与其他体系无异的简单的美学体系，这并不比现实生活的精确解释伟大或是渺小多少。

　　假设文学革命并没有被局外的力量所诠释，亦没有被个体的思潮所解释。从艾肯鲍姆那里我们知道，"之于我们文学理论的中心问题，乃是个人个性之外的革命问题"。史可洛夫斯基给了史诗般个体情感非常小的空间：

"作家的意识……决定于文学的形式，作者的转折符合于文学风格的转折，作家会挪动进入自己的美学轨道"。此类观点被认为是一种类似于世界观对于形式的关注。一种世界观明显地较不可能受到意识的独立控制，比某一特殊主题问题样式的选择或其风格特点更加显而易见。

二、普洛普

　　形式主义在十九世纪二十年代这十年里不但峰回路转，而且改弦更张，逐渐从未来主义诗学创造性的革命中嬗变分离。自此始，其自身的科学渴望则更加严肃。渐渐地，史可洛夫斯基的辩论潮流开始给更加有学术意识的雅各布森与提尼亚诺夫斯基让步。雅各布森的学术兴趣在语言学，而提尼亚诺夫斯基则是专攻社会学与文化史的专家。他们并无倾向意图在抽象问题与美学研究上成为大师。此转变的标志乃是雅各布森与提尼亚诺夫斯基"1928年论文"的发表，这将诉求于更为精确与系统的方法论，包括"特殊结构主义法则"的调查研究。

　　普洛普的《民间故事叙事学》(*Morphology of the Folktale*)也在1928年出版发行了，这是关于科学方法论与结构主义法则调查研究的完美范本。

1928年的普洛普

由于来自不同的背景，普洛普给形式主义图景注入了新的元素，就普洛普对神化小说的研究目的而言——乃是一种竞争的对立化、革命化的现代主义文学，尽管神话是一种非现实主义文学，其技巧是常见的，其传统是永恒的，显然，这比史可洛夫斯基陌生的策略要好得多。

　　普洛普步早期俄国民俗学者们的后尘，如法西洛夫斯基。他搜集并研究了神话中的循环主题，此类主题在神话中略有表现。他列举了三个最常使用的主题，譬如说居心险恶的后妈等等。但是普洛普从主题之后走到了更为抽象的类属，他称其为"功能"，这种功能具有"稳定的中心思想,作品中有永恒的元素,以及谁如何去独立完成一件事情"这三个特征。"对于迅捷与变动的追求"的功能在叙事的过程中展现了更加宽广的维度:

1．国王在公主之后将伊凡送走,伊凡离去。
2．国王在经历一些奇怪的事件之后送走伊凡,伊凡离去。
3．妹妹将自己的哥哥毒死。
4．后母将继女烧死。
5．木匠将自己的学徒吓死。[63]

普洛普力图在基本角色中将个体演员的数量降至最少,他称其为:戏剧人物。

在暗示性与代表性的类比之中,普洛普将功能层面之下与语言语法层面之下的人进行了对比。

"在对于词类（the parts of speech）一无所知的条件下用语言来表达生活,这可能吗? 有生命的语言是具体的真实,语法只是抽象的基础,没有一个具体的真实可以脱离抽象的研究而进行诠释。"

在普洛普的分析中,功能与戏剧角色建构在神化故事的叙述之中,在同样的途径下,词类建构在句子的组成之上。他声称,三十一种功能与七种戏剧人物可以涵盖数百种俄国神话故事。

这种集合显然不可能是简单的展示,但是普洛普的总结性观点却给了这种方法一种普适性的指示:

"从词态学上看,故事会被认为是从邪恶或孱弱中出来的一种发展进程,

---

63 普洛普在研究俄国民间故事的分类和组织时,曾在 100 个魔术童话中概括出 31 种顺序不变的功能及 7 个人物角色。(1．反角, 2.施主（供养人）, 3.帮手, 4. 公主"一个被寻求的人"和他的父亲, 5．派遣人, 6. 英雄"寻求人或受害人", 7.假英雄）。普洛普 1928 年在苏联科学院所从事的这项童话研究直到 70 年代才被译成英文,却对英美学院里的结构主义文学研究产生了重要影响。罗伯特·休斯（Robert Scholes）这样评价普洛普的研究:"尽管小说研究的传统要追溯至亚里士多德,但结构主义小说研究则几乎可以说是从弗拉基米尔·普洛普的俄国神话故事研究开始的。普洛普为小说研究提供'简单形式',这种简单形式对结构主义思想一直起着一种重大的推动作用。"按照罗伯特·休斯的概括,普洛普的工作就是"从一组拥有近似造型的一百个故事中努力抽取一个原始故事的结构。这个原始故事的 31 个功能包括了在这整组故事中的全部结构可能性。"普洛普"关注故事的形式特点。它的基本单位以及制约这些基本单位的组合的那些规则。他实际上是在为某种叙事体试制定一部语法和句法。" ——许子东《为了忘却的集体记忆:解读 50 篇文革小说》,三联书店,2000 年。 ——译者注

通过中间性的功能到婚姻，或是其他被使用的功能当作收场，最高级的功能形式则是一种酬劳、一种收获或是一般不幸的清算，如从追捕中逃脱等等。"

与主题不同，功能在这里并不是一种叙事内的元素——他们是叙事本身，没有其他必需的粘合拼接，他们仅凭接近就足够将其组接到了一起，普洛普并谈论到"机械方式在这里形成了一种'拼接'(joined)。"这里关于普洛普的方式并无神圣性可言，总体的叙述并不比并排的部分组合要好。

普洛普并声称，这种组合与所有深化故事都是如出一辙的。在任何所赋予的故事当中，这些功能被遗漏了，某些功能又被重复了，但是这种功能被选择并保持于相关的位置之上。这是一种大胆的呼声，但他却被提到了"故事"(fabula)[64]的层面

普洛普《民间故事形态学》书影

之上并促使其起功用的大众性原则。譬如说，魔法对于英雄的帮助先于英雄使用魔法之前。普洛普认为，这种功能的组合并不适合于后来的"文学"神话，在事件的年代谱系之下常常倾向于重新在美学领域下排序。

普洛普在他的研究方法中采用了自然科学的模式，将文本打碎成为最小的单元，从而为了再发现他们重聚后的规则。他制定规则的成功在于他在自然科学的模式之上提供了预言力量的期望性证据。史可洛夫斯基式的形式主义者只会在"事后"变得科学化。但是普洛普的规则安排了在神话故事上许多词态学的内容。可能这即是即将遭遇的、亦是未曾组成的、某些预言性的力量是非常新的文学理论。普洛普的成功虽然在非常另类、狭小的范畴当中，但是却展现了法国结构主义者们后来非常渴望的理想。

64 fabula 为俄国形式主义术语，指按时间和因果顺序排列的故事事件（一般译为"故事"），它往往建构于观众的理解之中。——译者注

三、捷克结构主义

(穆卡洛夫斯基)

随着俄国形式主义的发展,结构主义的捷克式观点亦在雅各布森与提尼亚诺夫的引导下找到了方向,此方向远胜于《民间故事形态学》所引导的方向。雅各布森自己亦协助建立了布拉格学派,并为这场运动的讨论打下了基础,这个学派最早的成员都是语言学家,但很快他们就将自己的兴趣拓展到了文学批评的领域之中,尤其是文体学(stylistics)的研究。捷克结构主义在十九世纪三十年代到四十年代曾鼎盛一时,其中穆卡洛夫斯基就是集大成的领军人物。

捷克结构主义最大的特征就是将文学中的形式主义观点与语言学的社会研究眼光合二为一。形式主义观点包括介于诗歌语言与日常实用语言之间的不同,诗歌语言所关注的是诗歌本身,当然这更要求建构于关联并诉求于真实。尽管如此,形式主义者们建构在自己之上的呼吁被发现真实的不同关系所决定。就穆卡洛夫斯基而言,"当一个作品不能间接或公然地包含一种评价时,那么它势必是充满价值的。这个价值影响到了我们客观生活的价值。"艺术作品如是获得与真实的间接关系的标志,这对于理解者来说是非常重要的。通过这些,我们看到这是对于理解者的完全统一,亦如价值的集中。其地位与新批评截然不同,这一切将在下一个章节再叙述。

捷克结构主义亦利用某些形式主义者们陌生的观点,并最早接入了诗歌与语言中的异化与扭曲的研究,穆卡洛夫斯基如是说:

STRUKTURALISTICKÁ KNIHOVNA

Jan Mukařovský

STUDIE
[II]

HOST

穆卡洛夫斯基书影

"就诗歌而言,其标准的语言背景是一种对抗于作品中语言上美学改造的反应，就其他作品而言，这是一种对于标准的故意违背"。

这种违背力图促成语言的自省，诗歌中最重要的叙述就是一般的叙述，但是这种与畸形作品相对抗的标准并不是简单地存在于诗篇之中。如史可洛夫斯基所言，只要经过穆卡洛夫斯基的手，诗篇就不会遭到完全、完整性的扭曲。语言的标准必须在诗歌中显露出表象。任何诗学中环境简单的标准都是与诗歌自身相抵触的。"艺术作品常常扰乱美学标准，并给美学标准以根据，但是到了最后自然要服从于标准"。穆卡洛夫斯基发现在"结构化美学"与"未结构化美学"中的共存，他声称，"诗歌是一种频繁重复而又连续的混合，将结构与未结构的美学相杂糅"。一首单独的诗歌只是介于多种力量之间的活力表现——这个概念早已被后期的俄国形式主义者提尼亚诺夫斯基定义了。

穆卡洛夫斯基最显著的贡献就是他关于美学本质（per se）的比较，在这里，他远远超越了其他形式主义者们，并拒斥了美学永恒的论据。

他的论据乃是基于"人工成品"与"艺术目的"，以及"案头文学"与"意念诗篇"之间的不同，在最后的分析中只有结构的物质，"艺术作品的存在如建构在完全公众意识之上的'艺术目标'，不可避免地，将赋予公众极大的力量，并且这种趋势将会被带入结构之中"。穆卡洛夫斯基声称，处于不同的文化时期的大众，在相同的人工成品上则会凝练出不同的美学标准。"比如说，两个不同年代的作品会获得一样以及肯定的评价，而艺术目标则可能分别大相径庭。故而，不同的语境，作品并不尽相同"。更多在于，业已形成的分野如艺术一般被政治化所决定，随着时代的变迁，其种类也日益繁多。最后，穆卡洛夫斯基总结了如下的观点：

　　Ⅰ 所谓美学，在其自身中，既非一种真实的目标所有，也不是各种所有之间的一种明确关系。

　　Ⅱ 这种目标的美学功能亦不是在个体控制下能完全发挥的，虽然美学功能单纯的主观立足点被某件事形成为一种习惯，并不顾及自身的结构。

　　Ⅲ 将美学功能固定在一种集合之上，但是美学功能的分配却在现实世界中无法和现实社会紧紧地联系到一起。

我们可以知道，穆卡洛夫斯基从未对其结论真正满意过，并仍然在研究美学尺度的目标所在。无论如何，他带着坚定的信念从比较中发出了他自己的呼声。

四、巴赫金以及他的朋友

（沃洛西诺夫，以及梅德维杰夫）

在1930年左右的那几年，斯大林主义有效地遏制了俄罗斯的形式主义，于是这些形式主义者们不得不放弃自己在文学上最原初的主张——有的是情愿的，如提尼亚诺夫斯基；有的是不情愿的，比如说史可洛夫斯基。但是他们更新的社会旨趣已经开始向主流意识屈服。更多在于，斯大林主义仍然在社会主义现实主义形式的文学体系中颇有发展。所谓社会主义现实主义，其最好的发展就是卢卡奇式的现实主义，但是在关于内容的看法上颇有雷同但更加真实，形成了社会史与社会符号学里的"典型"。其最糟糕的地步就是堕落到了主题宣教化、角色"高大全"化、除了现实主义一无所有的"革命浪漫主义"化。

巴赫金

斯大林主义仍然遏制了上个世纪二十年代末期昙花一现的其他运动：譬如说巴赫金学圈(Bakhtin Circle)，这个学圈只包括三个人，一个是巴赫金，另两个分别是沃洛西诺夫（Pavel Medvedev）与梅德维杰夫（V.N. Voloshinov）。当形式主义者们颂扬政治并把马克思主义方法论引入到文学与语言学研究当中时，巴赫金学圈为这些形式主义者们确立了一种立场姿态。但是在同一时代，他们关于马克思主义政治化的特有烙印不但是反霸权的，更是反独裁的。这种观点在日趋霸权化的世界里并不受欢迎，甚至在斯大林那里，他倒是更倾向于日渐独裁的主张。

巴赫金的语言学的观点是巴赫金文论的基础，在《马克思主义与语言哲学》(*Marxism and philosophy of language*)一书中，沃洛西诺夫开始竭尽全力去攻击索绪尔的结构主义语言学。索绪尔关于系统(langue)的观点乃是单一地建立在规则社会性后决定 (socially-instituted)之上的，这些条条框框很容易就将单独的语言使用者吞噬。关于语言的特殊使用则显示了仅仅是在既成含义中社会性先决定 (socially-predetermined)之外的选择。但是沃洛西诺夫认为，含义中最重要的部分，就是用特殊修辞环境所表达的特殊的境遇 (circumstance)。于是他举了一个例子：两个人坐在一间屋子里看窗外下雪，一个人因为过长的冬天而感到烦闷和厌倦(两个人肉体上的感觉是一样的)，另一个则喊了一声"爽！"，当然，没有一个词典能告诉我们所谓的"爽！"到底具体是什么意思。沃洛西诺夫声称，"愤怒与耻辱"的态度会被"恰到好处的幽默而消解"。这种态度并非一种泛指，乃是所谓含义的本质。"这种进入言辞的结构，好似某个重要结构中必不可少的部分"。

沃洛西诺夫

这里有两个重要的特征，首先，这种被促进的含义属于态度性、可估价的，而非是可描述的与可参照的。假定两个人处于同一种环境，这种特殊的言辞之后，将是一个宏观的世界观 (world-view)；其次，言说者 (speaker)已然触及到了"他者"思想的范围，并有了预先肯定的反应。"当词汇趋向于谁，谁就有可能是受话者 (addressee)"。就沃洛西诺夫与巴赫金而言，一个只看似关注于客观创作素材的人，那么他或许会与所谓的受话者身份擦肩而过。从这里看出，语言本质上实际是一种"对话"(dialogical)，只关注于对话的形式而不去理会其他任何即将发生的反应。巴赫金从次要的言说者所忽略的词藻中，设想了一个对话的图景：

"次要的言说者是隐含不见的，他的言词并不在这里呈现，但是它的形成却被第一个言说者制造出表象与可见的词汇所决定……每时每刻，修辞的

词藻都会纤毫毕露地在隐蔽的言说者身上得到反映，在其自身的发展中，指明了其自身之外的某些东西"。

梅德维杰夫

"他者"被言说者从心理上内在化了，并被认为是一种修辞之内的展现，并不需要任何更为深远的支撑。

这种语言方法论在巴赫金的《陀思妥耶夫斯基诗学问题》（*Problems of Dostoevsky's poetics*）[65]中获得了展示，该书初稿于1929年。同年，《马克思主义与语言哲学》也出版发行。他用竞争与相互作用的观点来观照陀思妥耶夫斯基的小说，当为自身的价值而抗争之时，就已然考虑到了可能的价值：

"在陀思妥耶夫斯基那里，意识从来不会下延到自身，相反会与其他的意识相联结到一起。在每一个经验中，角色的每一次思考都是一种内在的对话，因为争论而润色，并充满了斗争……其伴随着其他人持续的冷眼。"

真正的价值，并不只在于就角色关于角色的问题，更在于就讲述者关于读者的问题。巴赫金异常尖锐地分析陀思妥耶夫斯基的作品《地下室手记》（*notes from underground*）的叙述者。"地下室居民"对于别人的"观点与价值从来都是采取漠不关心的态度"，"他的反应先于他人，因为他担心大多数人会认为他在别人之前后悔"，他"要求别人都是宽恕的"，而他自己则"服从于别人的价值与判断"。但是"在这种预期的艺术中，他者的反应是精

65 此书1929年第一版的书名是《陀斯妥耶夫斯基创作诸问题》（*Problems of Dostoevsky's Creative Works*），三十多年后巴赫金把它修改、扩充，改题为《陀斯妥耶夫斯基诗学问题》（*Problems of Dostoevsky's Poetics*），1963年出版。故在此不用"出版"而用"初稿"一词。——译者注

确的，在这种反应中，这一切再次获得了证明……他自己务须依赖于他者。"吊诡的在于，尝试对于自主性的断言却和个人生活与语言之间自然关系的尝试是相悖的。

陀思妥耶夫斯基的角色并不只是在涉及其他角色时才去断言自己的世界观，更会在涉及到读者时做到这一点，当然有时也会涉及到著作。在他们的杂志作品中我们知道，陀思妥耶夫斯基赞成反动的政治观点；尽管如此，但是在他的小说里却几乎快不由自主地与前者持相反的世界观。事实上，陀思妥耶夫斯基非常不喜欢伊凡·卡拉马佐夫（《卡拉马佐夫兄弟们》的主人公）以及皮特·维卡霍芬斯基（《群魔》的主人公），并无法做到认同这两个角色。就他的小说而言，巴赫金认为，角色是意识形态的、权威的，自然更是独立的；他感觉著作本身就充斥着意识形态的概念，并不能成为陀思妥耶夫斯基美学观点的最终目标。作品所发散出来的观念并不能作为更高层次包含主题的观点，并在小说中对抗着其他观念的价值。就巴赫金而言，这只是复调小说（polyphonic novel）的标志——当然，有时他也称这种小说为"对话体小说"。

对比来看，单调小说（Monological novel）能够让作者的观点至高无上。就托尔斯泰的小说而言，巴赫金如是主张：

"作者既不和他的英雄辩论，也不和自己辩论，他并不和自己对话，但是却关系作者本人。最终的措辞是属于作者的，这个措辞——建立在看不见以及无法理解的英雄之上，并且与英雄意识之外的某些东西相联系——在单一的对话之中从来找不到英雄的只言片语。"

一方面，巴赫金认为陀思妥耶夫斯基的角色能够一直"放弃任何不真实（untrue）的客观并能完成自己的定义"，另一方面认为托尔斯泰笔下的角色缺乏一种面对作者的终极崇高。

而这对于托尔斯泰或许是有些许的不公平，但是这里却不用置喙于巴赫金是如此精确地一针见血地点到了陀思妥耶夫斯基作品的精妙之处。尽管如此，巴赫今仍然在他二十世纪三十年代所撰写的长文中转变了这一背景。现在，事关对话现象的主张几乎在任何小说中都可见一斑，而单调性则被归咎于其他的形式与风格。因而，诗歌会被认为是诗歌风格中单独的声音所决定的，而这却颠覆了一些单独的言说者。"所谓诗歌世界，无论如何都会存在着许多矛盾，并且诗人们将这些矛盾发展到了不可调和的地步，这常常被单一的、无可辩驳的言谈所启发。"巴赫金尤其厌恶史诗，他断言，民族的神话最后都将走向统一。他之所以谴责原因并不只是史诗将语言分裂了，而是因为某些被摈弃的世俗导致的。"就史诗自身而言，从宏观上看只是一个'抽象的过去'，那个属于诸神与英雄的时代无疑是一个存在于当下（present day）真实时间的鸿沟，而且是不可逾越的"。历史一旦过去，那么史诗的叙述就不会和当下的读者形成任何关系。

两相对比，就小说而言——尤其是托尔斯泰写的小说——包含着很多的声音。这些声音与主人公所说的是两码事，乃是由于内在文本的叙述者与"复制"的日记与信札所衍生的，并被正在言说的作者所呈现。至于接受言说的读者，巴赫金发现小说从来不发展任何单独的、建立的、即时发现的方式来与史诗中的东西相比较。很多著作者事实上是借用一种非虚构（non-fictional）的讲谈方式——关于历史的讲谈。譬如说，某些游记作家，或是某些道德评论家，他们借用的常常会包含着戏仿以及讽刺，如当菲尔丁（Fielding）所采用的"名盗传记"（life-history-of-a-great-criminal）的模式，以及斯泰恩（Sterne）的戏剧喜欢戏仿"友对友"聊天的模式——当然也包括乔伊斯（Joyce）对于中世纪修辞学的粗糙模仿。从这些方面看，"小说戏仿其他的风格……它曝光了他们在语言与形式上的因袭性"。

这便是小说为何能在潮流之外可以如此开放的原因，巴赫金称其为一种"反风格"（anti-genre）："所谓小说……其本身无风格而言，而是模仿或是复制了一些艺术外的风格"。当然，在潮流之外，小说的开放性也蕴涵着一些新近的东西，以及某些同时代的发展。小说实际上展示了"一种不确定、一种明确开放的语义学，这种未完成有一种逼真的关系，是一种暗中发展的、同时代的真实"。某些人也许会援引某些兼容性的报纸标题，譬如在多斯·帕索斯的小说以及其他"复制性"的现代科学主义的小说中均有体现。

当巴赫金将对话原则延伸到其他所有小说当中的时候，他便在《马克思主义与语言哲学》中开始追溯语言学的其他方面。一个言说者正在预期着答案，并去寻找一个个人观照世界方法论的主张，这些主张的词藻将超越他们自身。就词汇而言，从来都不是一尘不染的，因为它们被过去流行的世界观打下了深深的烙印。从这一点来看，所有的言词在相似的环境下都会指向间接隐语（reported speech），在这里言说者非常确凿、确定地将日后的态度予以重复，而这种态度则是被最原初的言说者所铭刻了。正如沃洛西诺夫所言，"所谓每一个词汇，都可以管窥到社会不同特点导向的冲突与交阃（crisscrossing）。"举一个切题的例证，某个片语或许被认为是"政治的正确性"，社会流行往往会尝试争论于一种特殊的世界观——而这个世界观则是被一种惯用法中的贬损比喻而铭记。

　　自然地，之于一个词语最有力的状态就是其感情被不同的言说者在不同的场合所强调、铭记。在这一方面，巴赫金获得社会认可的新观点远胜于陀思妥耶夫斯基式声音在本质上的特立独行。但是这种认可仍然是一种真实而又特殊的言说，而并不是整体社会里被预先决定的系统。从这方面看，新的着重点开始越来越持续保持与索绪尔针对所有言说者的"同质化语言"（homogeneous langue）[66] 概念的距离，尤其是法国与俄国。每一个不同社会旨趣的小组都将有他们的"内部语言"（即所谓的'行话'，sub-language）与语言风格，这一切皆由阶级、风格以及专业甚至地理环境等因素所决定。更多在于，相同的言说者在不同的场合与时间，言说的内容也自然不同。在同时间，或许"客厅里轻愢与偶然的闲谈……基础的区分……乃是介于男人与女人之间"。从另外一个时间来说，风格介于"夫妻、兄妹"之间，再从另一个侧面看，口头交流的风格发生乃是由于"一群各种各样的人——为了一种秩序或是做某件事情"。巴赫金的语言理想就是不同次语言的分散状态，这种状态被描述成为一种杂语性（polyglossia）。

　　这种"次语言"在托尔斯泰的作品中也可以看到，托尔斯泰的角色主张一种类似于陀思妥耶夫斯基笔下角色的那种"自主意识"，但是却无法跳出作者的意识。然而他们言辞的次语言仍然未能主张其为特殊兴趣的社会群体中特殊世界观的宣言。与其说小说受到角色冲突的影响，不如说其受到语言冲突的影响。在情节与动作之后则一览无遗。"角色之于小说就是风格"。巴赫金说，"这并非一个人关于权利的意象，而是关于语言的一种意象"。

　　这种方式被某些形式主义者预示了其维度，提尼亚诺夫在业已建立的俄国文学语言中指出了两种不同的语言，这种介于不同讲谈之间的冲突乃是建

66 在研究语言的过程中，有一种方式是将语言的态度"理想化"(idealization)。所谓"理想化"就是设想每一种语言都是同质的(homogeneous)、统一的，没有地域方言，没有社会方言和个人方言的差别。 ——译者注

立在既成诗歌之上的。在更早的时候，艾肯鲍姆尤其推崇形式主义者们对于"侃大山"（Skaz）[67]的研究。介于讲谈两者之间的冲突成了果戈理小说《外套》的素材。这种观点基于形式者对于语言的旨趣，但对于"有机"的统一则相对没有什么兴趣可言。形式主义者对于诗歌语言与日常语言的基本分类促使这种观点不可避免地出现了让步。

巴赫金最值得注意的特征，在方式上就是对于象征主义以及现代主义批评影响的颠覆，同时在语言中保持相同的显著旨趣。就巴赫金而言，利用不同日常语言中的多样性分类抹杀了诗歌语言与日常语言之间的分野，且这些日常的语言是被置于文学之中的。不同的日常生活语言包含着冲突的状态与世界观，因此亦包含着冲突的意识形态与政治立场。其仍然也被置于文学之中，因而，文学就与社会存在紧紧地联系到了一起——语言的途径超越了内容的途径，但是不是所有的文学都一刀切地被绑定了。巴赫金认定小说的价值是因其内在言说中的冲突具备着独一无二的资格。对比来看，诗歌或多或少地渗入了外部的语言之中。就诗歌独有的语言而言，这将在象征主义与现代主义导向的策略下构建一种典型的形式。这也成为了巴赫金方式下的关于边缘化（marginalisation）的原因。

最后，巴赫金又倾向于重新对于散文体小说的风格进行关注。梅尼平式讽刺体（Menippean Satire）[68]乃是语言冲突的圭臬之作。这里他模仿、戏仿甚至借用了不同的写作方式，与小说相比较，梅尼平式讽刺体与语言游戏、世界观的关系更为密切，但却鲜与角色创作或心理研究发生关系。梅尼平式讽刺在古典主义与文艺复兴时代一度非常辉煌，并对十八世纪的小说产生了重大影响，但是在十九世纪却被遗忘了，可是在二十世纪的小说中，这种风格又重新出山（如乔伊斯的《尤利西斯》）。这种风格影响下的巨著就是拉伯雷的《巨人传》（*Gargantua and Pantagruel*）。这个文本在巴赫金批评作品中的第三部分中作为其文学观点而提及。

但是在这部分，巴赫金也是一种"非文学"的观点：关于狂欢（carnival）的历史现象分析。狂欢的习惯乃是终止一般性的原则与行为规范。"狂欢乃

67　"Skaz"是一个源于俄语"skazat"的术语，意为"侃大山"。　——译者注

68　所谓梅尼平式讽刺体（Menippean Satire），名字取自哲学家梅尼平（Menippean）。据巴赫金的看法，梅尼平讽刺体共有14种要素。哈佛大学东亚系教授王德威先生认为，该讽刺体不以情节曲折取胜，而专事以百科全书式的文采知识，尽情逆转嘲讽时人时事中的缺憾。荒诞不经的冒险，千奇百怪的人物列传，似是而非的"学术"论争，皆是其引人入胜处。至于对宗师大儒、典章经籍的揶揄，则更为其精华所在。　——译者注

是庆祝从流行真相与确立秩序中一种临时的解脱。它打破了僧侣统治的特权、阶级以及各种禁令。"就巴赫金而言，这种狂欢实质上就是一种类似于"行为"(Behavioral)的概念。

"狂欢是一次自我圆满 (self—enclosed) 的、分裂的活动，并与非狂欢的等级世界观形成了距离，这种世界观亦被狂欢的关系与体系所包容。狂欢以非宗教的形式与神圣联姻、合并，正如崇高与渺小、伟大与平凡、聪明与愚蠢的联合"。

巴赫金的狂欢表现了一种罪恶感与嬗变下的愉悦，既是变化的，亦是相对的。

巴赫金发现了拉伯雷的狂欢，以及拉伯雷在狂欢中的表现。在《拉伯雷和他的世界》一书中，巴赫金像在两个不同的观点中进行着无极变速般地游走，并确认其为一种"社会诗歌"，这与梅德维杰夫在《形式主义与马克思主义》一书中最初的观点类似，这里的文学并没有被诠释，仅仅只是"社会／政治"原因之下的一种表象性生产。文学与社会政治在领域上的对比是对等的。实际上，巴赫金解释狂欢的历史现象如二十世纪的批评家们一样进行着文本的诠释。由于意义(significances)之外的开放性与非封闭性，他的旨趣并不在于几个世纪里这些故事究竟是如何实现狂欢的，而是在于狂欢原则(principle) 以及其"指代"所在，抓住了特殊的焦点现象。他用类比与综合的手段，将这种维度予以了拓展。除此之外，他的"社会／政治"价值与文学的价值又是如此地相似：他热衷于将大量零散的组成与部分进行相对的统一——而对于阶级结构的永恒性整合则未在他的体系中有着强烈的呈现。

巴赫金的方法则是用如何对待文学领域文本研究来进行社会政治研究。自从二十世纪八十年代以来，文学理论变成了一种新的特征，这便是一种两面性的集中——介于美国新历史主义之中。譬如说，英国文化唯物主义者们。预兆了巴赫金尝试去发现其风格，却要遭受政治阻力。这种发现最重要在于，他切实地发现，在《巨人传》中的虚构出现退化之时，对于"身体"的谈论更为现代。譬如说，"狂欢的身体并无外表，亦无不可穿透的表层，更没有一些富有表情的特征，他主要表现生产、观念的繁荣与一种深厚，它兼容并蓄，吐故纳新。"就巴赫金而言，身体不只是一种自然的物质，更是一种意义，"狂欢的身体"只是结构身体的多种方式之一。

　　在《陀斯妥耶夫斯基创作诸问题》出版的1929年之后直至1963年，巴赫金都没有能力再出版他的任何著作。他关于拉伯雷的书完稿于1941年，但最早在苏联出版却是1965年。西方文学理论界认识巴赫金是在《陀斯妥耶夫斯基创作诸问题》完稿的近三十年之后——直至1960年，其著作才被译介推广到国外。但是，经典作品从来不害怕时间的淬炼，巴赫金的作品是真正的陈年老酒，愈陈愈香。其后现代主义者们将他的作品放置到政治语境当中时，巴赫金的重要性更是明显。

从柏拉图到巴特：西方文艺思想史

第九章 1900—1960年的英美新批评

在二十世纪，英国与美国执世界文学批评之牛耳，并第一次在文学理论界与文学批评界拥有了至高无上的统治权。在往常，"学者式"的批评促使文章与观点在大众杂志与报章上获得了发表；实际上，这一切在英美世界早已不复存在了。学院派的作家所关注的是作家评论，而学术期刊则更加青睐关注于先锋派们的"地下杂志"(little magazines)。毫不奇怪，教学站到了学术的最前沿：就大学教师而言，他们与学术的关系显然比作家们的关系要近得多，与过时的学者式批评不同，新的专业批评不再与作家们共享一个社会圈子。

正如本书第五章开始所说的那样，早在十九世纪，文学与语言在大学里的地位就已然出现，但是只是学术性地去关注一些哲学、历史的事实罢了。文学的评定只剩下了对于自身的关注。但是英国在一个世纪的变化里，几个不同来源的教授开始逐渐组合到了一起，尤其是乔治·圣兹柏里、瓦特·雷里以及亚瑟·奎勒考齐等代表人物，这一切被审美学家们的印象主义(Impressionist)批评所推动。这些教授们采用了周密而又谨慎的主观主义，并去积极地寻找关联一种对于文学的单纯热爱。当时法国作家为了概括这种批评的自然性，归纳出了一句非常有名的名言："在经典中叙述灵魂的奇妙旅程"。

几乎在同时代，英语研究的重要性开始建立在不同的层面之上，譬如说职业技术学院、研究所，甚至公立学校。在十九世纪末期开始逐渐下延到平民教育之中。教育的新方法开始面向大众的新成分，但是教育中一种传统的元素在这个层面之上仍然变得难以定义——何为"经典"？拉丁人与希腊人不再如文艺复兴时一般受到了关注——一如重要的信息与值得模仿的思想，科学进程也被放置到了科学之后。在主流的学派中，心照不宣的阶级政治促成了经典地位的维持。对于拉丁与希腊的熟悉可以分辨出"绅士"的特征，但这是聪明的，亦是明确的。经典获得证明仅仅只如教育中将人道主义元素所剥离一样，也如将科学知识与想法予以了平衡。

自然地，阶级动力并不能给大众教育以促进作用：假如每个人都可支配它，那么这个容易辨认的记号意义又何在？去掉这种动力之后，理由的脆弱之处立刻显而易见，假设将人道主义作为目标，那为何要用如此多的时间去研究古希腊与拉丁文？用母语阅读文本可以更好更均衡地去吸收科学知识与思想，因为英语研究被抬到了一个显著的地位。譬如说"贫民阶层"，就这个阶层的关系而言,教育中的人道主义格外有益地促成了英国传统下爱国主义的发生。因而,这一切都将工人阶级忽略了。

文学的观念在课堂上口传心授完成,无疑这是一个全新的范式。首先,这不完全是一个事关教学水平的问题。就文化传播(acculturation)的现状而言,学生们被期望阅读很多书籍以及记住大量的知识,但是他们几乎并不被期望说出关于任何两个既成文学模式的信息:学者们发现的历史事实与作家们完成的文学实践。取而代之,学生们期望知道文学是如何影响他们的,此时的文学作品价值必须是以优雅以及华丽而体现,写作质量与陈述质量的优劣之争在当时也如火如荼。

教育被认为是与社会起源密切相关的,但是其本身却鲜有真知的成分。在很多年的日子里,英语研究者仍然被当作一种学科的研究———一种复制工序、研究思维与可估价值的研究。到了最后,精巧的与必需的智慧内涵相结合,并在现实主义概念上浓墨重彩大书一笔。重新回归到现代主义会被看作是一种惊讶。当然,这是因为有传统的推进作为前提。英国的价值观与普遍积极的正义感给二十世纪的文学带来非常不同的影响。但是并不奇怪,或许在更大的视野下标志着文学理论最终反映着我们历史时代的文学创作。

在二十世纪二十年代,新理论的成果进入二十世纪的作品中就像一把钥匙开一把锁一样,成为了研究中非常合拍的目标。但是,关于英语的研究最原初的解释再不是简单的淘汰 (superseded),以及后来的文艺理论 (在英国而非美国) 中暴露出了一种不间断的竞争,这种竞争存在于逻辑依据与现代主义不和谐的概念之间。

一、瑞恰慈与燕卜荪

新理论源于英国一所特殊的大学——剑桥大学,英国文学的研究在剑桥的开始要晚于其他大学,是因为这个学校曾一度自鸣于其在理工类学科上的卓越建树。新理论的创始人仍然是来自于意想不到的学术背景。I.A.瑞恰慈最开始乃是进行哲学与心理学的研究,但是正是在这些领域中,早期的文论家们开始了他们的文学理论探索。

在同一时代,瑞恰慈尝试倾向于现代主义诗学,也曾是艾略特长诗《荒

瑞恰慈

原》最早的拥趸之一。如现代主义作家们一样，他矢志不移地与日趋兴起的大众商业化娱乐相抗争，他尤其是针对"套板反应"（stock responses）[69]的抨击进行着坚持不懈的呼吁。"艺术家们内在与外在的冲突相斗争，故与日常的反应相抵，因而到最后还是通俗小说家获得了胜利。"在《实用批评》（Practical criticism）一书中，他谴责套板反应形成一种巨大的逆流，将学生们引入误评诗歌价值与内涵的歧途。和现代主义者一样，他认为文学的价值在于拥有质疑的责任与打破陈规陋习的意义。"几乎所有的好诗都是投枪、都是匕首"。

瑞恰慈的诗学理论建立在语言诗学上，最初在《含义之意》（The meaning of meaning）这本书中获得了体现。这本书是与C.K.奥戈登于1923年合著的。瑞恰慈的语言学理论在本质上是两种语言的理论，科学主义与象征主义是与情感相抵触的。

《含义之意》的书影

"符号主义的词汇应用是一种陈述，一种记录，以及一种支撑，一种参考引证的组织与联合。词藻的感情是一种非常简单的物质，它的作用在于解释或是刺激一种感觉与态度"。

瑞恰慈对于科学主义与象征主义的理解几乎是完全通过原子逻辑主义

从柏拉图到巴特：西方文艺思想史

69 这是作者谋求以老练的笔法激起可以预期的读者反应的一种写作形式。具体说来，某些作家习惯从前人所谓"套语"、"滥调"中引用一些陈词滥调、惯用句式，以致于看到这篇文章立即使读者联想到一些前人常说的套语滥调。而作家也就安于套语滥调，并把这种写作形式、语言风格奉为经典，毫不斟酌地使用它们，并且自鸣得意。这一系列的反应被瑞恰慈称为套板反应（stock responses）。 ——译者注

瑞恰慈与艾略特

（Logical atomism）[70]与逻辑实证主义（Logical positivism）[71]时代的英国哲学所主张的语言观点。瑞恰慈说，"在语言的科学主义里，不只是这种引证被成功地纠正了，这种关系更是被看作了一种所谓的逻辑"。这一切完全地屈从于科学语言中的逻辑、观念以及叙述准则。于是，瑞恰慈开始着手进行诗歌背景的厘清与梳理。他仍然声称，诗歌完全的情感功能，每一点都和科学的功能一样重要，他们"都很重要，谁都不从属于谁"。瑞恰慈如此果断地将这种状态极端化，在比较中观点可以"显而易见"地表现出来。诗学语言与科学语言在这里表现出了非常极端的一面，一般性语言的大众性以一种不可抵挡的气势在中间存在着。

瑞恰慈关于情感语言的观点大异于任何浪漫主义者们主张的观点，他并不关注于"诗人……将他的心从语言中拿出来"，且并不认为诗歌与任何建立在日常生活之上感觉的集中有关。"诗歌由很多我们在其他方式而种属相同的实践来组成。"不同之处在于，"这种经验的规则是综合的——当然这以我们更趋成功，更为统一为前提"。问题在于感情的繁殖与关联，远胜于他们对于感情的定性。

在为好的诗歌打造复杂评判标准的同时，瑞恰慈开始追随艾略特的观点，并将其观点扩大化了。这个观点源自于瑞恰慈文学外的学术背景。利用心理学分析大量的不同的欲望，而从伦理学中分析很多可能的欲望，以及其中令人满足的价值。就瑞恰慈而言，"思想最有价值的一面……包含最广泛与极全面行为的协调，但是却有最少的争斗、纠缠、软肋与限制。"诗歌特

---

70 原子逻辑主义（Logical atomism）最初由英国哲学家罗素和奥地利出生的哲学家维特根斯坦(Ludwig Wittgenstein)创立。主张语言像其他现象一样，可以用确定的、不可约简的单位或要素的复合体来加以分析。该理论认为，在一个语言的"原子"(一个原子命题)和一个原子事实之间，存在着一种绝对的——对应；因而，对于每一个原子事实，都是一个相应的原子命题。 ——译者注

71 逻辑实证主义（Logical Positivism）二十世纪三十至五十年代起于西方的一个哲学流派。逻辑实证主义继承和发展了西方哲学中的经验论传统，认为科学知识的基础并不依赖于个人的经验感觉，而依赖于公认的实验证实。逻辑实证主义反对形而上学，但不像老实证主义那样，认为形而上学是错误的，只认为它是"无意义的"。逻辑实证主义的中心议题之一是可证实性的意义标准。其代表人物有德国哲学家和科学家M.石里克、费戈尔等。 ——译者注

燕卜荪

有的重要性，而诗人却拥有一种特殊的资格，体现在同时可体验不同的欲望，这里却是平凡人发现不和谐的所在。在一首成功的诗歌里面，平衡性与均衡性的获得是没有因为考虑其他而牺牲掉自己的欲望。"这种平衡……其稳定是通过一种内含的力量而非是一种拒斥的压力来实现的……艺术最有价值的实践就是对于大众特征的彰显。"

这种平衡通过非常不同的欲望涵盖了非常宽广的涉及范围。因而，瑞恰慈提到"在可辨别的冲动中存在着非凡的异质"，甚至到事关"相反冲动"的维度。自然地，这种统一的情况在诗歌中非常期望被呈现。尽管瑞恰慈促使"有机统一"（organic unity）的浪漫主义术语走向了复苏，但他关于统一的概念仍与浪漫主义不同。抛开亚里士多德不谈，他对于柯勒律治的重新叙述显得尤其具有启发性：

> "将'一方面利用修正他者而获得意象与感觉，一方面又被多种权利的融合的力量'替换掉，我曾建议过在这些之间需要一些链接，并在这些链接之间的关系上予以统一简而言之，这种连体（co—adunation）实际上是一种各部分之间的相互关系。"

就他所有关于"和谐"（reconciliation）的观点而言，柯勒律治最终成为了康德学派在组合这个概念上的拥趸，因而被融合进入了单一性（oneness）的范畴。相比较来看，瑞恰慈认为，冲动仅仅只是一种对他者的消解，并为其赋予了弦外之音。在这个过程中，瑞恰慈称其为"（语言的）相互作用"（interinanimation）[72]，这个概念包括越来越多最后数不胜数的联系。

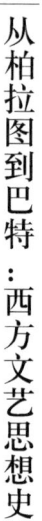

从柏拉图到巴特：西方文艺思想史

190

72 这个词语至今国内学术界并没有一个准确的定义与一个规范的译法。译者参照广西大学温科学教授的译法，从上下文综合考虑，本文统译为"（语言的）相互作用"（interinanimation）。见于温科学《语言哲学与当代西方修辞学》，载于《外语教学》，第25卷，38页，《二十世纪中西方修辞学的演进》，载于《广西大学学报》（哲社版），第24卷，82页。 ——译者注事实上，瑞恰慈构想任何一种真实的综合统一都是非常艰难的，于是他援引了其心理学的原子论原则。如何将分裂的情感冲突统一为一个情感冲动的整体？这并非意图去提高思考与认识的层次，只有平衡与和解是可能的。吊诡之处在于，瑞恰慈关于统一的观念非常类似于神秘主义倾向的象征主义对于现代主义的下延，尽管他自己关于方法论的行动几乎是站在神秘主义的对立面的。这种统一的观点在《荒原》中被予以了举例，在这里"这个项目被一致、对比以及感情作用之间的关系所联合"。一方面，他对于象征－现代主义者的观点充满了关注，另一方面，他声称这种观点在《荒原》开始将一致性相联结，因为这种排列有点类似于音乐韵节。

从根本不同出发点的相同关注发生于诗歌中真实的问题(issue)，尤其是艾略特。一般性的象征主义者与现代主义者都拒斥一种观点，即诗人把持一种真实价值，却不由读者决定孰优孰劣。瑞恰慈几乎否定"我们从诗歌中很容易扭曲一种意境"或是"在散文的释义中将含义扭曲了"。他坚持认为诗歌"貌似言之有物，实则什么没说"。此观点将诗歌理论中的"伪陈述"(pseudo-statement)[73]学说彻底否定了。在瑞恰慈的观点里，"伪陈述"只是"一种词语的形式，且完全地被我们的欲望与状态所释放出来的功用所决定。"诗歌语言中的句子或许被看作是科学语言中的句子。但是唯一的真实东西促使我们的情感状态走进了更好的内在结构。

就瑞恰慈而言，情感的释放与宣泄则是保持心理健康所必需的东西。现代科学凭借更早期存在的代际关系将伪叙事消解掉了：

"数不胜数的伪叙事——事关上帝、事关统一、事关人类自然……甚至事关灵魂及其等级、命运——伪叙事成为了意念结构中的决定因素，心平气和变得更加关键 (vital)。突然，这一切都变得不可相信。"

科学的实际叙事在这里并不能替代伪叙事。瑞恰慈将此归因于一种心理疾病，此心理疾病系现代时代中"单独科学信仰的意识导向所进行坚持的一种徒劳尝试"，但是这种诗歌的伪叙事能够转移读者在诗歌中的平衡与均衡。瑞恰慈赞同马修·阿诺德对于科学的批评和对于诗歌扮演更高层次的"弥补

---

73 这种观点将虚构视为文学语言的一种特殊的表达效果，一种语言的能指与所指之间的偏离现象。——译者注

角色"（redeeming role）的期望，"诗歌"将重塑我们的意识，但是相反之处在于阿诺德关注于社会与公共性，而瑞恰慈则关注于个人与内在性。当情感状态的平衡改变读者的意念——比如说一出成功的悲剧。因而"在神经系统（nervous system）中，一切都是完好的"。

瑞恰慈对心理学的利用只是权宜之计，随后而来的英美批评并未使用"冲动"这个术语。但是大众科学在他的方法论中尤其显得流行。尤其在审美主义带来不幸后果时，这种批评更是展示了他在模糊美中进行颂扬的趋向。瑞恰慈选择一种严肃（no-nonsense）的、关注于证据的口吻，这种口吻无疑要求战后一代去追求愤世嫉俗的心理状态。通过神秘主义感觉来增加情感再也不合时宜了，批评必须客观地去提及某些特殊的规则，瑞恰慈引导批评进入了语言的科学使用维度。他亦声称，情感语言乃是诗歌的一种必然的领域。

瑞恰慈并无兴趣去描述读者如何在事实中去对诗歌进行反应，他特殊的关注物并不是一种简单的事实，但却是一种价值事实（facts-of-value）。他所关注的是诗歌中的特殊元素——如何让这首诗歌比其他的诗歌更为优秀。这种关于"描述／评判"的特殊结构引导英美批评走向了一条与俄国结构主义与捷克结构主义不同的路子。这个结构在《实用批评》(Practical Criticism)一书中尤其被重点推荐。在这本书里，他就学生们提问的回复中引用了先前没有见过的诗歌，并抛弃了上下文的背景。此种方法科学地拓展了维度，并将与之无关的潮流消解掉了，这一切如在实验室里做实验一般。但是瑞恰慈继续去分析在这方面的反应，以及他们做何回应。他们的结论同样具备判定的意味，换言之，智者（如大学生）对于劣等的诗歌趋之若鹜，对于好诗里面的精华却视而不见。

诚然，这一切在其后常常被予以指出，瑞恰慈的"实验"日渐成为了方法论的一个经典案例，此乃是一个关于研究目标的一个再定义。这种显而易见不确定的、所有的背景知识或许都被排除掉了。如对诗歌评价中的冗余信息一样，这种合理的评价并不受到期望，且这种评价的关系建立在多首诗歌中某一首单独的诗歌之上。尽管如此，瑞恰慈关于实用批评的观点暴露了一种征兆——整个客观评判过程对于一种机智策略的诉求。而这种方法以前曾在英语研究这个层面略显薄弱。不久之后，剑桥大学首次将这种实践的批评带入了大学的考试，进而这种导向开始形成超越一般批评思想的潮流，继而被净化、纯化之后的文学看起来就相当自然了。这种自然则需要一种判断与定义，而这种判断的唯一前提就是对于文本中某一小段非常细致的考察与分析。

尽管瑞恰慈关于实用批评的观点是对于精读(close reading)的大力提倡，但他没有让自己对某种行动的实现提供一种复制品（replicable produce）。就他的学生们在剑桥的贡献而言，譬如说燕卜荪（W.Empson），仅就燕卜荪的体系来说，他展示了大量的行动——事关诗歌语言例证的细小范围。实际上燕卜荪主张的是——某个部分的小段落可以见微知著反映整个文本的内容，类似于管中窥豹一般。这个观点支撑着后来几十年的英美文学批评。

在他的理论名著《复义七型》（*Seven types of ambiguity*）中，燕卜荪将这种"含混"拓展延伸，并不仅仅是在一个词语的词典中的选择诠释，而且"任何言词的细微差别，哪怕再细微、它也给相同的语言赋予了维度上的相同关系。"这种"模糊"的发现是他整个过程先声夺人的第一步。援引《麦克白》（*Macbeth*）中的一个关于一句话的分析，这句话直接地找到了班柯（Banquo）的凶手：

> "……浓光之下，乌鸦的翅膀变得如乌鸦森林一般！"

燕卜荪如是分析

"乌鸦（rook）是以群居的方式生活，并且都是素食主义者，'群居者'于是也就成为了乌鸦的另一个代称。尤其当某人单独出来的时候或许会被他人称为'乌鸦'，这种被削弱歧义的双关语在这里包括了麦克白的概念。更甚者是，麦克白尝试着将自己看作是一个毁灭者，并将自己设身处地地放在'乌鸦'的位置之上，那也是他拥有力量的时代，不过现在一切都消失了。如今，他尝试用一个不同的名字将自己从其他的乌鸦中分辨出来，Rook-Crow就如高贵的头衔一般。到了最后他陷入了焦虑，并与其他的同类产生了关联而非毁灭其他的同类。不久之后，它就与自身的族群合二为一。麦克白在尝试获得平和心态的绝望之后就将班柯杀掉了。"

单词"鸦"不只拥有两层意思，而且这种含义是相互截然对立的。在"老鸦"（Carrion crow）一词中，体现出的是一种孤独、嗜血，但是在"群鸦"（Rook）这个含义里面则体现的是一种团结、和平。在以往的观点里，"群居者"代表一种与"群鸦"的关系,再到后来一点,就成为了一种相似的关系,它建立在两种可能联系的基础之上。在这里,他将各种各样事关专题的联系构成了一张直立的关系网络。

整个过程每步成功的步骤现在终于一一呈现。第一步,将单独的词汇从介于言说的各语法部分中一般性减少的相互界定分裂出来,进而所有隐喻与含意的潜在性都予以了展现。第二步,这种潜在性与其他词汇的潜在性产生了交互的联系,就这种已知联系的观点而言,其观点很容易转入一种可供选择的半命题(semi-propositional)层次。第一步为第二步提供了必要的物质基础,而第二步为第一步提供了可供追溯的说明。这明显地相似于象征主义思想中符号与映射(correspondence)两次以往的变革,但是这种新的方法论明显是优于神秘主义观念的语言学策略。

这种被燕卜荪所皓首穷经的"含意"(meaning)既不是一般性的句式含义,更不是任何的逻辑意义。毫无疑问,这仍然将词汇的认识视野打开了,并在诠释这一部分有了更多对于努力思考的要求。瑞恰慈声称,诗歌营造了一种纯粹的情感反应,但这对于燕卜荪却是不可接受的。最后,他彻底抛弃了对抗认知的感情(emotive-versus-cognitive)这个特点。

从另一方面,燕卜荪的主张也与后来新批评的主流观念有所不同。他主张的形式(types)介于六种与七种之间。尤其,他所进入的这种极端领域远胜于新批评所将去探索的领域。因此,六型的模糊发生"乃是以赘述、反驳甚至不相干状态下的言之无物,以至于读者被迫去杜撰一种自己的环境,甚至倾向于一种事关他者的冲突"。这为"读者"(reader)在文本中寻找其他文本(extra-textual)的活动留下空间。而就"七型"而言,则是以另一方面来说,指出了一种在创造之下的"作者"(writer)与一种无意识。"所有的作用都是为了去展示作者意念中一种基本的分裂"。含混的"七型"让作者们开始进行了弗洛伊德式的心理分析。这种心理的容积是燕卜荪关于查理·道格森(Charles Dodgson)观念解读的上佳例证,如在路易斯·卡莱尔(Lewis Carroll)这个笔名之后的作者本人一样。燕卜荪拒绝去关注新批评的"故意错误"(intentional fallacy),并引领了对于传记体旨趣的颠覆。就燕卜荪而言,这种含混为推测营造出了许多可能。在文本的分界线之上,这种可能性并不会被短暂地停止。

燕卜荪的猜测被延伸到了社会政治的领域当中。燕卜荪与现代主义潮流下的批评是迥然不同的，并在诗歌语言与一般语言中设置了一种明显的分野。故在《复合词的结构》（*The Structure of Complex Words*）一书中，他发现在关键词的情景游戏里，这一切被先于进入诗歌之前的政治用法所决定。譬如如下这些词：Wit（见于蒲柏的《散文批评》）、All（见于《失乐园》）、Fool（见于《李尔王》）、Sense（见于华兹华斯的《序曲》）。在他的实验中，这种情景游戏显露了一种在当时社会中思想潮流的洞察力。燕卜荪非常清醒地觉察到词语"或许只是读者的符号，并且他的含义被获得了认可"。甚至认为，"我们的语言是对我们刻骨铭心的教义。"

或许，在燕卜荪的彻底趋向后的关键要素是他关于多种含义的兴趣，但这些含义并未涉及到对于单独诗歌的评价。在他的旨趣中描摹了一种批评的形式，他评论称"如整体般进入到诗歌的价值，而非批评的最初意图"。就充分考虑到的价值而言，他声称"就诗人而言，对于含义的选择远胜于其大众性（multitude）"。这一切促使其走向自由，并去寻求作家心灵以及作者社会中的悖论，但是明显地并不能提高作为诗歌（as a poem）的质量。这种探求对于新批评来说是不可能的，新批评家们所找寻的是诗歌价值与含义所"包含"质量的相互关联。这是一种非常极端的倾向，燕卜荪超越了新批评，方向径直指向了后现代主义的文学理论。

二、李维斯与李维斯主义者

鉴于燕卜荪非常地关注于现代主义者——以及潜在的后现代主义者——这些是英美文学批评的主心骨，F.R.李维斯尤其主张继续深入地进行英语研究，尽管在李维斯的事业伊始，他所扮演的角色是现代主义诗学的拥趸。之于他而言，这种新的写作形式远不如英语研究中新的角色重要。所谓的李维斯运动——由Q.D.李维斯（Q.D.Leavis）、L.C.奈特（L.C.Knight）以及其他很多学者所发起——这个运动尤其热衷关注于一种特殊的教化任务。就受众所关注的可能性发展而言，他更倾向于关注教育意义的制度而非文学创作，在英国甚至整个英联邦，文学尤其是学院派文学一直都在沿袭着李维斯的原则。

李维斯不止是为现代主义时代其他的批评家们建立了一种原则，尤其是

李维斯

其文本是需要从作家的生活、信仰甚至政治环境相剥离的。此原则认为，在文本中，一切都是语言。李维斯主张，作家在保持语言的纯洁健康这一职责中扮演着相当重要的角色。并赞同单个作家与语言的质量是一致的，"小说同诗歌一样都是语言的组合"。他声称，"我们什么也无法指出，我们可能称小说家为'创造者'，但是他们'创造'的过程只是将文字堆砌到了一起"。李维斯主义者们怀疑这种角色并将其认为是一种独立的存在。这一观点被奈特在散文《麦克白太太究竟有多少个孩子》中予以了阐释。在这篇散文中，奈特声称，文本小说中存在的人物在现实世界中根本无法存在。故，你不能用真实世界的问题去质询他们。奈特的观点节略了二十世纪学院派批评的一般性观点。

笳吹弦诵，薪火相传。李维斯对于批评的关注与他的前辈撒弥尔·约翰逊 (Samuel Johnson) 非常接近。他声称，如果找不到文学作品中的语言，那将会一直无法释怀。约翰逊的失败在于"他不能在语用的层面上形成属于与观点，这不仅是一种媒介置入'预先明确'的意念，而是一种探索性的创造"。李维斯如是评价作家——"聪明"是他们受表扬时非常喜欢的一个词藻，而"感情"则是一种批评，但是这是他尝试性的一种评价，在这条通往叙事的道路上，他一直在做着不间断的探索与拓展。在劳伦斯的《恋爱中的女人》(Women in love) 中的讨论中，他举例宣称，"探索、尝试的实验性过程，这种界定貌似一种真实的扮演。戏剧性的是，在小说中我们感受得很少，如在过程中被清规戒律所决定一样。"就该书最后的大结局而言，我们或许能赞同其观点，虽然其论断常常把大量未经消化的教化意义灌输到其小说当中。在整个过程中，他常常无从去寻找其所谓的"终极伦理"

这张小照片是当代西方文论界精英群集、群贤毕至的场面，左起布莱尔·雷斯、燕卜荪、米扎纳、罗伯特·罗尔、兰色姆、柏克、L.C. 奈、施瓦泽与莫林·卡芬

(Ultimate Moral)。

但李维斯采用现代主义原则之时，他更趋向于赋予其一个特殊的曲解。他相信，作家有责任去捍卫语言的纯洁性，他并不奢望这种角色可以以新的可能前进或是打开新的道路。就李维斯而言，健康的文学语言与作家社会中的言说特性有着非常必然的关系。此呼声建立在保守维持的层面里，而非建构在探索的层面上。事实上，李维斯对于普遍性的写作表现了一种不信任，这种写作对于全部的社会准则是边缘化的、较不关注的，甚至没有时间去探索情感中纯粹的个人形式。故而，华兹华斯被称赞为"具有必需的明智与原则"。同时，劳伦斯也称誉为"有原则的、中心的，并对风格说是心中了然的"。这种作家的观点被看作是一种社会代表性的看法，而并非是一种反叛的、另类的与式微的主张。

李维斯就文本与语言重要性的观点并非尽然是形式主义的观点。就李维斯而言，"文学中严肃的兴趣"并不能界定其自身"与书里面的语言有着详细的联系"，但是这却能够包含着"人，社会与文化的兴趣所在"。在这里，作家可衡量的语言与特殊的语言（extra-linguistic）是相抵的。在《新方向》（*New Bearings*）的早期观点中，李维斯如是说：

"因为他（诗人）对于实验的兴趣是与对于词藻的兴趣分不开的。鉴于此，其习惯是被词语的活用而导致情感的成型所寻找到的，所以才会具备感染性。"

诗人有效地将语言回归到理解层面中更早的舞台，在这个方面有关的尝试尤其与科学与美学的渊源有着必然的关系。但是这种目标仍然在语言之前获得，而语言事先对于内容的侵犯则表明了李维斯反而是应受到责难的，在乔伊斯的《为芬尼根守灵》[74]一书中尤其以近乎叫嚣的声音予以谴责。

抛弃现代主义的主要冲力不谈，李维斯的批评将艾略特与亨利·詹姆斯

---

74 将原文的'Work in Progress'翻译成《为芬尼根守灵》是参考高明撰写的《一九三三年的欧美文坛》，"朱伊士（乔伊斯）在'Transition'杂志上连载了'Work in Progress'。在尝试着英语革命的点上，被人注目着。有时候把字连在一起，有时候利用句子所有的联想：看他的意思像是在表现上开一新境地。他也许是说，'新的感觉需要新的字眼'吧？在那里同时附着新字辞典；因为在那篇文章里，不加解释，是没有理解的可能的。"文中"Work in Progress"指的是乔伊斯的最后一部小说《为芬尼根守灵》，该书1927年起在杂志上连载，1939年出版。在文章末尾作者注明道，本文"系根据1934年日本中央公论年报写成"。见于曾艳兵《意识流：西方·日本·中国》，载于《中华读书报》2003年11月19日。——译者注

传统的一面与自身联系到了一起，且在此之上，他亦提及了马修·阿诺德社会与批评观点。但是阿诺德之于李维斯而言，文学教化的问题无疑被现代工业化的文化介入了。直至十七世纪后期，"怀旧"情结仍然存在于大众的有利组织当中。李维斯鄙夷"技术性边沁主义（technological–Benthamite）[75]在他们国家发轫、建立起的'乌托邦'（vacuity）"。他认为二十世纪是"标准化、大众生产但标准下降"的年代，"文明走向一元化（solidarity）是被易释放感情的拓展而导致的。但这种拓展貌似出现在大众文化下的小说、电影所恳求的白日梦当中"。这种趋势并没有可能将生活的兴趣增强与复燃，但是却使其愈发适应于孱弱的回避，而不敢去面对真实。

尽管如此，李维斯并不去回想过去所谓的"有机结构"，这些在当时轻易地就能重新发现。在当时的环境中，文明价值的继承依赖于小部分极其重要的精英。这些重要的任务与以前是非常不同的，需要非常高水平的方式来解决。但是只有少数人能做到，这也是李维斯主义者们非常重要的宣教任务：

> "就咱们国家而言，受教育的民众显然是明智的。其职责是细化的，而且是合格的，甚至是潮流的——这无疑影响了公众心智、政治家的精神境界，以及他们观念中的政治形式、计划以及执行。"

在这种状态急速夸大的情况下，文学批评的呼声是为了保护所有文化"情感的纯洁"与"灵魂的健康"。

这种纯洁与健康的促进决非是依靠对于文本的阅读，而是依赖于"评判"文学的文学批评。就李维斯而言，"文学批评是多种评判形式的一种，它是由人类世界所共同创造的。"文学价值的增加可以有助于人们对于一般判断力的增强，这好比是在特殊文本上进行任何形式的评判。李维斯认为，就我们目前判断力的水平而言，极其迫切需要当下的文化予以提升。"分门别类才会永生，杂乱无序定然早夭"。取而代之的是，正确评判的能力近乎是一种类似于宗教的教义。我们的判断力不应当受情感左右，这类似于阿诺德

75 杰米·边沁（Jeremy Bentham），英国著名哲学家，法律、司法和政治制度的批评家。其学说的中心是功利主义，包括两个原理：一是功利原理或最大幸福原理，二是自利选择原理。 ——译者注

归因于一种公正无私的批评，但仅仅只如自我的反抗。李维斯无疑地在步阿诺德之后尘，不止文学，即使是文学批评在这个时代也可以将传统的宗教替代掉。

毫不奇怪，李维斯的批评以一种泰山压顶的气势对文坛可圈可点的"角儿"们有着非常大的影响。显然，某些作者的水平参差不齐，某些文本间的段落若是互比也会一辨高下。这种情况有时也灵活地包含着"好"抑或"微妙"的判定，但当然其中也包括一些或许受到诘难的肆意夸大，尤其诘难于李维斯的某些经典之作。同样地，也不可避免地波及到其他的作家，尤其殃及到了盖斯凯尔、特洛罗普甚至抛弃英国小说"伟大传统"的马里提兹等一大帮后来者。在此，李维斯式批评的教化方向无疑理应承担一部分的责任。他只关注部分用于学校以及大学课堂的小众读物，这个要与引人入胜的大众读物予以区分。当然毫无疑问，李维斯从他们自身的考虑会喜好一些强势的批判——如所提及到的一般，这是暴露出的临时性事件，"此类无限制的绝对环境，貌似一种粗鲁文明促使的必然"。这种强烈判断好像是在杂乱与标准化的世界中对于价值才能的最大拥护。李维斯不仅仅对于质量的下滑表示了忧虑，同样对于大众市场下的小说他也采取一种回避的态度。"现代的（读者）暴露了一种信号的集合，这个信号显示了在多样化之下的一种茫然，他几乎到了不可辨别的地步。"面对"飞如雪片般的图书出版"，价值批评于是自然地要求站到了与浪漫主义"唯美"与"美学"所对立的一面。

判断不只是一种整体的目标，更是李维斯批评体系中一个开放的步骤。这种诠释与展开被燕卜荪以及其他的批评家所热衷，但可惜他们只是扮演一种其次的角色。李维斯主义批评体系对文本细节的筛选，目的乃是在于对于业已存在评判的一种判断。这种评判尤其包括了在实验中对于彼此共鸣(sympathetic)读者参与的诉求。"这种评判形式是这样的——'仅此而已，不是吗？'"尽管李维斯举了很多的引证，但是这些引证却常常不能代表他们自己。这些引证如他们价值的证明一样是未经分析的。显然李维斯不想在信仰上与二十世纪其他的批评家同分一杯羹，因为他的价值被可论证的根据有力地证明了。

这种评价如行动一样，是先于任何批评理论建立之前的。李维斯反感一切先验（priori）的东西：

"迄今为止就价值所带来的东西而言……对于作品的标准乃是一种固定的、确凿的安排。每一部作品都可以让其自身有冲突的反映或引子。在具有新背景意识的批评家中，这种评判是非常自然的。"

然而,在李维斯的批评体系中随处可见他对于一直重现一种确定标准的关注。尽管李维斯站在反抽象的立场上赞同真实 (concrete)，以及站在反人工的前提下颂扬自然，当然也会在反击虚无主义 (nihilistic) 的时候颂扬自我愉悦，甚至还会以一种成熟的姿态鄙夷带有幽默感的轻浮。这个标准并不管含蓄的目标与特殊作品的背景，但李维斯仍然坚持关注。在这里更早开始的继续引用则显得更加有启发性：

"对所谓'仅此而已，不是吗？'这个评判的形式而言，虽然这个为求证的问题是'而已'，但是缺位这个形式准备了答案。'是——但是'，但是这个'但是'却是代表着修正、精致、精确与扩大。"

李维斯关于批评的观点一如将一群意见不一的人放入一个庞大的假设结构，从而让他们"协作地"去探索一项事业，但是对于这种不符实际的假想并未准备去找到答案。

在李维斯的批评体系中展现了一个更为深远的设想：在这个设想中作家是"在场"(place) 的，亦是受到区别对待的。李维斯对于有价值文学批评和对待优秀文学作品一样是不吝赞美的。一旦文学批评促使形成了文学的圭臬之作，那么也将作家创造成为了生活的经典。"艺术中的创造乃是为了传播并阐明其观念的重要性所在。"在狄更斯的小说《小杜芮特》(Little Dorrit) 中，李维斯的评论热衷于建构在每一个角色"能引导我们关注于他或她在整体中的出众价值"之上。虽然他并不关注角色是如何自主地存在的，但是他仍然兴趣盎然地去对作家进行比较、研读，权衡甚至琢磨他们笔下角色的道德价值所在。

对于这种"区别"(discrimination) 研究的尝试，仍然需要站立于语言这个角度。当李维斯赞美一个作家的语言艺术之时，他常常会去思考一些特别精确的选择从而获得更加精准的词藻。李维斯认为，这种区别随处可见。

而且他还认为,他所看到的这些区别乃是作家们在自己权利中的一种伦理行为(moral act)。诚然,这种行动构成了沟通道义(morality)与形式之间的一座桥梁。当他主张"简·奥斯丁不认为剥离了道德因素就会存在美感"时,他并非在扮演一个旧式的卫道士,而是将作家对于形式的处理方式与作家的道德信仰都下延到了作家的权力之中,而这个作家的权力则是归于其可甄别的"区别"。因此,另类的李维斯主义观点就将"伦理"引入到了貌似不相称的上下文当中:这是对于伦理组织或伦理结构的讨论,比如说,对于"传统道德"与"英国语言"的提及。就李维斯而言,比较与权衡进程的道德维度乃是介于一个结构的不同元素之间,当然,这种道德维度也存在于对于合适词藻遴选的过程之间。

三、新批评：美国南部发展阶段

(兰色姆、图特)

福克纳

随着李维斯美学思潮的发展,英国的文学批评日渐形成了自己的英国风格。在十九世纪三十年代至四十年代之间,现代主义的影响又通过艾略特而获得极大扩张,理查德和燕卜荪又将其在美国予以了拓展。及至此时,二十世纪的美学文学批评开始趋向了学院派与历史研究以及更为宏大的伦理讨论。在日益蓬勃的南部诸州,新批评开始进行了反击与批驳——尤其针对本世纪早期美国南部批评的代表人物依戈尔·爱伦·坡。批评运动的兴起与创作浪潮的勃兴息息相

兰色姆

关，这便是著名的"南部文艺复兴"（Southern Renaissance），其中代表人物是威廉·福克纳（William Faulkner）[76]。当然，还有两位重要的诗人——约翰·克劳·兰色姆（Ransom）与阿伦·图特（Tate）不得不提，因为他们也是南部新批评的代表人物。

就兰色姆与图特而言，文学批评最初是与社会批评紧紧地绑在一起的。最先，文学批评的意义乃是政治化的——领导革命的流亡者以及发动实施土地改革方案。兰色姆与图特对于工业化、城市与北方诸州的获胜乃是采取厌弃的态度。他们主张重新回到农业社会的生活状态，并试图去寻找"老南部"的价值。在早期阶段，新批评对于诗歌的接触是在更少目标性与更多"美学"方法中部分更为广泛的信仰。

在典型的现代主义方法中，兰色姆与图特在对抗／科学的姿态上建立了诗学体系。科学被看作是一种功利的工具，在超越我们的环境之上赋予了对实践的调节。但是这种调节的获得是建立在对于抽象化与大众化——即全局观念与个体存在的牺牲之上。就科学而言，兰色姆说，"所谓世界，只是一个抽象的结构"，就专门对科学知识的关注而言，现代社会已然危害到当下人类存在（humans-being）的一些必要价值。

诗歌给了我们一种可以选择的知识结构，这不仅仅只是一种兴奋激情，

从柏拉图到巴特：西方文艺思想史

202

76 威廉·福克纳（William Faulkner, 1897-1962）美国作家，生于美国密西西比州新奥尔巴尼的一个庄园主家，南北战争后家道中落。第一次世界大战期间，福克纳在空军服过役。战后入大学，其后从事各种职业并开始写作。代表作有：《士兵的报酬》(1926)、《萨拉里斯》(1929)、长篇小说《喧哗与骚动》和《我弥留之际》(1930)、《圣殿》(1931)、《八月之光》(1932)、《押沙龙，押沙龙》(1936)、《村子》(1940)、《闯入者》(1948)、《寓言》(1954)、《小镇》(1957) 和《大宅》(1959) 等。1949 年，他凭借其代表作《喧哗与骚动》"对当代美国小说做出了强有力的和艺术上无与伦比的贡献"而获当年诺贝尔文学奖。——译者注

兰色姆与图特都开始在这点上抨击瑞恰慈，以及对浪漫主义予以了非难。他贬低浪漫主义是一种"靡靡之诗"，并认为这种知识体系并没有实际的意义与作用。图特说，"诗歌自然是一无所用的"，这句话显然带有典型的新批评风格。图特尤其鄙夷"相关的教义"——譬如说诗歌要有社会与政治功用；"意念的邪说"——实用主义者、直接目的性的思想家；"系列的谬误"——认为诗歌只是沟通作者与读者思想的渠道。在对最后"谬误"的反抗当中，他提倡一种观点"文学作品是一种一同参与、一同分享"的产物，这个观点对后来的诗人与读者有非常深远的影响。

正如对抽象科学环境的反对一样，兰色姆呼吁诗歌应该重新发现一种内涵（fullness）与建构一种"世界实在"的个性。与休姆类似，他在意念上赋予了相当大的压力，"这种意念……是在多元化组合中的一种绝妙"。兰色姆赞同诗篇应包含逻辑含义，但这只是一个裸露的骨架，在其中并没有真实的价值，在将诗歌描述成叙事体时，则其"文本性"（texture）就增加了。这种"文本性"包含了局部的细节、关联、意象、隐喻、模糊甚至文字游戏，这种修饰与必要价值中的逻辑观点是毫不相干的，亦是与一种诗歌中的含义没有什么关系的。

图特尤其关注于这种诗歌中含义的质量，他称一首诗乃是许多词汇的"延展"（extension）与"联合"（intension）。如兰色姆一样，图特并不排斥逻辑中的科学观点，但他仍将其下延并有效地被急剧增长的引申义所淹没。在图特对张力的覆盖之下，诗歌中各种各样的含义一律获得了平等的待遇，就恰当的机会而言，这种语言张力的均衡仍然是与新批评在诗歌中发现日益增长的乐趣相抵的。

图特

对于含义关注，就会对于效应产生漠然。就兰色姆而言，对于功用的尝试性传递如对于伦理道德或意念的传播一样，是非美学（un-aesthetic）的。流行的观点是，作家的设计建构于公众之上，并"否定艺术家自发性地去利用自己的权力来关注自己的美学目标，同样，会从自身考虑而进行作品的创作。"这是一种典型的现代主义者姿态，这将会与困难相一致，并成为现代主义诗学的一种混合的自然。在这种诗歌的表象里，读者必然会被鼓励学会了解他们自身与其自然反应之下的东西。

兰色姆亦对情感性的批评表示了自己的反对观点：

> "在目标中非常细微的选择中，往往能感觉到一种联系，但是我们几乎对其一无所知。倘若我们尝试将其抽象化，并在他们自己的语言中寻找到证据，这将会是非常难以言喻的。当批评的意图处于非常难以言喻之时，他的差别就必定存在于目标之中了。"

从批评的精确度与批评的目的性而言，批评显然被"对目标的自然引证远胜于对主题的功用分析"所左右。在 W.K.文萨特（W.K.Wimsatt）最有名的篇章中，假定这种对于主题上功用的引证在最后被读者所知晓，亦如"动情谬误"（affective fallacy）一般。[77]

四、卡内斯·柏克

尽管兰色姆与图特都是诗歌批评家，新批评更长远的发展将这种运动从作家中带出，并将其带入了大学教授们的视野。在1937年出版的作品当中，兰色姆已经首先对这种趋势赋予了强大的热情。"批评必须要更科学、更精确，甚至更系统化。"而且这需要受过教育的人予以集中与维持——这意味着这种批评的主角要在学院派中产生。但是这种新批评的理论原则在上个世纪四十至五十年代被学院派折磨得愈发呆板，且更加狭隘化，故而兰色姆的观点也愈发出现了去中心化的趋势。与此同时，其他早期的理论家仍然遭遇旁落。由于温托斯（Winters）早期的新批评也陷入了迷途——因为温托斯根本就不认同基本信念。另一方面，R.P.布莱克姆（Blackmur）为南部的批评也做出了卓越贡献。与所有早期的象征主义者极其相似，无论如何，布莱克姆特殊的主张在十九世纪四十至五十年代开始与主流分道扬镳。柏克的

从柏拉图到巴特：西方文艺思想史

204

77 动情谬误（affective fallacy）是指由于在阅读中寻找读者感受并以此为阐释依据而产生的谬误，与之相对应的还有"意图谬误"（intentional fallacy），这则是指由于在阅读中寻找作者的原有意图并以此为阐释依据而产生的谬误，这两个概念集中体现了"新批评"的以文本为中心而全然无视作者与读者的文学观。此处参考了北京师范大学王一川教授的译法与观点，特此致谢。 ——译者注

观点与布莱克姆相比则更显得特立独行,其观点的发展并不止体现在新批评的关系中，亦跃入后结构主义与后现代主义的领军人物当中。

柏克

柏克在新批评中最关注的是将来的象征主义意味，尤其他实践性的分析开始于设想（image）或是一连串的设想，并通过文本让这些设想聚集汇合。但柏克并没有简单地从自己的美学出发，将这些象征含义互相联系的多样性予以定义。他关心建立在作家与读者生存之上的一种动作（act）含义。"诗作对于读者与作者而言是一种行动……我们可以在认为诗歌是动作具体化的层面上，进而对这种目的进行有关的观察。"一开始，柏克就和正统的新批评学者在拒绝讨论文本上显出不同，与自动的目标或形象化符号（Verbal icon）却很相似。

柏克认为，文学应该有宣泄的功用，这一点与亚里士多德的悲剧观一样，主张文学有治疗、净化与宣泄的作用。《老水手之歌》（*The Rime of the Ancient Mariner*）被柯勒律治认为是净化罪行与错误的一种"药物"，这种"赎罪观"是柏克理论的基石。因为人生是有两次罪的，所以这种普遍性的罪行与我们生活世界中的象征含义是相抵触的。在部落的文化中，象征的罪行可由净化的方法予以实施。譬如说，在维护族群生存的需要下，杀死一头动物，这个时候大家就用一种仪式来为这头动物的灵魂超度。在科学技术影响下的当代文化，并不只是怂恿我们放宽对于这种"象征犯罪"的标准，甚至不可能给我们提供进行净化仪式的机会与场所。因而，我们需要"一种象征性赎罪的体系……从而抵制象征性的罪感，而这则包含着一种完全的功利主义行为"。在柏克十九世纪三十年代至四十年代的著述中，他主张，诗歌可以消解作者与读者的个人性问题与社会性焦虑。

在十九世纪中叶，柏克的观点开始有所转变，关注领域开始由文学转向了语言学。他关注于"动作的形式"可以在所有的语言与象征体系中得到操控。他指出，"必要劝说性的自然亦是冷静的'科学命名'"。他坚持认为这种中间性的命名与中性的描述是一种幻觉,动作作为一种信仰展现了一种社会性的操控。这包含了"建构在他们与他者之上的修辞性动作",虽然这种劝服建构于文学的集体含义之上,这并不是新批评主义者们所理解的象征主义含义,这种意识形态将所有的词汇予以装载置放。"对于一出戏剧描述词语的选择,自动地'命令'这种动作的范围,这将会是合理、含蓄的,抑或也是必要的"。

社会性信念的动作尤其被看作是一个特殊的组合,当然这也包含了一种普遍引导性的存在,而这又符合语言的自然。就柏克而言,语言的这种创新也是一种消极的创新,只有语言才能促使我们往"不准"这方面去思考,但这种消极引导着道德戒律与"汝不可"的传统禁忌亦走向了消极。

这将为我们普遍"有罪"的状态而负全责。这不可能被我们的道德戒律所服从。从另一种观点来看,语言的创新亦是对厘清"真实"种属的创新。这些种属导致了等级结构(hierarchical Structure)的发展,其中某一种种属要显得比其他的种属级别要高,这种等级结构理应为我们向上、向前的渴望而尽责。"被等级的精神所激励",我们将这一切带入了一种极端不平衡的危害,但是就更好或是更坏而言,语言是逃脱不了这两种结局的。如柏克所沉思的,对于"真实"如何空想,在象征系统中并不和我们有着深邃的关联。如下一批的理论家一般,柏克相信人类的真实就是基础的语言结构。

柏克仍然在文化批评家的角色上预兆了后来的理论家。他早期的仪式基础性眼光虽从来不可被替代的,但却被日益增长的社会政治眼光所附庸。这种社会政治眼光无法戕害他在语言的结构(如直接的包含于"社会/政治"结构)当中——非常关注于在等级阶层中等级性的重现。在最后的分析中,"专业的语汇并非是单独的词汇,而是一个政治性的文本。就局部的心理、制度性结构而言,目的与实践存在于这些词语之后"。社会与文本分析于是便成为了一个解不开的结。

五、新批评：霸权阶段

（布鲁克、佩·沃伦、文萨特以及韦勒克）

随着二战进入尾声,学院潮流在美国扩大地引人注目,文学研究也在这个扩大中开始分一杯羹。突然地，大量的新主题出现了。在讲座、散文、课题以及毕业论文中，出现了对于这种主题缺乏的征候。这种空缺被新批评的学者与学生们采取文本与仓促发言的形式与新批评的"精读"技巧策略所满足。他们抛开语言学知识与历史专业的资格限制，将这种非目的性的阐释变为了可能。这种价值评判并不需要广泛的阅读涉猎，事实上，尽管这种新批评声称革命是如何重要，但他们的判断仍然围绕着他们的阐释，对于诗歌价值拓展直接性的与对于这种阐述的拓展同比例，并非肇始于傅贞修（Fulgentius）[78] 的批评对于此类阐释的研究。

这个精读的技巧被一部巨大的流行文本所撒播，这本书就是《理解诗歌》（Understanding poetry）。肇始人是布鲁克与沃伦，他们一度成为美国南部新批评学派的代表人物，但他们后来辗转至北方地区大学执教，这标志着新批评运动已然蔓延到整个美国。这种思潮迁移的正统性在1950年才被确立起来，统治着批评界所有的思想与教条。在后来的霸权时期，这种新批评原则理论的话语权被韦勒克与文萨特所把持，他们虽然不是南方批评界的成员但是却依靠智力的力量成为了新批评界的重要成员。随后值得提及的是——虽然我一再提及布鲁克但这并不意味着他是最优秀、最重要或是最有影响的，但他一定是最中心的，也是最具代表性的。

新批评"精读"理论中最有力最多产的策略被燕卜荪三步并作两步完成了。第一步：诗歌的词藻被看作是别开生面地充满了寓意，故而让批评家们建立了辞典性的语境与定性的含义，正如布鲁克所说："如诗人所使用的词汇一样是被构想的，而不是含义的抽象性词缀，却是一种潜在的含义，亦是含义的连结与结合。"第二步：一个词汇的含义范畴与其他词汇的意义范畴处于一种交叉性的局面。同时，就要回溯或是面对诗歌，在这个过程的进程中含意不可避免地从个别性游移到一般性之中。在新批评关于诗学语言自然化的假设之下，这种表象（clothing）的特殊项目尤其展示了一种表象原则下的大众性——"外秀"（putting on for outward show）原则。比如说，这种特殊性是代表性或是在内容与含义上是象征性的。

这种指向高水平的象征主义与语言学的可能性是非常符合的，这种可能被象征主义者与现代主义者所发现并有意识地将其开发。新批评者从不在这

---

78 五世纪的宗教神学家，奥古斯丁的学生。他将耶稣的神性知识与人性知识相混。 ——译者注

个方面阐释"象征"，而常常以一种极其有力的例证来进行阐述，但是他们关于"意象"（image）的演讲与主题性的论述已经得出了很多相同的答案。在霸权时代，这种特殊的演讲是完全单纯的、自然的。但是在事实上，在"意象"与"主题"之下的概念化将关注一种非常特殊的路径，这自动地引导进入了某种阐述的批评。

建构在语言之上的意向既是具体的，也是特殊的。这种新批评坚持主张诗歌的语言首先应是实在的，而不是抽象的。布鲁克有一本书曾这样表达自己的批评主张："大众性与统一性并不能被抽象性所衡量，但是却是具体与特殊的。"尽管如此，但场景与动作的客观描述并未被具体性与特殊性所拓展。正如庞德最原初的叙述一样，"图景（image）提供了一个瞬间爆发的可能，这种孤立点于是被拓展到了外部，但不止是在外部形象化与感觉化的联合，更是向上的、大中型的概念含义。"这个向上的运动则是象征主义的代表作用。

布鲁克与沃伦的合影

与此同时，这种"含义"仍然在"点状"（point-like）的状况下发生，这并不是在一系列思想与争论中一种新思维的发展。但是这种存在的意念不但与思想接触，更将其予以带出。布鲁克认为，"状态"的言说远胜于"意念"，并把诗歌描述为"动作或状态的结构"，以另一种方式来说，这个观念是"主题"的形式，简短的提示往往出现在最关键的地方或是贯穿整个诗歌。如一首歌中的"主旋律"一般，一首诗歌中对于生死、艺术还是自然的谈论，并非意味着诗歌在这些主题上有着自己的主张，或判断。

不可避免地，这些主题趋向于将他们自身向相反的方向结构。生与死相对，生活与艺术相对，艺术与自然相对。在《同义词词典》（Roget's Thesaurus）中，抽象品质的大众意识结构常常会被认为落入非左即右的一般性分界当中。新批评家们在同一首歌中找到了冲突的主题，并将其视为一种矛盾或是吊诡，从而表明了一种冲突的形式。就布鲁克与其他的新批评家而言，如何超越这种冲突才是诗歌的第一要务，在更宏大的诗歌中则有着更为宏大的抽象与冲突。

沃伦

这种超越贯穿于整个诗歌之中，最初相抵的这种状态后来逐渐地趋于严重。一首歌开始包含了许多的元素，在诗歌的最后这种冲突被予以了斡旋，而且牢固性与秩序性也获得了确定——如莎士比亚式悲剧的尾声一样。在这种伦理要点中，这一种固定性与秩序性最后仍然被赋予了正面的肯定价值。

尽管新批评完全消解掉了诗歌中的道德成分，但他们所阐释的悲剧典型性却为道德灌输营造了一个非常高位的领域。很难去设想如何将这种呼声建构在与新批评早期南部学派保守的社会政治相关联的秩序性与稳固性之上，并将这种观点关注且予以均衡。诗歌最后达到了一种静态平衡的状态，这尤其确立了一般性的新批评原则，并不能让诗歌去误导行为（action）——尤其是激进的政治行为。

在新批评对于悲剧的阐释中，关键词（Key term）开始扮演一种特殊的语境，尤其对于"反语"的解释更显得热衷，沃伦如是说：

"诗人……尝试用'反语'的热情来使自己的观点顺从……并且期望这种热情可以将其净化，换言之……诗人希望能够获得一种在经历错综复杂与矛盾重重之后还能幸存的观点。"

显然这种"反语"在艾略特与瑞恰慈的原则中均有所体现，反语性的诗歌既是具备可选择含义的，也是一种可选择的地位。这并不意味着简单地去削弱它者的地位，如适用于日常的名词一般。在蒲柏的《夺发记》(*The Rape of the lock*) 中，布鲁克展示了一种大众性的新批评趋势。在这里，他拒绝去观照一种简单单向的阿勒贝拉式的侵蚀（Deflation of Arabella）。他察觉在可供选择的观点之间对于一种更加公平竞争的替代。兰色姆更早说过，"诗歌是一种言说，亦是一种民主的状态，但是这种散文式的演讲却是一种极权主义的。"

新批评对于隐喻的关注已经成为一种相似的潮流趋势,其他方面的在新批评中亦扮演一种非常活跃的角色。新批评拒绝一种旧式的观点——即隐喻包括一种公开水平层面上的隐喻含义和在水平之下的一种真实含义。在文本周围,这种理解形成了一种持续,这两种层面实质上是非常平等的。用文萨特的话说,就是"在可理解的意象形隐喻中,我们常常认为不是B(原意)是如何地诠释A(喻意)的,但是当A与B面对或是处于互相观照的视野中含义就会生成"。当象征性的含义获得关注的时候,这尤其显示在一种单独分离的意境当中,这得益于新批评家们对于这种途径恰到好处的关注。相反的,在"真实"含义之下并不能从上下文附近的统一中获得特殊的便利。

在新批评词典中的另一个关键词是"有机统一"(Organic unity)。尽管如此,这种统一的概念只是在瑞恰慈的特有语境中被予以呈现,并不包含一种混杂或是融合,而是在这种交叉关系的多样性中并不必缺失或牺牲掉什么东西。布鲁克再次称:

"这种统一的原则将相似与不相似混杂到了一起,尽管如此,这种含义简单的过程既不是他者的削弱,也没有和谐地用衰减的过程来降低矛盾的因素……这是一种积极的统一,而不是否定的。这展示的不是一种剩余,而是一种和谐的获得。"

毫不奇怪,这与一首歌的统一性非常相似,并且常常走在前面。

新批评家们尤其钟爱于戏剧上的相似性,"诗歌的结构与一出戏类似",这种状态带来了一种最终的平衡与解决。对于这种类比的描述而言,尽管如此新批评家们仍然忽视了在戏剧发展中非常受关注的因素——情节(story)与因果行为。在一出戏之中,这种冲突的解决被不同角色中的偶然(happen)所决定。这种新批评的模式并未给这种统一留有余地,也就是亚里士多德所说的"有机"。在这种状态之间只存在着交叉的关系,这里业已暴露出一种"空白"(vacuum)。吊诡的是,这种关注于"统一"的新批评是一种关于在很强、很受关注之后统一的一再发现。如果新批评探索的方式确实被"意象"、"主题"、"吊诡"、"反语"与"有机原则"等名词所定义,那么这种消极的因素亦被"阐释的邪说"与"故意的谬误"这些著名的禁忌所决定。这种禁忌在阐释中如布鲁克的主张一样,信仰在诗歌的内涵中并没有将价值剥离，却保留在散文的文本当中。诗歌的价值被稳定地确立在这种形式之上，其形式与内容一定（应该是）不可分离的。

"诗歌作为一种真实的诗而言，形式与内容完全地被兼并到了一起，并尝试去将内容拆分。以至于这种分离性展示了一种对于诗歌的衰渎，并危及到了对于这种形式的削减——一种修辞上的外壳而已。"

以前对于内容过于单纯化的关注，如一个形式中对于某些内涵的包裹，结果成为了很多新批评家们的众矢之的。

在这种关注的受挫中，新批评家们尝试去提升它们喜欢的一种结构——"含义、评价与阐释的结构"。这种结构颠覆了形式与内容的"两分法"，因为它是介于结构与内容真正的中间

文萨特

(intermediate) 性。一方面，就它作为一个完全的关系而言，它是中和的，它不会将建议性意识与因果性动作的水平抬高。另一方面，语篇语境不但控制这些关系之间的状态，而且还能带来道德上的暗示。这里包含一种类似于形式的内容以及一种类似于内容的形式。尽管如此，这种在诗歌中特殊结构的观照并没有什么含义，或是说，这里所展示的只是一种过时的简单性关注。

几位剑桥的新批评传统学者认为，作者的意图并没有什么价值，但是其"意图谬见"的理论却是由文萨特、比尔兹利等人在赋予禁忌具备决定性系统时所提出的。就文萨特与比尔兹利而言，如果诗人在真实的内涵上获得成功，那么其诗作也会"展示尝试如何去做"，而批评家就会"逃离出诗作之外——因为内涵的迹象并不代表诗作的功用"。这种外部的迹象开始走向杂志、信函与诗人们亲自参加的讨论会等等。文萨特与比尔兹利毫不费力地证明了这些不充分的资源是如何走出诗人们大脑的。他们论断，所谓"作者的意图与内涵既不是可利用的，也不是很渴求的，而是一种对于艺术（或文学）作品是否成功的评判标准。"

这种旨趣在这里是这样的,如果这种内涵的知识需要一种大脑之内的知识,那我们需要平等地对待在真实生活的不可能的假设。我们如何告知当一个木匠没有锤子时,意图将钉子打进木头该如何办? 当一个步行者在上一秒钟转身时,又是如何能穿越马路? 事实上,我们这种对于意图的假设会出现在任何人类生活中的实践行为与方方面面。但是这种大众社会的假设可能性在新批评的坚持下被消除了,同时读者必须将其推测的意念清空,并在单独的文本展现其魅力之前将其戕害。在新批评家拒绝认为文学是一种"感情"(affective)之下,对于文本的关注就是对于"意图行为"(intended doing)的抛弃,一如尝试去在读者中制造某些反应。

　　文萨特与比尔兹利作品的关注点并非是某些反应的制造,而是去关注于

韦勒克

某些含义——尤其含义处于一种暗示的结构当中。这种如高位(higher-order)含义且与象征性符号极似的暗示在一般性的新批评中非常流行。与高位内涵相关的含义中,这种内涵的后果会真正成为棘手问题。批评家们是会计划把特定的语汇作为一种暗示呢? 还是会把向日葵作为一种生命的象征? 用保守的手段来解决这些问题无疑会扬弃掉新批评家们的大量观点。但是这种"意图谬见"却将批评家们从对于内涵的焦虑中解脱出来。"诗篇……在一出生的时候就和作者分离了,一出世就超越其自身的权力,并打算对其予以控制、计划。"所谓"意图谬见"乃是新批评家们最常用的策略,最必需的手段。

　　新批评的策略尤其适宜于现代主义与象征主义诗歌,象征主义与现代主义诗人们也在自觉地探索这样一种新的形式。但是同样的策略却能适用于每一种诗歌。从意象(image)上看,创造语言的观点是必要的,建立在"有关命题"与"起因作用"的戕害之上,关注与词语的孤立点则是十分有必要的。随着这种更广义的应用变得日趋增加,新批评家们的话语霸权地位也日趋增长。再者,以布鲁克为例,他1939年出版的《现代主义诗歌与传统》之所以贬低浪漫主义与维多利亚主义,原因在于他意图去抬高现代主义以及形而上学。但是他在1947年出版的《精工制的瓮》(*The Well-wrought urn*)中却声称,任何时代的诗人都是非常必要的,包括弥尔顿、蒲柏、格雷、华

兹华斯、济慈甚至腾尼桑。

所谓批评家们的目的如其后作品中所暴露出的观点一样,乃是为了去发展"一种工具……它不是专门为浪漫主义诗歌或是形而上主义诗歌服务,而是为着普适的诗歌艺术服务"。不久之后,新批评家们与诗歌实践的"浪潮"相联合,他们声称,在历史的差异之下,发现了一种单独的语言从而可以适用于所有的诗歌。随后这在所有的文学中变得更加普遍——这从马克·施勒尔的"发现之巧"与"小说与类推的母体"开始。相同的策略逐渐使用到了散文体的小说当中。在新批评占尽优势的时代里,这种批评形式在建立起来的正统思想之中,为批评界提供了一股求真务实的学风与不偏不倚的争鸣。

六、神话学派与诺斯诺普·弗莱

在新批评的全盛阶段,它几乎是没有经历过任何质疑的,但是有一个声音却一直在与其叫板,这就是由克莱恩(R.S.Crane)领衔的新亚里士多德主义(芝加哥)学派。如新批评家们类似,芝加哥学派的批评家们仍然是颠覆早期批评的形式并且将方向指向伦理道德,以及指向传记与历史背景。他们继承了亚里士多德理论中关于风格之间的不同与"起因作用"中最重要的元素,并率先抨击新批评家们,声称他们只会关注短小的篇章,以及把语言当作所有价值的背景。在他们看来,新批评家们所追逐的风格会将文学档次下延到现代主义抒情诗之中。但新批评家并不在意这些貌似有效的打击——譬如说艾尔德·奥尔森(Elder·Olsen)的评论《论威廉·燕卜荪、同时代的批评家以及诗歌措辞》。说到底,芝加哥学派批评家们费尽九牛二虎之力,不过对于业已成为气候的新批评而言仍然只是蚍蜉撼树,丝毫不起作用。

在整个过程中,相对最为获得成功的则是神话学派。这个学派的理论基础是倚靠卡尔·荣格[79]这个弗洛伊德学派的异类所建立、完善的。荣格式心

79 卡尔·荣格(Carl Gustav Jung, 1875—1961)瑞士心理学家和精神分析医师,分析心理学的创立者。早年师从于弗洛伊德,并被弗洛伊德视为自己的养子,后来因为观点不同而分道扬镳,但其终生对弗洛伊德始终持敬佩、崇敬的态度。其代表理论就是"集体无意识(最初的模式)",集体无意识理论反映了人类在以往历史进化过程中的集体经验,该理论主张,一个人包含四种模式:第一是人格面具,即人向外公开展示的一面;第二是阿尼姆斯,即女性心理中的男性一面;第三是阿尼玛,即男性心理中女性的一面;第四是暗影,即因为性别导致的性格阴暗、隐蔽的一面。其代表作有《心理类型学》、《现代灵魂的自我拯救》等。 ——译者注

理分析发现这种集体无意识的存在，它显得要比个人无意识要深邃得多，这是一个在所有人种都普适的真理。"集体无意识决定了我们的思想，某些灵魂上的性格倾向被遗传的力量所决定。"而这又是被原型（archetype）所建立的。荣格如是描述，"所谓'最初的模式（image）'也好，原型也罢，这只是一个隐约的人影而已——无论是鬼，是人，还是一个过程，都不断地在历史过程中再现，并展现出了一种对于幻想的创造力。"荣格式观点在英国批评主义的早期作品中业已初露端倪，譬如马德·鲍德金1934年出版的《论诗歌中的原型》。但是神话学派开始领军批评界却肇始于十九世纪四十年代末五十年代初，这要归功于一大批美国批评家的引导，他们是：理查德·

查斯（Richard Chase）、莱塞列·菲德勒（Leslie Fiedler）、菲利浦·韦尔瑞特（Philip wheelwright）以及弗朗西斯·菲格森（Francis Fergusson）等等。查斯和菲德勒尤其将批评的关注引导到了十九世纪的美国小说中，这无疑是为神话学派拓展了新的研究园地。

诺斯诺普·弗莱

神话学派有着显而易见的前提——即对于"起因作用"的关注远胜于对于语言的关注。总而言之，相同的深化叙述可能出现在不同的语言形式之中，就某些并不显而易见的原因而言，他们仍然趋向于关注风格的多样化——或许因为十九世纪美国小说的自然行为，浪漫主义建立了一个特殊的标准。而另一派则着重关注于神话中适当的影响：对于敬畏与惊叹的反映，远不同于新批评家们对于经验性反讽进行尝试的推崇。事实上，在十九世纪五十年代的美国，后期着重关注的则是更加普遍的准浪漫主义倾向，当批评家如哈诺德·布卢姆（Harold Bloom）一般的时候，杰弗莱·哈特曼（Geoffrey Hartmann）与艾布拉姆斯（M.H.Abrams）则开始让弥尔顿、布莱克以及雪莱到了超越形而上学的高度。

但是神话学派仍然是发轫于现代主义思想，正如新批评一样，神话学派被人看作是处于文学表面背后的神圣层面。这是一种被改变的叙述的集合（units of interpretations）：不再是简单的词语或是小的词组，而是更大的具体形象——创造出的具体实在与叙述的秩序。而且，隐性的象征不再是不变的主题——事关艺术、生活以及死亡，但是却包含了一种新制造出的、有活力的标准。在菲德勒的叙述当中，原型乃是"定义甚至尝试去解决在人类困境中的最为永恒的东西"。原型思想对于此问题的解决符合荣格最原初的思想，在这里"原型"拥有了真正的认知价值。但是这种努力只能属于对于整体人类性（human race）的研究，而并非适用于单独的诗歌与诗人。

诺斯诺普·弗莱的巨著《批评的剖析》（Anatomy of Criticism）于1957年出版发行，这标志着神话学派开始取代新批评登上了文论史的舞台。作为加拿大批评家的弗莱，并不只是单纯地将神话研究的领域扩大，但是他将概念变得相当自然并赋予了文学批评以任务。与此同时，他的方式并没有比他的前辈们更为接近荣格。美国神话学派只是把荣格的观点浏览了一个大概，然后继承了他在原型中的无意识理论；弗莱认为这种原型在纯文学中的展示，并不比在社会性准文学的"神话"中展示的更多。他很少在人类学或是荣格心理学中援引什么，更多在于，他的方法应起源于亚里士多德的《诗学》（这与芝加哥学派其余的批评家大相径庭）。他主张，"在文学批评里，神话意味着终极性的主题（mythos），是文学形式的组织结构的原则。""主题"是亚里士多德关于动作或是情节的定义，亚里士多德认为，不同的主题决定着不同的风格，弗莱也这么认为。在弗莱的批评观里，原型的概念非常接近于风格的概念——反之亦然。

弗莱颠覆了新批评主义者对于风格的均匀态度与他们对于分析小短文的偏好。他仍然坚定地坚持主张文学的自主性。他指出"纯文学"与"纯数学"的相似，"纯文学如纯数学一样，包含着他们自身的含义"。与新批评家们一样，他并不关注历史语境、作家的目的、道德观念以及真实世界的关系。这些关系被荣格内在深入（internally-

《批评的剖析》1957年第一版

implanted）的观点、集体存在的原型——至少这些所颠覆。弗莱是一个彻底的荣格主义者，尤其体现在他对于真实世界的观念上，并将此转化为与现实主义者和现实主义小说的较量。新批评主义者仍然也切掉了现实主义的价值，但是浪漫主义或晚期浪漫主义诗歌却成为了他们的众矢之的。尽管如此，这种争斗在当下仍需要被重写：弗莱关注的是一种大规模的叙事，文学的自发性原则随着现实主义的小说被带入了直接的冲突之中。

在新的竞争中，有一种策略就是进行重新分门别类。弗莱将现实的价值限制到了单篇的散文式小说之中，并发现其他的风格被其他的价值所限定。早期的神话批评家们将非现实的浪漫主义作品与现实主义小说等而列之。弗莱将自剖与自白结合到了一起。预期的"拙劣模仿之戕害"对于现实主义小说来说只能导致误会，而这正是一种如玛度林《流浪者马默斯》一样的浪漫主义追求，或是类似于霍格在《有罪人的供词》当中一样坦白，抑或也像《垂钓大全》里那样的剖析。弗莱也关注于多样化批评对于多种剖析形态的诉求，如传奇剖析、小说剖析以及传奇性的交待。常常地，对于多样化新思想的创造在未被评估与被发觉时就仓促地暴露在了大庭广众之下。

再者，弗莱对于现实主义的评价下意识地将现实主义小说的风格包括在内。更多时候在于，这种叙事最终常常走向原型。弗莱认为，我们可以凭借一些并不重要的细节而揣摩小说必要的形态。"如果我们站在现实主义小说——如左拉的《萌芽》、托尔斯泰的《复活》的背面来看，我们可以看到一些神话性的符号被这些标题所暗示。"但是小说评论家们对于传奇尤其关注，这只是通往现实主义的第一步。弗莱认为，现实主义小说家们仅仅只是将传奇转换到日常生活的语境当中，并定义这种取代是一种"用公式化的结构替代掉简单可信的语境"。他还认为，"小说是一种把浪漫主义替换为现实主义的行为，而这又没有什么结构性的原则"。在弗莱的理论中，小说与我们真实的世界不会有原初的关系。世界的真实性反应并不会进入我们自己的评判尺度，取而代之的是，现实主义被看作是"真实性表达的一种方式"。细节表面上的光泽将原型中最原初富于想象力的那部分放弃掉了。与此相同的逻辑并不重视作家们自身实践的真实反应。艺术在艺术们的实践中轰然坍塌，这就好比是把颜料堆砌在画布上，目的是让"真实"的画布看似是已经假定伪装。原型的物质来源于单独的实验之上，通过作家来制造原型和通过下水道来制造没有什么差别。"作家有责任在可能的前提下让诗歌幸免于

从柏拉图到巴特：西方文艺思想史

216

受到戕害。"作家有意识地让他们自己与批评家摆脱干系。

但是弗莱让文学作品在这个方向下变得更加宏大成熟——并关注于其他的文学。"诗作只能被其他诗篇所证明，小说也是如此，文学的自主性原则对单独的作品并不起作用，它只对整体的文学领域有作用。"神话学派将我们从"生活"推向了"自制"。这只是弗莱自己风格的强调，在神话学派早期的观点中这并没有体现。弗莱既是最后一个荣格主义者，也是最大的亚里士多德主义者，此时他又将自己的原型说与文学潮流、文学习俗相结合。就弗莱而言，所有的文学样式在习惯上都是公平的。尽管习惯是不尽相同的，在介于习惯更深邃或更阴暗的使用之中，这里存在着独一无二的特点：

> "就严肃且平庸的作家来说，习惯让他们变得与其他人并无太大区别；就流行写手而言，习惯赋予了他们更大的驰骋园地；就严肃且优秀的作家而言，习惯可以释放他们的经验与快感，并将他们并入文学，成为文学的一分子。"

弗莱无意去拥有一般现代主义者的信仰，他认为，正是最初的责任恰恰干扰了思想与经验习惯的建立。

弗莱看似有道理的理论主张最终在他对展示内在逻辑性上所中止。这种内在的逻辑性又由文学整体领域中不同可能性的发生所决定。事实上，在他的批评体系中，此观点给人以深刻的印象。就文学而言，他主张，"（文学）被庞大作家群中的大量概念所建立的文学社会性与家庭相似性所结构（organized）"。尤其，他厘清了一套逻辑的可能性——常出现数字"4"——这一切建立在赋予概念的维度之上，比如说，四种最原初的叙事姿态：第一个：从较高的世界下延；第二个：从较低的世界下延；第三个：从较低的世界上升；第四个：上升到较高的世界。他依靠多样化维度中利用价值的秩序而获得个性化的作品，文学展示了一种相对"受约束的复杂性与原则的简单性"。不幸的是，没有一个例子可以援证这种介于整体下自然的相互关联性，这种整体是一个异常庞大的单元。弗莱需要去在一种庞大的数量中予以检验——至少也是《批评的剖析》四章中任何的一章。

这种理解的理想既是把简单的方式复杂化，也是一种科学的理想。弗莱常常在科学与批评之间勾勒出一种平行线。

"每一个对于文学严肃的研究者都知道，其心理进程包含着如科学研究般的一脉相承和与时俱进。但现在取而代之的是精确的、训练有素的心智，与此同时，统一的主题语境也业已建立。"

这里的关键词是"统一"，这是一直以来的科学最原初的假设，并不是科学经验主义方法论的科学实践。但是亚里士多德仍然将文学风格描述为特殊的存在种类，而弗莱的方式则是非常抽象、有序（priori）的，其全面一贯性促使其将声称的可能仅仅作为一种可能性而存在。

如果所有的文学都是一个"统一体"，所有不同的组成部分对于整体来说既是互补的，也是必要的。更好或更坏的判断都变得无关紧要。弗莱在他的诗歌分类学中并不理会这种判断，"所谓批评，只是知识而已，其价值的判断由他者所决定"。尽管如此，其价值判断仍然是明晰的——不一定被弗莱所决定——这个业已被结构框架，故而称其为"文学"。尽管他并不像新批评家那样曲高和寡地掉书袋，但是他的"无歧视的广泛性"也未能够下延到流行的下里巴人写作当中——无论如何，他对他们关注的失败是显而易见的，就他喜欢的某些作品——譬如说乔伊斯的《尤利西斯》而言，他仍然建构了一种新的评判尺度。

这促使这一切能合并入最大不同的分类当中。某些不同的评判标准来自于新批评家以及他们偏爱于最大的不同，以及单独诗歌中的差异元素。

《批评的剖析》出版后，神话学派逐渐发展成了北美现象主义。实际上，他们的观点在英国并没有响应者。英国与北美的批评虽出自同源，但却两相背离，最后竟分道扬镳。在这个时代，英国批评主义重新将兴趣转向了散文体小说——这一切建立在李维斯学派中大众准现实主义的导向之下。在北美，弗莱的思潮为法国结构主义带来了巨大影响，这个可以看作是系统的、更加抽象的形式，以及多样化的诗歌形式。

第十章 法国与德国的现象学

在二十世纪的前五十年，俄国、英国与美国分别领跑着现代主义方向批评的新形式，而法国与德国的文学理论仍然处于持续低迷的状态。在法国，文学的教育形式仍然以文本分析（explication de texte）为主，这种逐行阅读和大耗精力的精读并不能提高理论性的洞察力。而德国，则继续高举历史学派的十九世纪传统旗帜，与光鲜辉煌的"进化论假说"。但是，这两个国家到了二十世纪中期，都变成了活跃分子，尤其是结合现象学观点进行的哲学研究，更是思想界的代表。

现象学这个单词首次被使用归功于一个叫爱德蒙德·胡塞尔的人，胡塞尔将他的观点写入了《意识行为》（*Act of Consciousness*）一书当中。在他看来，意识不是一种反射，而是一种计划或是一种参与，抑或是一种意愿以及企图。这些观点呈现在很多知名的格式塔（Gestalt）[80]心理实验当中：譬如说，一个有心理疾病的人会把一张两面的图片当作一张花瓶的图片，反之亦然。就胡塞尔而言，所有的意识最终都指向一个靶心，我们并不清楚最后指向什么行为，但是我们可以明白我们被什么样的意识所指引。总而言之，当我们看见一棵树时，几乎不可能被脑海里的树相混淆，哪怕无论这和意念中的树是多么的象。

享誉二十世纪的日内瓦学派，从图中日内瓦大学里悄然走出

这种哲学的目标被趋势下的不同种类、不同意愿类型所包含。显然地，我

80 格式塔（Gestalt）："完形"的德语单词，即具有不同部分分离特性的有机整体。将这种整体特性运用到心理学研究中产生了格式塔心理学，其创始人是韦特墨、考夫卡和克勒。格式塔心理学的理论核心是整体决定部分的性质，部分依从于整体。他们通过实验的方式证明感知运动不等于实际运动，也不等于若干的单一刺激，而是与交互作用的刺激网络相关，整体不等于各部分简单相加之和。二十世纪三十年代后，胡塞尔把格式塔方法具体应用到美学中，与心理的各个过程结合，促进了具有格式塔倾向的美学研究，如把对视觉的研究与对艺术形式的研究结合，视觉成为对视觉对象结构样式整体把握的感觉能力。——译者注

从柏拉图到巴特：西方文艺思想史

们只能从内部以及我们经验的主体之中获得这种理解。但是胡塞尔仍采取哲学家式的看法，更好地去理会如上意识的行为。他的方法论诉求于一种实践性与兴趣的建立，而这又是被意识目标的客观存在所决定的。在胡塞尔的现象学当中，意识或许比动作的级别要更高。

在存在主义观点中这一切是截然相反的。现象学的第二阶段由另一个德国哲学家海德格尔所领军。海德格尔否定如上的上升与理解，他认为，意识所瞄准的目标乃是完全地被我们存在的注意力与旨趣甚至我们自身本能性的需求所决定。

对在历史性的时间、特殊的地点中特殊个体的考察，我们会因关注出发点之外的东西而受到批判。此时我们既无法选择，也不能离开。综上所述，我们在形成意识时，世界上的一切不但会因为人类的关注与兴趣而成型，而且会根据人的意愿而出现。在客观的世界之中，让意识恢复纯洁则是徒劳的。我们亦无法让我们回到本真，并将我们的思考方式放置到理性原则之上。我们的视野不可避免地受到时间的限制，并被先于我们的人类历史所预先决定。

但我们也是自由的——因为我们面向未来，虽然我们已然被确定了出发点，但是我们关于意识的行动与我们身体的行动却是大致的，是我们自己可以控制的。显然，我们意识上的活动在自由维度上要比身体的行动宽泛得多。就他们而言，我们可以制造甚至创造我们自身。在动作上的压力要胜于在意识上的压力。海德格尔面向未来，践行了一种事关选择与意愿的伦理学。但是胡塞尔现象学仍然主要是告诉我们如何认识世界，而存在主义则主要是告诉我们如何在这个世界里生活。

一、布莱和日内瓦学派

在马歇尔·瑞蒙德和阿尔伯特·贝根著作的启发下，日内瓦学派于十九世纪三十年代发轫于瑞士的法语地区，但是直至1949年，G.布莱处女作的出版这才宣告了这个学派在哲学方向性上的成熟。这个时代是存在主义思潮在法国蔓延的时代，但是存在主义与胡塞尔都与日内瓦学派有关，尤其，他们寻找个性的方法也是作家指向真实时一种必要的意图。

布莱称，这种必要的意图为"我思"（Cogito）[81]，并发现这种形而上的基础形象如作家结构的时间与空间一样。他发现了非常深远的不同，在十九世纪中期的美国作家中，燕卜荪举例：

"在实验的潮流中随波逐流，这须在时代之外甚至与时代相左。与此同时，作品让自身毁灭了这个时代，这激发出了时代的空虚与时代正面的真实。"

另一方面，霍桑（Hawthorne）认为：

"当下这个时代……是空虚贫乏但又迅速毁灭的时代，存在的一切被业已存在的一切所结构。"

而惠特曼（Whitman）却如是主张：

"唯有优良品质支撑无穷大感受力，这完全决定于外部统一的现象。而此现象又是以对其的超越，以及对其所赋予的激情存在性的决定。这种现象是一个时代，我，惠特曼尤其让这个运动必要地持续下去了。"

在这些引用中所彰显出来的极端抽象是相当典型的。重要之处在于：这种持续的目标与内容是被书写的，任何目标都公平地显示了一种意愿，而这个意愿又是作家指向真实的一种方向。布莱在自己的回忆录中如是说：

"所有的文学对于我们来说都具备哲学性，无论我们阅读了什么样的文本。当我们一旦开始觉察到其中概念的功用，我们就会找到每条线索的相同起源，以及从起源开始的相同流变的过程。"

81 cagito 是动词 cogitare(思想)的第一人称单数的变位形式。从形式看，没有出现"我"(ego)，是"思，故在"，或"思，在"，但实际上"我"是包含在 cogito 这个变位的动词形式之中的，即这个思想是我的思想。所以中文译作"我思故我在"。具体参考冯俊《开启理性之门：笛卡尔哲学研究》，中国人民大学出版社，2005年。——译者注

布莱

最重要的是，布莱热衷于关注当作家的"我思"变成他们自己的目标时，在自我导向思考中的行动。

就对作家"我思"的审读而言，布莱与学派的批评家都非常忽视文本的口头媒介传播，形式化与物质化是他们追寻答案过程中最大的障碍。他们既对单独作品中的单独风格没有兴趣，也对特殊风格中的一般性性质不感兴趣。他们只关注于"十九世纪文艺"（Oeuvre）以及可归于"我思"的写作形式，当然也包括一些未完成的遗作与少年读物。正如希尔·米勒在早期日内瓦学派中所主张的那样，"所有的作品都是作家从一个统一的出发而写成，而这个统一又是存在于通往中心的无数条道路之中。"在这种对于中心的假设里，日内瓦学派批评家能够深入到文本的表层之下进行思考。

但是对于作家"我思"的探讨还是与对作家生活的研究不尽相同。日内瓦学派对于传记文学并不甚关心。总而言之，作家的日常生活仅仅只是显露出了他的个人特点——并非关于意识的基本性行动。日内瓦学派仍然将他们的关注目光放在对文学性的证实之上，因为只有文学性的证实才可以满足他们研究的需要。布莱声称，"传记文学不能让我们了解作品，但是作品却可以帮助我们去理解传记文学。"日内瓦学派批评家同样也不关注作家的自我描摹与哲学形式。"我思"并不是作家们所认为的目标，而是作家思想的行动。

就批评家而言，必须要知道"我思"是谈论的目标，但是在这一切发生之前，批评必须首先移情地去重构一种作家最初的行为，如在所有现象中一样，能从中理解到意识的行为。"我们需要去借鉴他者，譬如他者的思想、感觉甚至遭遇，以及与我们有关的动作。"就这方面见解的观点来看，文学批评展现出非常直觉的一面，很多批评家几乎都变成了创造性强的艺术家。

日内瓦学派被同时代的学者认为是落伍的、陈旧的，他们移情的主张乃是从曾经的浪漫主义批评家那里借鉴而来。在二十世纪的批评家之中，他们尤其关注于文本中口头媒介的不同之处，但是他们在思考问题方法上的旨趣是一种二十世纪特有的旨趣。他们热衷于在非常高的抽象层面上去描摹一种世界观，并持续了关于文学理论的永恒趋向。批评家们在学派中一日千里的进步并不足为奇，比如说，希尔·米勒与保罗·曼，正因如此，所以他们在随后就毫不费力地转入到了结构主义的研究。

二、从英加登到伊瑟尔

英加登

由于康斯坦大学（位于德国南部）批评家的影响，现象学观点遂成几个不同的分支。在"接受美学"的旗号之下，康斯坦学派不但关注作家的意识行为，甚至还开始关注了读者的意识行为。这个学派拥有来自不同潮流与不同维度的两派主要支持者，所以，我们要分别地来关注这两派观点，一派是 W.伊瑟尔，另一派则是汉森－罗伯特·姚斯。

伊瑟尔的主张建构在英加登之上，而英加登又是胡塞尔的忠实信徒。作为波兰哲学家与美学家的英加登，将其主要的现象学理论观点都凝练在十九世纪三十年代出版的两本重要文学著作中。在这个理论体系中，他关注于读者营造的、活跃的虚构世界。口头含义指引并沟通了读者意识上活跃的创造力——在这个途径上我们的目标位于口头含义之上。英加登认为，语言的层次是面对计划目标层面的一种必要含义。

"我不能去贬低艺术文学作品……仅仅只是如语言一样，我在艺术作品中联系一种人类的存在"。尽管这并不真实，但虚构的人类（虚构的动作与感觉）仍具备一种外在的存在。在某种意义上说，某些读者会将它们自身放置于某些关系之中。这些关系是来自于读者们的意念，但是他们并不简单地存在于意念之中，这是需要被关注的。在胡塞尔的现象学里面，真实世界的人类存在场景、动作同样地来自于发现者的意识——通过感知的感觉材料（Sense-data）中的引导与沟通。

但是，这里仍然有非常明显的不同。在感知可获得之后，真实的人类存在、场景与动作存在于完全具体的个体之中，但是就虚构的人类存在、场景与动作而言，只在某方面存在于有限数量的别称之中：

"譬如说，一个故事以这样一句话开头，'一个老者坐在桌子上'……诸如此类，很明显这里所展现的'桌子'确实是桌子，也有可能不是。举例说，'椅子'可能是由木材制成，或是由金属制成，是四条腿或是三条腿，虽然这些信息都没有说出来，但是——这确是一种单纯的故意的目标——且是不确定的。"

就更多别称中的附加物而言，在感觉材料中是从来不会被详细叙述的。比方说，一个老人或许会被描述为"清瘦"或是"满头银发"，但是究竟有多么瘦？头发的银色又是一个什么样的程度？这些他们认为非常自然的词藻则是相当普遍与模糊的。与此同时，虽然文学著作可以导致我们在脑海里去结构一种完全独立的个体，我们在小说中所臆想的角色与我们一开始在历史著作中所臆想的人物并不是一回事。我们在小说中所臆想的场景显然地也和我们平时在旅游图片上看到的风景不尽相同。无论何地，在"未定域"[82]增加之时，读者都有冲动的理由去超越事实存在的假设而想象。

英加登发现了部分读者中存在着更大的创造性活力，即凝结的动力。在他自己的主动权与臆想中充斥着这种不明确的"域"，这包括很多可能被选择和被承认的元素。最典型的证明就是，在我们读完一

伊瑟尔

82　"未定域"(Spots of Indeterminacy)，是英加登美学的一个重要概念，参阅Roman Ingarden:*The Literary Work of Art: An Investigation on the Borderlines of Ontology,Logic,and Theory of Literature*. Trans.G.C.Grabowicz,Evanston:Northwestern University Press,1973,p237。——译者注

本书之后，这种行为或许会像一部电影一样在我们的反应中呈现。"啊！那不是我设想X女士的方式！演员表演的身体动作，或许能与文本所提供的东西完美相容。"充斥不确定的动作，既是必要的，也是自由的，既是怂恿的，也或是失去控制的。从现象学思想发展脉络来看，英加登认为，这种虚构世界的结构是一个穿越时代逐步发展的实践。这与大多数现代主义批评家非常不同，这里所有的作品都趋于共时性与历时性。当然，这是建立在短小抒情诗之上的模式。就英加登而言，读者对于细节非常了然，非常明白，只是建立——或是体现在阅读的实际点之上。愈发落后于"已经读过的部分，并陷入'过去'的作品"。而事先他们则在框架上宣称了某些事情到来的必然性。这种记忆是带有双重视野（Double Horizon）的，预先地与胡塞尔哲学在一般大众性中的实验相类似。英加登也关注读者们在结构上事关过去的行动，而这却显示在当下新信息中一些"历史文本"（retrospective revisions）之内。"在后来的一些观点中，读者知晓作品中的一部分内容……当他们被阅读时……常常会在另外的一种结构中展示他们自己。"

尽管伊瑟尔在二十世纪五十年代就开始著书立说，但是直至二十世纪七十年代他的代表新观点才浮出水面。在随着时代不同的文学风气中，英加登的观点大可开一代风气之先。伊瑟尔尤其集中于通过文本来关注读者的现实发展。而这又是他所描述的"已获得的观点在内部游移（move）"。这个进程所包括的"历史性文本"远比英加登的理论富有戏剧性，但是英加登仍然着重关注于虚构世界的稳定积累。伊瑟尔声称，"消遣性的行为并非是一个流畅或持续的过程，但从关键要素看，正是对于整个过程的阻断才能使其产生效果。"

伊瑟尔将文本描述为"召唤结构"（appeal structure），这种结构建立在需要读者去弥补的空缺之中，正如英加登所描述的那样，这涉及一种具体化的形式。但是伊瑟尔却营造了一个更为开阔的网络并包含每一种的联系，虽然文本自身并没有这样说，"这些读者活跃于对于'好的形式'与'格式塔群体'的建构之中——诚然，在形象化的洞察力之中，我们的意识与描述相联系，但实质上两者并无联系。

这种活跃参与的必要性目的就在于，在学习的过程中将错误进行调节、挑选与超越。这种业已建立或期待的关系在随后的文本中倾向于破灭。就对菲尔丁的作品《约瑟夫·安德鲁》的讨论而言，伊瑟尔声称，"此问题在业已创造的表层含义之中，对于读者的纠缠则是必要的。只有当其发生时，小说才会真实地在读者身上起到作用。"就这种论断而言，菲尔丁鼓励读者进入一种更高层级的理解形式。这是一种逐渐的削弱、损坏。这种损害就伊瑟尔来说，就是在文学上"显而易见"的特点。"经验不足以将真实的文学文本充满"。他对于文学的构想既是艰辛的，也是有教化意义的。他轻蔑地将大众性虚构给否定了。

毫不奇怪，伊瑟尔尤其热衷于二十世纪的文本，这些文本是读者一般予以认可但最终被颠覆的。陌生性（defamilarment）在这里表现为一种世俗性的秩序。作品在被毁灭与挫败之前，提供的是一种传统体制的框架。"首先被认为是假定的断言，将带领我们去抵制这些作品。"读者在一个全新层面的行为，这不但位于而且超越了联系化与具体化的层面之上。读者被诉求与重新思考与重新结构，并不再局限于文本中的口头含意。这种怂恿最终决定于读者们自由的行为，而这并未附加一种明确的压力与控制——如当后现代主义读者持续存在叙述困境一样。

如在所有陌生性的理论中一样，这种重新思考性与重构性在读者自身的意识之后产生了反射。伊瑟尔说，"作品的代表性在文本中并不会存在于未知的含义之上，但是事实上这种含义被我们预先未知后之后逐渐显露了出来。"在最后并不是一种虚幻世界的结构，而是一种建立在读者自身习惯假设与习俗体制结构失败之上的灵光（sudden light），在读者与文本之间的关系对于作者而言仍然是有很大的影响力。从这方面看，伊瑟尔的方法指向的是读者的反应，这是与英加登观念相悖的。

尽管如此，伊瑟尔的方法仍然与后来的美国研究读者反映的批评家们不尽相同。他认为，这种文本对于读者有效，但是读者却不能对这种文本起任何作用。无可否认地，他同意在关联化与具体化的层面之上存在着相当大的个体变化。"一个文本是不同认识中潜在的能力，没有任何阅读可以将这种能力耗尽。"就伊瑟尔的观点而言，这种关联性与具体性中的细节是不重要的，只是预防读者依赖传统体制下的一种统一的意识。这里伊瑟尔并不主张读者正确地去凭借补充（supplement）的文本去创造一种对于传统假定的超越，这种假设也必须在阅读开始前予以超过。伊瑟尔的"潜在读者"只是一个理想模式，这种意识无止境地接受能力看似与个人旨趣结构的特殊阅读嗜好风马牛不相及。

三、从伽达默尔到姚斯

姚斯所引导的潮流中代表人物就是伽达默尔，他是海德格尔的忠实门徒。海德格尔与伽达默尔一起发起了德国传统阐释学中的主要革新。正如我们所看到的那样，阐释学中最原初的观点被施勒戈尔倡导的"移情观"所引导，这种观念建构于对于作者以及作者所处时代背景的

伽达默尔

相反方面的洞察之上。在这种改变下，这个观点横贯了整个十九世纪，但是其发展步伐并未受到存在主义哲学的影响。在这里，每一个意识行为的主观结果都无可避免地与被"抛弃"的主题相联系。一个人只能在他自己的时代超越他自己的眼光，阐释者至少要晚生于被阐释者。

伽达默尔并不认为这种历史性因素是一种局限性的。显然地，这种阐释者肯定会因为他自己所处的历史时代而使文本受到戕害。但是，假如阐释者果真是简单的一张白纸，那么这种诠释也无从开始。照存在主义者们的观点而言，这一切只不过是将"含义"消极地记录下来——其包括着意识的目的与行为。在目的的过程中，正如伽达默尔所指出的那样，我们必须一直保持一种预先的期待，而这又是基于我们偏见之上的一种意图。"合法的偏见"（legitimate prejudices）延展到了含义所能及的任何领域之中，这种成见与偏见一直会影响到后来对于文本的阅读与校勘，但如果没有这些，我们就无法灵活地去解读（engage）文本。

伽达默尔认为，我们的"兴趣"意义在于让我们更好地去理解——"兴趣"这个词包含着两个不同的意义层面，我们能否在不偏不私（Caring）的情况下来理解一个词的含义？伽达默尔的阐释学发现一种适用于我们自身的解释，我们并定义含义。"可理解的文本常常是认为提供给我们的。"在这里

理解是一种认识的形式，这种认识的发生是从我们经验而衍生出来的"情境"(sense)。

这种从自我经验而衍伸出的含义关系并非意味着是自我为中心的，而是一种介于两个极端之间必要的一种理解。所谓与自己的解释无关的声称仅仅只是让某些个人的关系与偏见隐蔽地取得控制地位。"一个人如果他臆想可以自由地去抱以成见……那么这种成见的力量会无意识地支配着他。"相比较来看，也有人已然发觉这些成见并可认识到这种成见是有危害性的，并勇于与之相抗衡。尽管他们没有可能摆脱这种成见，但我们仍可面对未来报以乐观。伽达默尔说，"所有的一切都被质疑，这会导致我们持续地将他者或是文本含义予以开放。对于他者单纯原始性含义的重现也并不重要，但更宁愿进入风格的谈话之中，质疑与回答在这里可以独立自由地进行"。事关历史文本的风格性谈话将最终可将过去与当下以"启迪"(Illumination)。对于"视野"(Horizon)的现象学关注乃是"就眼光力所能及范围中包括的每一样东西而言，我们都可以从具备优势地位的制高点上一览无遗"。伽达默尔描述这种"启迪"乃是一种视野的"互熔"(fusion)。

这里还有一个与伽达默尔无关的例证来诠释这种启迪，是关于马克思与马克思主义的诠释。从这一点看，这种诠释实在非常有趣。就马克思著作中对于当下环境的行动策略来说，是非常紧迫与重要的。这自然地被马克思早期历史学观点将客观性的目标权衡了。从卢卡奇到萨特再到阿尔都塞直至伊格尔顿，新的诠释者不断地曲解着这种诠释，但这并非是因为理论家们故意蔑视马克思。此外，最后产物所形成的启迪最终能超越偏激与成见，且将二者分离。尽管政治社会环境的变化也会影响到阐释者们的变化，但是这仍不构成任何借口来告诉我们马克思为何一直在不确定地"改变"。

伽达默尔阐释的相对性在文论上形成一种大众性的潮流。但是在伽达默尔自己的阐释学体系中，这种相对的激进主义观点时常也被传统所削弱。就伽达默尔而言，这种对话之于过去的文本而言是全然可能的，因为我们对于过去并非是全然陌生的。我们的判断力被我们"抛弃"的社会政治环境所决定，这些环境建构于过去的环境之上，并包含着对过去判断力的扬弃。我们不会跳入中世纪的唯神思维状态，也并不能依据五百年人类社会的遗产来厘清自己的思维，但是在相同的表征下，传统的延续性至少把中世纪的思维路子变成了我们思考问题的参考方法论之一。对于传统的定格会让我们有了在维度上关注于过去的权力，但这并未纵容我们可以去与历史相抗衡——即让历史遭受极端的批评。当他们被保守地卷入到传统概念之中时，伽达默尔的批评迅速将这个问题指出了。

伽达默尔的观点最后被他的学生姚斯所总结。姚斯以在1967年争论的形式将康斯坦学派带入

接受美学的奠基人姚斯

了大众关注的视野，随后即以"文学史叫板文学理论"为标题出版。正如标题所说的一样，姚斯是一个彻底的文学史家，而不似伊瑟尔是一个文学批评家，他主要的观点在文学史的德国传统新原则下重新获得了生机。

姚斯的新原则包括了文学史的新观点，传统的文学史家将文学与其滥觞相联系，社会文化环境能将作家在创作时的观念予以定型。这个方法论相信，作品一旦在作家那里脱稿，就会以一种圆满独立的形式存在。但是作为伽达默尔的学生姚斯却主张关注更为深远的文学生产，以及介于读者与作者之间的内部联系。只有被读者创造性地结构定型，作品才会获得真正意义上的存在。"文学作品如果丧失了活跃的可参与性，后果则是不可想象的。"读者拓宽了作品所显示了领域。姚斯诉求于一种读者的文学史，他关注于文学接受远胜于文学生产。

自然地,读者们的历史将会发觉不同历史性受众所营造出非常不同的创造性贡献。亚里士多德与新古典主义所依赖的人类自然社会的永恒规律实质是不存在的。姚斯杜撰了一个新的词汇"期待视野"（horizon of expectations）。为了界定一种特殊的标准与假定，并被特殊时代的受众所引导——这种标准与假定却是偶然从先前的文学作品与社会文化一般性的推断中获得。一部文学作品或许"会让第一个读者愉悦、超越、失望甚至驳斥"，但是这一个读者并不意味着故事的终结，随后而来的不同读者所携带的不同的期待视野所营造出的不同内部关系也会制造出许多不同的作品。"文学作品的主导目标并非是在不同的时间给不同读者以相同的观点，他也不是一种类似于纪念碑一样拥有一种永恒的要素。"姚斯宣称了文学作品在发展中需具备一种不间断的可能性。文学史家的任务应该是追溯这些含义的历史，而

非重新发现被第一个受众所创作的、单独的原初含义。

就重构的文学史而言,姚斯在新的立足点上关注了一种更为开阔的社会语境。当传统文学史关注文学生产时,因果秩序不可避免地从非常一般走向非常特殊:从国家经济环境到国家文化再到个体作家直至单独的文本。在这种阐释的次第顺序中,同一个时代中的文学作品会非常相似。但是在这方面看,大众的社会环境并未在单独的作品中获得直接的反映。"文学是在历史真实中多样的、可渗透性的东西",姚斯主张,"在其形式适当的时候,这种回溯只能存在于部分而不会在具体方式上将经济的发展过程定型"。但是受众则是另外一回事,这种标准与假设通过大量的文学偶然性——这是源于典型社会的,从而在大量的意念上留下印记,这一点是有可能的,至少比个体作家的个体作品要更具备专业性。

事实上,姚斯关于读者的历史也顾及到了文学在时代中大量的多样化存在。某些作品或许非常具有时代性甚至与读者的期待性非常贴切。他者或许会被认为是发展过程中成为他们这个时代最大的桎梏,仅仅只是可能地变成在到达"期待视野"下的一种可阅读性。其中更有趣的在于,某些作品会扰乱标准与期待,并给读者划分等级,从而进入文本的语境,且会导致变化的出现。"阅读实践可以将人从改编的作品中解脱出来,业已存在的实践性中的成见与困境强迫某人对于某些东西拥有一种新的洞察力。"鉴于传统文学史关注的仅仅只是文学生产,姚斯的模式为"文学的社会格式化职能"提供了空间。在社会文化系统的一切领域中,文学可以被认为是一种功利的诱因。

如果受众带着他们自己的期待视野,文学史家亦是如此。他们关注的是对于过去历史的回溯,姚斯否定了阐释者的"历史客观主义"。这些阐释者可以与其大致相提并论,但自然将其美学成见上升到过去不确定的标准与大致的现代性之中。如伽达默尔一样,他坚持认为历史学家们的标准与假定必须要予以关注且要频繁地使用,历史对于我们并不是全然陌生的,因为我们的视野建构在前人的视野之上。"如果生命中最原初的视野在早期的时候并不包含我们自身,在其后的视野中,历史的理解并不会成为可能。"但是"历史语境"则是必要的两种方式。就姚斯而言,重构历史性期待视野的目的在于让当下变得更加明晰。"我们自身的期待视野会通过他者的实践而变得更加正确,更加扩大。"这种观点对于阐释者来说,是一种公平的回溯,但是他并不能将这种中和与独立一直坚持下去。

在实践中，尽管姚斯的历史客观性远胜于他自己的主观暗示，至少在这方面，他将二十世纪的成见上升到了一个未知的标准之中。鉴于此，他能很精确地将一部作品放置到盛行的期待视野中予以衡量。他并不吹捧现代主义，尽管如此，他仍将所有文学作品与现代性理想的竞争性进行对抗，并扰乱了一般性的假定。作品"将期望充满，并被尝试地评判标准所规定"。这一切与大众文化相联系，这种被遗弃（thrown）类似于"烹饪或娱乐艺术"。我们重溯他在1967年的演讲，姚斯容许"美学接受"的"最早范例就是臭名昭著的现代主义"。尽管如此，他后来仍尝试提供一种肯定的兴趣（pleasure）。这类似于一种可供选择的文学价值，但这远不如他最早的观点具有深远的影响。

四、德·波伏娃和她的两位前辈
（斯塔尔与伍尔芙）

当女作家们在为把自己视为异类而奋起抗争时，大量女作家却在十九世纪与二十世纪上半叶已扬名立万。但是理论与批评的话语权力仍然在男性的手中，男人依旧是标准与评判的最终解释者。尽管如此，某些女性主义（Feminist）批评家在十九世纪六十年代末期开始有准备地发出决定性的声音——譬如说斯塔尔夫人、维吉妮亚·伍尔芙等等。当然，不能忽略的自然还有西蒙·德·波伏娃。这三个"小说家型的批评家"是在这个时代特殊运动中的女性代言人：斯塔尔将浪漫主义介绍到了法国；伍尔芙为现代主义题写了宣言；不甘示弱的波伏娃也全身心地投入到存在主义的研究当中，但是这并不能让她们幸免于在整个运动中作为女性而被边缘化的命运。斯塔尔在为填补没有女作家这个空白的抗争中获得了巨大的成功。这三个女性都无一例外地超越了她们的浪漫主义、现代主义与存在主义的洞察力。基于这个原因，我将他们三个一并选择为研究对象，并将前两者带入到了波伏娃的生平研究当中——她的生平乃是女性主义历史中非常特殊的重要时段。

斯塔尔尝试引领着女性主义进入到政治批评与文学批评的领域之中。她抛弃了固守成规的判断方式，坚持主张通过她们对于女性的认识观来评价社会。被一半人所赞同的希腊文明对她们的观点就采取严厉的打压。毫不奇

斯塔尔夫人

怪，她非常喜欢这项事业，并趋向于超越日益增长的文明世界甚至为女性们鼓与呼。但是她却一直认为革命是男人们发起的，对于女人来说并没有什么的意义。尽管她是共和政体的拥趸，但是她仍认为短期文化现象的下滑归咎于"（法国）大革命中的群体思想的无序与复杂性"，革命并没有象征性地提高女作家们的地位。"在君主制国家中，将自己的意识置于文学名人之上的女性会对平等采取嘲弄的态度，但是在共和体制的国家中则会采取憎恶的态度。"

在《文学与社会体制的关系》（*Literature considered in its relation to social institutions*）中，斯塔尔将文学与社会体制相联系。她声称，"没有人能完全地分析道德与政治原因，并限制文学的精神。"与此同时，她认同于建构在道德与法律上的文学逆流。她尤其关注后革命状态下法国社会文学形式的发展、悲剧以及喜剧。譬如说，在君主制下，我们不能对小说抱有太多期待，尽管她承认，"悲剧可将感情宣泄（unchanging）"，并且声称，"尽管是被改变，但如人类意识的所有产物一般，要依赖于社会制度与习惯的建立。"

她关于浪漫主义的主张与关于共和体制的主张是一样的，均被很多原因弄得错综复杂。无疑，斯塔尔的边缘地位在她自己的社会中长期被人提及。她常将自己置于法国文化传统之外，并称自己来自北方（主要是德国）。正如她经常被关注的一样，关于浪漫主义的观点包含了感情主义与新古典主义的倾向。综上所述，她轻视浪漫主义中的一些元素，因为这些潜在地对于女性采取不友好的态度，即对于自然与天然的颂扬，对于茹毛饮血时代的回

波伏娃

味，以及对于个体男性英雄的推崇。斯塔尔所主张的文学观点是中和的，但是从社会政治的方面来看，这是一种非常强的女性观照视角。

伍尔芙既是一个当然的现代主义者，也是一个当然的女性主义者。她极力地去关注于审美问题与一般性的道德问题，以及和谐性与统一性。在《现代小说》与《本尼先生与布朗夫人》这两篇名作中，她谴责自然主义小说家凭借成见记录外部客观细节，但是这并没有让她在营造潮流与实际写作中获得任何的觉醒。

"具体物质基础决定自由精神"。她声称"物质环境"常常"与可能性相抗衡，这种可能性将来自于作家的全部意念与想法……狗会狂吠、人会打岔、货币进入生产，健康受到戕害。"她乐于分享作家天职中非常崇高的现代主义。她注意到这种环境是作家必须去操控的——但是恰巧正是因为这种逆境导致了无法获得这种天职。

自然，女性作家所处的这种环境是非常恶劣的。伍尔芙关注这种特殊的结果最终乃是决定于其夫或是其父，让她们从更高的教育层次中被排斥，以及"女性"在狭窄的视域中受到制约。她们诉求于一种稳定而又属于自己的写作空间，这种"自我空间"对于女作家们来说并非是无足轻重的。伍尔芙还关注于一种无理的心理障碍，究竟是什么让女作家们很难地把写作当作天职？"这个世界并没有对女作家和男作家一视同仁，我手写我口，言为心之声，这对我来说并无不同，这个世界宣称的却是一种嘲笑，那我们该如何去写？"男性作家常常认为，女性写作的主题并非是严肃的，"因为其题材是战争，所以批评家认为这是本重要的书；而这本书却事关闺房私语，所以这本书不过是无关紧要的罢了。"

女作家甫一开始就被扔到了一个非常被动的姿态当中——这对于她们的创作来说是非常危险的。《简爱》是伍尔芙预先向批评界置喙的一个例证。"对于小说家夏洛蒂·勃朗特正直感的篡改很明显是令人气愤的。"女作家在

男权世界中常倾向于"非礼则兵"的言
说态度——进而会思考什么东西要优于
其他。典型的现代主义者反对显而易见
地去制造事端与鼓吹宣传，在这层关系
中，这种鼓吹与反对之于伍尔芙而言，
会导致在这点上她开始进行呼吁"谁写
出对于性别的想法，谁就会遭到毁
灭……任何带有意识偏见的写作都会遭
受到死亡的厄运。"

　　但是伍尔芙并不相信，作家的性别
是带有普遍决定性的因素，相对比较来
看，她更坚持于"女性"写作的重要性。
甚至在很多女作家的随笔与回忆录中都

伍尔芙

能看出非常必要的女性传统结构。最根本的一点在于，她找到了男性话语与
女性话语之间的不同。她声称，男性们常用的句式标准在女作家身上并不适
用。"这种重量、大小、思想维度，并不适应于她们自身。她无法从男性那
里成功地去获得一些更充实的东西。"类似于对于一部书整体结构的关注，
"我们无法想象史诗、诗剧这样一些男性化的句式是如何去与女性相匹配。
"只有一部足够幼稚的小说且未被定型时，由她们的需要与使用所决定"。她
甚至在一个特殊的预言中还建议"一本书应以某种方式去适应于人的身体。"
从现代主义者在语言与形式上的志趣来看，伍尔芙在制造一种基本的伦理与
一种语言的特点，这是没有任何一个女性现代主义者去关注的。她的观点集
中体现在"女性写作"[83]之中——关于女性写作的分裂——通过当下的女性
主义理论从而获得一种反响。

　　波伏娃介绍了一种关于女性主义新的思考方式——与社会性假定建立起
一种隔阂并与大众性理论批评相始终。而波伏娃自己的理论则建构在存在主
义的背景之上，尽管某些特殊的存在主义元素在其作品中显得有些陈旧，在

　　83　"女性写作"，也称"身体写作"、"双性写作"（ écriture Féminine）由法国著名文论家埃莱娜·西苏
（Héléne Cixous）所提出。"女性写作"不受逻各斯（logos）和任何"中心主义思想"的制约。女性生理与精
神特质的多样化就形成"女性写作"的不可被定义。"女性写作"最典型的特质是以女性身体为据点，使文本脉络
紧扣身体律动，发展出铭刻女性特质的"身体语言"（the language of the body），在以女性身体与特质为其写
作的根源之下，成为"身体即主体即文本"三位一体的概念。 ——译者注

二十世纪四十年代后期,存在主义为女性主义更加深入的分析研究提供了一种独一无二的工具,正是此时《第二性》定稿。正如我们所看到的那样,存在主义哲学设想了一种单纯的无意识主题,最终将自由地面对未来。这种无意识深入到生物的内部之中。此特征并不会无可避免地被认为究竟男性抑或是女性。就非常纯粹的道德而言,存在主义对于每个独立的生命个体而言都是非常必要的。

就让·保罗·萨特而言,他既是波伏娃终其一生的伴侣,也是她一直以来的导师。每一个独立的人在伦理上有责任以一种自由来面对未来,但是波伏娃却认为,女人和男人有着根本不同的状态。女人们的自由会被遍布世界各处但又无法抓住的社会非议所降低,这种非议对于女性采取不屑一顾的态度。问题的本质远远比社会公序良俗对于女性的控制要深得多,问题的根源在于女性总把自己当作一种弱势群体。"问题在于发现女性总是喜欢利用自己的柔弱,然后把自己当作是目标或是猎物,故而就自然放弃了自己的主导地位"。这是女性的一种集体无意识。

女性在全部主题上至少认为其自身作为"他者"而存在,在存在主义的哲学中,所谓他性的意识乃是努力去包含着一种他者意识的自由。斯塔尔用了大量时间去描述如何将其他单独的个体下延到他者的身份而进行的徒劳斗争。但是在作为整体的社会中,这种身份却有效地被加置到了少数人的身上——包括女性。波伏娃指出了在男人和女人之间一种深远的不对称,"她会被因为男人而界定区分,而男人不会因为她而被界定区分……男人是作为'主题'而存在,而且是具体的。但女性却是'他者'"。一个男人会认为他的观点是自然的、伦理的甚至是人性的,但是女人们却被告知她们的观点是怪异的、畸变的。而这一切却是由她们的性别所决定。一个女人要界定她自己,首先却应该说"我是女人",但是一个男人却大可不必在开始界定自己时来强调性别。

"他者"不但是次要的,甚至是不必要的。但与此同时仍存在着一种必要的特殊性。当主体寻求出风头时,"他者"将会限制与否定他,这一切便是变得不想要的。他只能通过一种他并不具备的真实而成就他们自己。这种关于女性的一般性观点因而变成了男性主题,从而期冀他们自身一切品质的融合。"她在面对活跃性时是一种被动,多样化自然会毁灭掉统一性,内容是反对形式的,无序也是有序的天敌。"综上所述,女性作为一种组织结构类似于在与男性意识对比的自然当中。男人可以不依照女人的兴趣来决定女人的命运，只是从她们自己的目的、顾虑与需要出发。"就'他者'角色中的多样化特性而言，女人会因为同时代的平等与魅力的抛弃而改变。"

　　波伏娃用文学分析的方式来例证她更为宽泛的社会呼声。在《第二性》的第三章里，她关于女性作家用什么方式来表现女人——"女性主义批评方式"，如伊莱恩·肖瓦尔特（Elaine Showalter）所称的那样，波伏娃发现了文学中显而易见的女性形象是虚幻的，因为女性角色总是存在于男性的目的、顾忌与需要的关系中，而这远多于她们在自己权力中的主题形象。"女人是一种不寻常的诗性真实，因为男人并不采取民主的办法来对待女人。"女人可扮演如下这些角色："宝贝儿、猎物、娱乐、危险性的、护士、导游、法官、女仲裁人以及镜子。"这对于"男人的愉悦与成功来说是非常重要的，而且假如没有女人时，男人也会制造出一个女人出来。这些角色并非是多样化的，而是不一致的。从而指出了女性角色中一种必要的矛盾性。'他者'在矛盾性反向性中的出现则是非常令人费解的"。"她是一个偶像，一个仆人，是生命之源，是黑暗的力量，她是

波伏娃《第二性》封面

真实的自然安静，是小聪明、流言蜚语与谎言的代名词。她是具有诱惑力的女巫，也是男人的猎物与尤物。"波伏娃对这种对比反向性源头的洞察力，构成了当下如火如荼的女性主义批评。

　　女作家们非常渴望去创造更加足够的形象。但是波伏娃对于女作家们曾经的消极表示出了一种失望。她的态度被关于文学角色当然普世性的假定所决定。

"这些个体对于我们来说无疑是非常杰出的，她们因为天才而著名，她们企图在他们个人的存在中建立一种全人类的命运，但是，却没有一个女人被许可这样做。"

就波伏娃而言，她伟大的写作必须超越代际的局限从而到达"全人类的境地"——实则是一种潜在的、形而上的境界。这是存在主义哲学家们所热衷谈到的。与伍尔芙不一样，她对于女性传统的分裂毫无兴趣。她的存在主义观点强调单纯意识规则而是脱离我们自身关注的。著作必须要符合人类自身。她并不认为她作为作家的角色是值得夸耀的。这仅仅只是男人们的看法。在这里，女人可以去发展可供他们自己选择的东西。《第二性》在解决女性主义理论与洞察力的问题之上是值得注意的，不寻常的。

这一切早于女性主义作为一种运动而进入存在主义，但仍从属于女性主义思想非常早的时期。在呼声中，当权力为基础来关注"共性"时，则明显要胜于"不同"了。

第十一章 法国结构主义

二十世纪五十年代到六十年代，结构主义的中心开始在法国巴黎确立。尽管它拥有非常多著名的实践者——比如说贝尔格连·托多罗夫(Bulgarian Todorov)以及立陶宛·格雷玛斯(Lithuanian Greimas)——事实上他们都不是法国生人。这个运动因叫板萨特的存在主义而蜚声学术界。当然，存在主义的中心是法国，在最后的一小段时间中，法国结构主义燃起了大规模的热潮，但这种热潮并未与任何的创作革命发生关系。先前无序的批评界仍旧采取常规的方法论。新的文学批评家并没有谁显出是结构主义的拥趸，只有罗兰·巴特保持与创作圈非常亲密的关系。结构主义的剧变有力地展示了弗莱式的神话批评，这一切或许会被他们自己的动量与作家们的独立原创性所推动。

但是结构主义文论始终被外部不同种类的力量所推动——社会或人文科学日趋增长的力量。正如被关注的一样，现代主义逻辑鼓励现代主义方向的批评家保持与社会科学的距离。但是在二十世纪五十年代到六十年代，现代主义者不再具有当时流行的热潮，此时，后现代主义者并未获得一种对于新发展的认知。在这个接合中，索绪尔的结构主义语言学与列维－斯特劳斯的结构主义人类学获得了共鸣——实际上是一种相同的呼声，因为结构主义人类学是以结构主义语言学为基石的。一种新的成型的思想模式于是被介绍到了文学理论当中。结构主义者并不热衷于去发起一种文学运动，也不会去在大众中弘扬文学的重要性，更不会去比较谁的文章做得更好，他们认为，这种对于评判的热衷自然是文学批评家们干的事儿，与社会科学家无关。

与此同时，文学理论与社会科学在其后诉求了一种代表性的转变。社会科学家只是以经验主义理想为基准，这是他们为文学理论所作的一点贡献，包括对于大量观察性数据所进行的统计分析。无一例外地，这种近乎空想的理想在英美等地尤其盛行，但是索绪尔的结构主义语言学与列维－斯特劳斯的结构主义人类学却显示出了更加抽象的一面，以及纯数理性的研究方法。社会科学家们认为构建一种模式从而来寻找隐藏在背后的真实，这远胜于皓首穷经地去为了证明而开拓一般性理论。而结构主义批评家的文本则以逻辑、概念与图表的形式予以展示。但是这种对于迹象的关注并不重要，这貌似由英美标准公平因素所决定。

"挖掘背后真实"尤其与实验的事实性所相关。当列维－斯特劳斯尝试去解释南美印第安部落神话时，他并没有将阐释集中在部落的所有人身上——在他们之下的细微末节我们诚然无法知晓.这与文学有着相似的关系这种模式被结构主义者所适用,并建构在必要的逻辑性之上,而这并不能被读者的呼吁所决定或不决定。用热拉尔·热奈特(Gerard Genette)的话来说,这种必要的结构处于"作品的核心,无疑是潜在最内心的中枢。如客观的透明原则一样,只能通过分析与替换,是一种几何学意识,而并非是一种意识性的"。结构主义并未关注于如何去提高与拓展阅读经验。当美国的新批评家们提出了新的文本格局时,他们心照不宣的目标导致一种更加强烈的肯定会部分地拓宽读者们的视野。并非是这种任务进入到结构主义的批评,这种描述与阐述被严格地要求一种科学性的态度。

总体的结构主义方式赋予了这场运动的统一性。在这之上,结构主义文学批评假定了很多不同的概念性主题,这诉求于不同的方法形式。在其后,对于这种不同的发现是非常必要的,这并不只发生在不同的作家之中,但是却又能出现在同一个作家所撰写的不同作品之中。

一、联想的结构关系[84]

(雅各布森、列维－斯特劳斯)

和很多二十世纪的文学理论的学派一样,结构主义作为一种语言学的概念也业已确定,但是这种特殊观点认为,文学语言并非是从一般性语言中分离出来的语言,也不是一般性语言的领军表率,更非是对于一般性语言的救赎。与现代主义、形式主义与新批评不同,他们关注于文学与一般性语言中的"对比"(analogies)。罗兰·巴特说,"文学作品凭什么能为结构主义提供完美一致的结构意象……以及语言自身的结构"。这并不是就说文学是从一般性语言中得来的。但这种一般性的语言结构却给所有的文化符号系统设

84 按照结构主义语言学,语言表现与建构事物的方式既是历时性的,又是共时性的。前者是说语言呈现的方式是一个词(字)一个(词)字地(排除了其他词)接连出来的,后者说的是每一个词出现前后都要联想到许多相异或相近的词,同时也只能选择一个。索绪尔也把历时性称为"句段关系"(syntagmatic),把共时性称为"联想关系"(paradigmatic),海外华裔学者有的分别地称之为"横组合"关系和"纵组合"关系。北京语言大学教授宁一中先生在为本书原著(影印版)所撰写的序言中将paradigmatic翻译为"纵聚合"的关系。本文参照对外经贸大学教授李之鼎先生的译法。参见李之鼎《逾淮之橘:中国人文(道)主义》,原载于《世纪周刊》(网络版),2002,1。——译者注

百岁人类学大师、现代文化巨擘列维－斯特劳斯

置了一个范例——文学是其中之一，尽管语言学形式是结构主义理论家的核心。事实上，文学作品在词藻上则远不如现代主义、形式主义与新批评。

结构主义文论从结构主义语言学援引了语言的模式，尤其被雅各布森所推广。如已然受到关注的那样，雅各布森在刚一开始是作为俄国形式主义而存在的，虽然有所差异，结构主义文论对于俄国形式主义的关注远胜于对于其他文学运动的关注。雅各布森利用列维－斯特劳斯的途径，在结构主义文论上仍然存在着间接的潮流。列维－斯特劳斯的结构主义人类学在二十世纪四十年代给了雅各布森非常大的影响，但最后最重要的在于：雅各布森还是回到了文学研究当中，他晚期的一些篇目均被认为是结构主义文学分析的圭臬之作。

如语言学家一样，雅各布森在呼声上步索绪尔之后尘。语言单元不能靠自身界定，只有依靠其他单元的结构关系才行。一种结构关系在本书的"索绪尔"这一章节中有所体现。这种被索绪尔称为"联合"的关系，到了后来的语言学家那里则喜欢被称为"联想"（paradigmatic）的关系，这种关系可以让词语从不同中独立出来。"热"这个词综合了一种语义学的概念，它是与"冷"相对的。"升"与"降"亦然。这种关系被认为存在于一种抽象的、相互依赖的语言系统之中，但是他们却理所应然地被生活表述中的特殊语言形式所援引。如果谁说："直升机慢慢地升入云端"，那么"升"这个语义单元必有其他可选而未选的语义单元作为前提的，首先就是"降"，当然还有"平移"、"持续不动"等作为备选。但是某些人说，"直升机慢慢地升入云端"时，另外一种结构关系会被带入到语境之中——在不同用语中的关系在句子中次第排序。显然地，"直升飞机"与"升"这两个词是与"慢"的语义有

从柏拉图到巴特：西方文艺思想史

242

关的。从这方面看，他们虽然不同，但是并不存在对比性的差异。不同性在句法的规则中包含了语义互补的部分，索绪尔称其为"句段关系"。

雅各布森在他的晚年提到了这些，在诗歌中存在着散文性的对立面。这种联想的对比关系典型地在与这种关系上出现了层层的重叠。他声称，当我们有次序地读完一首诗时，我们就会发现"相称与不相称的烦恼，平衡的结构，相同形式与重要对比的积累"。就这句话全部重要性的领会而言，雅各布森同时也发展了他的语言学，也是有必要去对联想关系中的特殊性概念予以检验的，尤其是他的语音研究。

一般来说，不同的对比关系往往会建立在相同性之上，比如说，"cat"与"pat"虽然听起来差不多，但是他们一开始的辅音就不同。"sat"、"bat"、"fat"也都是如此。索绪尔并没有关注到这个层面，但雅各布森却将辅音的单独发音或同时进入多样化特征的元音予以了整理归类。这是非常抽象地去厘清相同与不同的可能性，因为"P"和"T"在发音上都具备"开口音"的相似性，不同之处在于，"P"发音时是需要张大嘴的，而"T"则不必。根据雅各布森的分析，在每个单独的层面却存在着两种选择。在很多被界定的单元间，以及结构关系中最细小形式都会存在非常细微的可能。雅各布森关于区别性特征（distinctive features）的理论让合成性原则成为了后结构主义思想的中心。

将这种联想关系的概念应用到诗学之中，雅各布森首次将他的关注置于一般性的观察之上。比如说，一个诗人在写抑扬格的诗时，他会依赖于在重音音节或非重音音节之间的选择。在诗歌的朗读中，我们对重音予以强调、均衡，并杜绝拖沓冗长的诗歌。这种存在非常微妙变化的阅读是不能和散文用同一种路子来阅读的，其他的式样不免被这种相同与对比所削弱，比如说，押韵，反复与复诵，语法的平行与逆反。

当雅各布森回到含义的功用上之时，这种合成的原则变得更加重要。他与列维－斯特劳斯合著的一部书——事关波德莱尔的《猫》（*Les Chats*）——就是这个作用。与结构主义人类学家一样，列维－斯特劳斯发现了在古老思想的多样化之中，存在着一种基本的合成性对抗，这种对抗存在于：自然与文化、高与低、生与熟，等等之间。当雅各布森与列维－斯特劳斯合力去解读波德莱尔的诗歌时，这种相同的对抗也就自然地浮出水面：这种对抗存在于有无生命之间，感官与智慧之间，情人与朋友之间，有限空间与无限领域之间，活泼与安静、白天与晚上、内在与外界、经验主义与神话学、隐喻与转喻之间。波德莱尔的诗歌看似与人类思想中异端的调和与解决在抗衡。

对于合成性对抗的诉求是结构主义文论最显著的特点——也是美国新批评最大的特点。这个问题在本书的第九章已然提到过。与新批评不同，结构主义者并没有去创造意象的习惯，也不倾向于"在不同的种属间存在冲突"这一观点，这如在道德上处于进退维谷之境。他们的方法是在具体语言与个体情感的表层上对于一种新思想的假设，尽管如此，这种解释方法的相似之处仍然是具备代表性的。正如在雅各布森与列维－斯特劳斯文中所写的那样，当结构主义占领了新批评的阵地——诗歌、小短文等等，这种相似性显露出了一种更强的趋势。

之于雅各布森的另外一般性潮流的争论，则是他在另外一条路上厘清了"句段－联想"关系的分野。这种争论将"句段关系"与隐喻、"联想关系"与转喻这两对分别相联系。在这个争论的过程中，雅各布森淡化了"联想关系"与简单性相似原则之间的关系，也淡化了"句段关系"与简单性邻近原则之间的关系。就这种相似性与连续性而言，他声称，这是人类意识所操控的两个基本维度。

他在存在着语言的丧失或失语症（Aphasia）[85]这两种不同的形式上，为其主张找到了证据。在这个情况下，这种连续性的原则实际上是紊乱的。这种失语症不但丧失了联想联合的力量，还丧失了单独地去理解某个词语含义的能力。在同样的形式中，这种维度的丧失会导致他者在用法上漫无边际地过分扩张。这种"连续无序"的失语症将会保持着"联想关系性"选择的力量，词与词之间关系的跳跃性（jump）也出现了被相似性与可替代性所关联的趋向，比如说"火"与"煤气光"。而"相似无序"的失语症则会保持着"句段关系"联合的力量，词与词之间关系的跳跃性出现了被联系性与可替代性所关联的趋向，譬如说，"烟"与"管道"。

从柏拉图到巴特：西方文艺思想史

244

85 失语症（Aphasia）是指由于神经中枢病损导致抽象信号思维障碍而丧失口语、文字的表达和领悟能力的临床症候群，但不包括由于意识障碍和普通的智力减退造成的语言症状。这一概念后来被借用到文学批评、文化批评与社会批评之中，成为其重要关键词之一。在我国文论界，最早是四川大学教授曹顺庆先生在1995年提出的"文论失语症"，特指弱势文化在霸权文化面前丧失自我尤其丧失自我的核心——语言定义与语言表达，译者认为，所谓失语症，是理论批评的异化与自身话语体系的表征性失落，从而导致在语言上对于概念、定义各方面功能的缺失。参见拙著《文化的撒旦和上帝》，人民日报出版社，2006年。——译者注这两种"跳跃性"将雅各布森带入了隐喻与转喻的概念之中。在文学中，这种跳跃性建构在相似性之上，如在"火"与"煤气光"之间将被称为"隐喻"。雅各布森尤其关注于去展示"相同性无序"(similarity disorder)的失语症,这种失语症非常典型地没法在隐喻者的隐喻性含义中但却尝试从字面上进行"跳跃"。"隐喻是相同性无序的他者(alien)"。他称,"转喻与联系性无序也是这样的关系"。在诗歌中这两种可能的策略是远远不可能实现的。隐喻与转喻通过人类意识的操纵成为了两种基本维度的例证。

就隐喻的观点而言,这与现代主义批评与新批评的广泛的呼声相一致,他们都认为,隐喻并不是一种形而下的技巧,而是一种思想的方式。与这些批评家一样,雅各布森将隐喻与诗歌联系到了一起——特别是浪漫主义诗歌与象征主义诗歌。但是却是雅各布森赋予了隐喻这样最原初的角色含义。雅各布森面对轰轰烈烈的对立面仍坚持他自己的逻辑,却根本没有将转喻与诗歌相联系,而是和现实主义小说联系到了一起——如在文学领域中诗歌的极端对立面一样。"在联系关系之路上,现实主义作家转喻性地偏离了这个策略性的气氛,并出于设定时间与空间的考虑将个性(character)偏离。他热衷于提喻(Synecdochic)的细节。"换言之,现实主义小说家们从宏大叙述的要素走上细微末节的歧路,这种细节实际上是在相同场景中的连续性展示,并以他者与自身的联系为基础在细节之间游移。当转换为重要的行动时,现实主义小说家们常常在相同代表性的细节上将这种"特写镜头"狭窄化。由此可见,现实主义小说家们并不能只凭借对于现实的参照来评价作品,在他们自己的方法中,他们会象诗歌一样去表现、结构。这种观点的影响非常深远地贯穿了结构主义文论的始终。

二、结构主义叙事学

(格雷玛斯、伯雷蒙德、托多罗夫以及巴特)

雅各布森的兴趣在于对诗歌中某些小的篇章予以小范围的关注,如他对于"真实性"小说中的部分细节深感兴趣一样。因为结构主义学者对于语言分析的关注远胜于对于文本中真实语言的关注,所以他们需要更宏观的观照视野——涉及到全部的叙事学、非常大众性的散文。叙事学检验了一种维

格雷玛斯

度，这个维度是美国新批评学家所完全忽略的：即句段关系的维度。

当时最突出的理论家遂将结构主义叙事学联系到了一起，他们是A．J．格雷玛斯和科劳德·伯雷蒙德，他们是纯粹的叙事学家。T.托多罗夫因其著作《〈十日谈〉语法》而蜚声叙事学界，此时，罗兰·巴特仅凭借其长文《叙事学的结构主义》分析而成为名副其实的叙事学家。这些叙事学家都认为叙事学只是事关短故事，并将其视作是具体动作与事件之下的东西。另外一个显要的但在这却没有被讨论的理论家是杰拉德·热奈特（Gerard·Genette），他认为故事只是一种述说（telling），尽管他的结论在论证上比他后来的叙事学家们要可靠得多，热奈特的目标却是信心不足的，并独立于主要的结构主义框架之外。

就结构主义叙事学家而言，最重要的语言分析是介于叙事结构与句法关系之间的分析，"叙事就是一个长句子。"巴特如是说，"此类非常不定的过去式句子只是短叙事的粗糙框架。"在这个分析中，一个故事的整体清晰度要遵循显然的传统规则，这与句子的清晰要依赖于句法规则如出一辙。这正如句子中所言说（Speech）的不同部分不必遵循其他，仅仅只用通过演说者次第有序的思维连贯性就随之形成一样。同理，故事中行动与事件的单元也不必去遵循其他，只用按照客观真实世界发生的一切予以模仿即可。语法学家的目标只是为了预先设置一下规则的简单系统，这是具备置换性与循环性的，且适应于所有句子中的复杂关系——同样结构主义叙事学家也指向了相同的目标。

守旧派们仍旧沿用普洛普的方式搞叙事学研究，他的《民间故事形态学》在结构主义叙事学之上展示了一种特立独行的潮流。但是，这里普洛普仅仅满足于在句子的群体与神话的群体中找到一种特殊性。尤其地，他们将

伯雷蒙德

角色独立的动因与名词相联系，而将动作与名词相联系。"我们更好地理解叙事，前提务必知道角色是名词，而行为是动词。"托多罗夫如是说，他们渴求将平行与形容词相联合，并声称，性质与描述性的形象则归因于角色；同样，形容词修辞名词并非只是拓展到了语言分析的范畴，但是，随后就从建构在神话上的叙事学家所诉求的模式到叙事的形式。个体的品质属性或许在对通常角色的操控中的"面向行动"（Action-Oriented）风格中变得有那么一点点重要，但是这却在现代小说中变得异常重要。在这里，大量的时间被用来结构于静止的状态与个体的心理个案。

　　一种极其错综的模式在格雷玛斯的《结构主义语义学》一书中获得了体现。他在他所谓的"行为者"[86]之间发现了非常少量的根本性联系。主题相对于目标，发送者相对于接受者，以及朋友相对于敌人。类似于主题性名词与直接目的性名词之间的关系，就像"骑士寻找圣杯"[87]这个句子一样，发

　　86 行为者（actant）一词由法国语言学家特苏尼尔于1954年首先使用，但在叙事学中却与格雷玛斯于1966年出版的著作有关。如俄国形式主义者一样，格雷玛斯也从功能上把人物看成一系列行为的执行者与参与者。此理论实际上源于亚里士多德《诗学》中对于戏剧行为的分析。行为者理论使用一套与句子功能语法相雷同的框架模式，着眼点是故事结构的共性，他们从普洛普那里获得灵感，认为不同的故事具有相同的深层或潜在结构框架，但是他因太程式化、简单化，甚至低估了使角色和功能多样化的万能性，而为后学所诟病。具体参考胡壮麟主编《西方文体学辞典》，清华大学出版社，2004年。——译者注

　　87 这里以及如下关于"圣杯"、"骑士"的故事均来源于在狱英国作家托马斯·马洛礼编写的长篇散文叙事史诗《亚瑟王之死》（又称《圆桌骑士》），该书成稿于1471年，以法兰西史诗《罗兰之歌》作为蓝本，加上了作者的很多虚构的创作内容，并杂糅了一些日耳曼史诗《尼伯龙根之歌》等其他方面的情节、素材，后世普遍认同此书为最完整地描述亚瑟王传奇的文学作品。同时，他也对英国散文叙事史诗的发展做出了不朽的贡献。该书讲述了著名的不列颠国王亚瑟及其圆桌骑士的故事，字里行间充满了冒险、传奇以及各种奇迹和精彩的打斗场面。最令人爱不释手的是骑士与贵妇人之间惊世骇俗的爱情描写。书中有十二位知名的骑士，他们的大致经历构成了全书的主要情节线索。他们分别是：兰斯洛特爵士（Sir Lancelot），襁褓中为"湖中女妖"所盗，并在他成年后奉献给亚瑟王；加文爵士（Sir Gawaine），亚瑟王的侄子，以在一次战役中将绿骑士斩首而闻名。后来在为弟弟加雷思和加埃里斯复仇时被兰斯洛特杀死；杰兰特爵士（Sir Geraint），德文王子，与亚瑟王并肩战斗，直至阵亡；加雷思爵士（Sir Gareth），加文最年轻的弟弟。在拯救格尼薇尔王后时被兰斯洛特失手杀死，加拉哈德爵士（Sir Gareth），兰斯洛特的儿子，被选为寻找圣杯的三骑士之一，又称"完美骑士"；加埃里思爵士（Sir Garheris），加文爵士的另一个兄弟，同样也在拯救格尼薇尔王后时被兰斯洛特失手杀死；鲍斯爵士（Sir Bors），发现圣杯的三骑士之一，也是唯一从该任务中生还者。他死于与十字军的战斗中；贝德维尔爵士（Sir Bedivere），亚瑟王最忠诚的支持者之一，在亚瑟王身受致命重伤后，受命将王者神剑掷回湖中；凯伊爵士（Sir Kay），亚瑟王最早的战士；兰马洛克爵士（Sir Lamerok），一位著名的战士和骑手，但后来因与加文的母亲、自己的姑母乱伦而被加文杀死；帕西瓦尔爵士（Sir Perceval），执行圣杯任务的第三位骑士，并被指派为圣杯的守护者；特里斯坦爵士（Sir Tristan），被派往爱尔兰，为康沃尔的马克王迎娶伊索德（Ysolde），然而两人坠入爱河并双双逃走。——译者注

送者与接受者之间的关系则类似于主题性名词与间接目的性名词的关系。比如说，"夏娃给了亚当一个苹果"。至于敌友之间的选择，格雷玛斯认为，行为者是就之于面向目标的主题性运动而言，是有着促进性或是阻碍性的，并将他们与修饰性名词的形容词分词相比较。稍稍努力，这一切都会被这样的一句话予以图解："龙斗士、魔力帮助骑士去寻找到圣杯。"

在尝试为所有的叙事形式建构模式的同时，对于叙事学家而言，挖掘故事的内在维度也是十分重要的。在现代主义小说中，读者不但关注于事件，更愿意面向这些事件来分享作家们的状态——预先、信任与做出选择。事件在这里既是实际的，又是潜在的，但不是当下的，叙事学家通过对动词的语法语言分析的关注，将这种维度进行考虑与解析。我们简单地预定了"某事"的发生，但是其他的语气也会让我们去解释更加综合的状态与事关"某事"的评价性分析。"某事"应该发生，"某事"必须发生，"某事或许会发生"，"若某事发生"等等。托多罗夫考虑到了事件存在于本体论模式之下的存在。这种存在是忧惧性的、预示性的、期冀性的，甚至是决绝性的。伯雷蒙德拓展了对于叙事的关注，类似于一种道路的选择，或是连续性含义，或其之后面对个体角色所进行的合成性选择。在这个观点中，没有发生的事件也和发生的事件一样作为故事的一部分而存在——这也是对于索绪尔观点的另一种应用，这种选择性的含义被未被选择的关系的优点所界定。

一般来说，叙事学家较之普洛普而言，他们的诠释建立在一种更为深远、更为抽象的水平之上。而普洛普又比维舍洛夫斯基更抽象深远许多。就格雷玛斯而言，普洛普"太早就决绝地宣布放弃分析……这建立在形式化不充分的局面上"。格雷玛斯对于婚姻或婚礼的功能分析展示了特殊的内容，如何分裂成为一系列基本的元素，"所谓婚礼，并非是一个简单的功能，如普洛普的分析所提供的一样，但是介于发送者（为接受者提供搜求的目标，且主要接受者对其予以接受）之间的抽象性与过去性。"在这里，达成协定的关键元素明显适用于远远广于仅仅只是婚礼的适用范畴。在更加深远的抽象性中，格雷玛斯有能力去包含更多种的叙事，而这又没有终结于童话的婚礼。正如上面所提到的那样，对于格雷玛斯"行为者"的关注并非只是单独的角色，而是介于单独角色的抽象性原则——很多行为者或许最后能在同一个角色中发现。

这种更深远的抽象性或许会与雅各布森所提出的深远的抽象性相比较。

他将"P"的发音置于"鲜明特色"（distinctive features）之中。在其他的辅音中，这一切是可能在场或是不在场的，这种结果在两者之中均是同等的。首先，对于这些元素的诉求会减少，几乎所有叙事学家都发现了普洛普的"31种功能说"是非常极端的。其次，在逻辑的必要性中，这一切会增长，几乎所有的叙事学家都发现普洛普的"31种功能说"还存在着狭隘性与武断性。最后，这是一个合成的系统性步骤，之于这种日益增长的抽象性会出现更加可利用性的趋势。在伯雷蒙德的模式中，站在非常抽象的层面来看，选择面对一种角色所展示出来的合成性远胜于在不同被选择物中进行遴选。但在格雷玛斯的模式中，"主题"与"目标"的对抗，采用了一种在地位上两重平等的态势。这对介于主题名词与直接性目的的名词种语法关系而言则是不平等的。虽然他们回去开始关注于句段性的关系，叙事学家最终会因为一般性的结构主义而偏爱于两重性（binaries）。

两分法（Binarism）[88]对于格雷玛斯来说是尤其重要的，他诉求于一种更为深远的阐释。格雷玛斯的模式因为列维－斯特劳斯的原始神话分析与普洛普的民间故事分析而变得流行起来。实际上，他的叙事是从两分法的思想中"寻得"的。列维－斯特劳斯自己也在不同的层面中进行着独立的、直接的跳跃，并以不关注次序性与连续性为前提。在叙事中挑选出一些项目，且以对立为对比理清归序，故而，埃斯迪瓦的神话展示了一种"高尚"，那么与其相对的就是"渺小"，事关"陆地"的相对则是"水域"。但是这种方法并不能去寻求解释大量围绕在叙事周围的概念。事实上，在列维－斯特劳斯的神话叙事与格雷玛斯模仿波德莱尔《猫》的"非叙事"诗歌之间只有一点点不同。

另一方面，凭借大量的媒介域（stage），格雷玛斯从两分法思想中获得了叙事的真传，以至于无论从哪方面看，最终的结构都是已被确立的。他的目标是超越"系统的进程"，将在静止关系中的两分概念转化为灵活关系中具体的人和事。这种可能被所有转换的域所包括。但是，约略来说，他是被语法关系这种逻辑所牵引前进的。

88 两分法是语言结构的一个原理，指在两个互相排斥、互相对立成分（components）之间的一种选择，最早由雅各布森以及布拉格学派首先提出，主要用于音位分析。后来结构主义学家们将其拓展到文学与文化研究领域，成为了文学中的多种象征性变体（Symbolic transformation）。具体参考胡壮麟《西方文体学辞典》，清华大学出版社，2004年。——译者注这种逻辑域被格雷玛斯称为"符号矩阵"[89]。这种符号矩阵将两分法的概念依靠二元对立中两种不平衡的形式置于动作（motion）之中，比如说，女性的反义词是男性，但是在逻辑上的反义词却是"非女性"——这并不只是考虑到男性的社会标准属性，更是女性社会标准属性的事关性别的所有看法。相似地，非男性是男性的逻辑对立面，但是非男性却成为了非女性的反义词。与最开始的"男性／女性"相比，"非男性／非女性"则是包含性多于排斥性，广义也多于狭义。这种维度表达了一种发展或是至少更高的理解。格雷玛斯所发现的是新概念替换老概念，还是循环性的辩证法。

至于语法域的问题，他们的进程也逐渐由逻辑性语法转向到叙事性语法。格雷玛斯关注于介于争辩性冲突，相互影响的概念与叙事性争论人类活动相互的影响这对关系之间的平行。因而，主题与目的的逻辑关系或许会转变为帕西瓦尔与圣杯，而圣杯或许也转变为"帕西瓦尔将圣杯拾起的动作"。在这里，当抽象的行为者被具体人类所赋予，逻辑动作也变成叙事行为。"深奥的语法、概念的自然是为了更好地去结构故事……这里人类或是人的行为者或许会去完成一些任务、进行一些试验、获得一些目标……首先必须……获得一种'神人合体'的表现"。与此同时，价值也进入了图景——在一切之后，被提及"人类形象"在特殊的渠道上并不能提供一种抽象的概念，但人类形象仍然是一种特殊的角色，这些动作并不是特殊的行为。

在格雷玛斯的模式中，这些动作并不是特殊的行为，即使再表征的叙述语法至少也是普洛普功能说最深层的。至于其后的具体化与特殊化在叙事之前已经完备，我们所读到的形式则是完全真实的东西。

这一切从理论上看远比列维－斯特劳斯要彻底严格得多，但是建立在希望之上的实践却遭到了质疑。格雷玛斯在他自己的模式中提供了两种可能，一种是乔治·巴那诺斯的小说，一种是莫泊桑的短篇小说。他发现生与死、真与假在巴那诺斯的小说中是两个基本的对立，但是莫泊桑的短篇小说则是"真与假"、"战争与和平"的对立。奇怪的是，在这种分析中鲜有叙事的语法解释，几乎都把文本当作诗歌来看。尤其，这种具备满足性的但不具备语

89 符号矩阵（semiotic square）把结构主义所使用的语义特征二元对立的基本原则扩展成为一个包含三种关系的四项系统，即符号矩阵。格雷玛斯认为，该矩阵可以勾画出一个文本的语义世界的抽象模式，如与同位素（isotopy）概念相结合，则可以有效地加强主题、加强角色的对立因素。具体参考胡壮麟《西方文体学辞典》，清华大学出版社，2004年。——译者注

法性的反主题概念缓和了介于主题与反主题的两分对立。到了最后，格雷玛斯的实践与列维－斯特劳斯所期望的东西并无不同。

这种实践性的失败一般来说是与叙事学家不共同的。托多罗夫的《〈十日谈〉语法》或许展示了极其成功的模式，但是托多罗夫的模式比格雷玛斯和伯雷蒙德稍显不那么系统化与形式化。叙事学家们在计划与提议上竭尽全力，但经验主义到了最后仍然不得不被对于科学的崇高渴求所击败。

三、结构主义诗学

（托多罗夫、巴特）

当叙事学家的结构常常出现失败之时，但这并不因为他们失败于将个体文本进行全新的阐释。如此说来，新批评理应算此例外，这种目标对于所有的结构主义学家们来说显然是不相干

托多罗夫

的。巴特说，"批评的任务，不是'发现'作家或作品中'隐藏'的'深邃秘密'，这些都是至今为止尚未被发现的。"结构主义的目标发展了文学一般性理论，只有为实验服务时个体的重要性才能成功地提供一种理论，个体文本的新视野与他们无关，一如个体衰退的目标已然与物理学家去寻找一般性的庄严理论无关一样。

巴特以"文学科学性"的方式来描述这种法则，托多罗夫回溯到过去的术语当中，并称其为"诗学"。这与亚里士多德与弗莱的诗学一样，把文学的研究目标作为一个整体系统而存在，即内在的定义与必要的自我满足。就这种研究而言，作品与其他作品相互分享的属性远胜于作品统一性的属性，习俗与风格的概念不可避免地崭露头角。与亚里士多德与弗莱相同之处还在于，托多罗夫大力发展了结构主义的风格分析。

弗莱所采用的方式远比亚里士多德抽象且先验 (a prior)。同样，托多罗夫的方式也是非常抽象、非常先验的。就托多罗夫而言，弗莱仍然过于去关注历史风格，当然也包括一系列过去的文本。他所选择的方法虽然避免了联合性，但却与其他的一系列引

罗兰·巴特

人注意的文本相对等。但是托多罗夫关注的却是"文学远胜于其所成"。在一般性的结构主义原则之下，"联系先于物质"。他规划了一个分野的系统，并且创造了一种理论性的风格，他最后并未被自己理论性的性质所扰乱，这也是完全空白的。

托多罗夫在风格分析上给人印象最为深刻的作品是他的巨著《幻想》[90] (*The Fantastic*)，正如他所描述的那样，《幻想》包含了超自然的东西，但是却与绝妙性与神秘性有所不同。在"幻想"的风格中，超自然将这种疑问持续了，读者在信与不信中进行着无止境的延宕。托多罗夫声称风格的存在，虽然他几乎不能在他界定的任何文本中找到真实。但是，后现代时代发现了一种本体论的不信任与非决定性结局的尝试。自托多罗夫的作品出版始，谁都可以列出一系列关于"幻想"的例证。从这方面看，托多罗夫的理

90 该书完整书名为 *The Fantastic: A Structural Approach to a Literary Genre*，西约瑟夫大学出版社，1973年。——译者注

论风格在渴求的科学结构主义上有一种潜在的预言性力量。

在"幻想"中的风格描述显示了与弗莱的不同。如早期所关注的一样，弗莱声称他避开了对于系统中的价值评定。他坚持认为，文学的边界就是传统的建立。比较来看，托多罗夫将其志趣拓展到了大众娱乐的现代性风格之中，科学功能乃是风格之下的一种绝妙——如鬼故事、侦探惊悚小说，用他自己的话说，"今天在这里不再有任何原因去限制文学的单独性形式，这种包含性是一般性结构主义的特征。"如对他"科学家角色"的称谓一样，他们因对文学尤其嗜好而变得相对自由。

风格会被认为是社会编码对于个体文本的支配，这如语言作为社会编码而去支配言语（Parole）[91] 的单独性动作一样。巴特说，"就我们而言，文本是一种事关语言的言说（speech）以及事关编码的信息，甚至是事关能力的表现。"就营造一种侦探小说的情境而言，我们必须理解这种游戏规则，以及所诉求的反应。侦探小说并未赋予我们以"真实"，他们利用图书的装帧（标题与表面）、写作的形式以及一种当然的习俗为我们提供了一种特殊的规则，通过阅读来了解这种侦探风格确实是很有必要的，这种风格将不会存在于我们阅读的小说之中。巴特将这种相同的观点带到了其他领域之中。

"尽管相同，尽管只是今天我们偶然地翻开报纸小说或是打开电视机……没有什么可以防止我们去做这种卑下的行为。在整体上这种叙事编码则是我们所需要的。"

就结构主义者来说，隐喻不仅仅是简单的诗性动作，也是诗歌中的一个信号，"因为在使用时，文本的信息依附于文字或他们某一部分而存在"。

显然地，文学的编码与其风格包含了更高风格的信号性，这超越了语言最初的符号性。在角色与事件的显然含义之上，其所传达的信息就是"我是侦探小说"。这种符号所包含着类似于结构主义的东西，但是却没有人从最初的语言中分裂出来。事实上，这种编码会导致力量的削弱，这种削弱或许不同地归因于语言。就结构主义的争论而言，这是不可能去到达诗歌的实践，仅仅只是在最原初的方法中将语言的含义放到了一起。

91　此处以及以下均沿用索绪尔的"语言与言语"观点。　——译者注这种编码被拓展到了结构主义的终极目标之中。其关注的目标既不是个体的文本，也不是所有的文本，而是能让我们可以去营造意境的所有文本。就巴特而言，文学的科学性"不能作为一种作品内容的科学……但可以是内容'环境'的科学"。J.库勒（Culler），一个将结构主义主要思想带到美国去的批评家，通过这点指出了批评家应该怎么去做。

"停止思考，目的在于在作品中详述目标的属性，并集中地取而代之对内在化资格所设计的任务，这种资格是——目标需要去拥有对于系统的控制能力。"

在最后的分析中，这种符号的系统乃是一种社会文化现象。如语言一样，它存在于统一体中所有成员的意念中——其中既包括阅读者，也包括作家，文本是唯一适合发现文本的编码，但编码自身却占有了非常不同的位置（site）。

四、罗兰·巴特

罗兰·巴特是结构主义学家中反复无常的一个角色，他是结构主义诗学与结构主义叙事学论争中的代表人物。在这个章节中，我必须去关注由罗兰·巴特所建立的、非常著名的两个代表性结构主义主题，以及他观点中两个明显的分歧。我们不必去关注于巴特更深远反复无常的变化，这是在二十世纪七十年代他完全作为后结构主义学者的时期。但是，我们需要特别地去关注他处于转型期的两部代表作：《S／Z》与《作家之死》。他们在结构主义与后现代主义之间，仍然持续着经久不退的影响。

巴特反复性的主题之一就是作家之死——"没法相信作家可能持续地去为作品服务（nourish）。作家存在于作品之前。其思想、其磨难以及其生命，作品与作家的预先性关系就像爸爸和儿子一样。"巴特用各种方式与传统的观点相抗争。这种强大的呼声被艾略特与新批评家发展了：换言之，文本并不会去顾及作家的目的。作家只有在创作的过程中才会知道他们要写什么，而创作则不会在意识之下并受其控制。如艾略特和新批评家们一样，巴特认为语言的力量是作者首要的力量。"写作……所到达语言可及的某一点之上。'行为'并不是'我'自身。"这让巴特的论断非常有力，从结构主义的观点来看，作家最首要的东西并不是语言，而是文学更高层次的编码与其风格，作者从来不会成为沟通更大社会文化力量的渠道。

巴特其次的往复主题就是与现实主义相对抗的观点。他在这里重申了由俄国形式主义所发展而来的呼声：现实主义是文学策略自身的一个系统，也是与其他早期的系统相抵触的。用巴特自己的话说，"我们所谓的'真实'（理论中的现实主义文本）并不比再现（符号性）的编码要真实。"文学从来不是窥探现实世界真实的窗口，写实的效果（Reality effect）仅仅只是更高水平层次的诡计而已。

巴特有能力在写实的效果上赋予比现实主义更为明晰的论断，因为他有能力关注结构主义学家高位象征的概念。就福楼拜的短篇小说《简单的心》而言，他称其设置的细节——晴雨表、堆积如山的盒子以及钢琴上的卡通图案——只有因为他叙事的基本编码尚处于费解时才会展现这种真实。"这种'真实'的'单纯性'与简单的'再现'……展现了一种含义的抗阻。"我们之所以关注这种真实中的精确细节，因为我们找不到任何可以让我们描述的其他原因。正如巴特所指出的一样，这里并无真实的含义（denotation），当

福楼拜提供一种特殊的空间并从其他文本或简单的文本中予以借用时，这并没有绝对的不同。吊诡的是，这里的细节暗示着一种"意义"，仅仅只能传递一种真实世界的"自然（aura）"。当这些细节在直接性的真实含义之上时，他们做的一切——抛开言说，都是"符号"（signify）性的。通过高位编码的研究以及在叙事的基本编码之上，这些晴雨表、盒子以及卡通图案其实什么也不能代表，除非我们是真实的。

巴特并不赞同这种"写实的效果"，这并不因为它是技巧性的，而是因为它伪装了这种技巧，原因在于这些细节尤

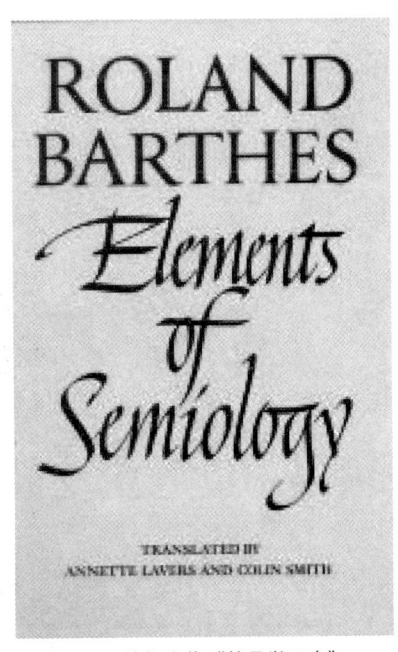

巴特代表作《符号学元素》

其导致了这种符号出现"并未这样说"的局面。如果文学不能表现真实的世界，那么也不能表现真实的自然，但至少它可以让我们的谎言变得真实。在所有的法国解构主义者中，巴特是最断然与自然的证据持相反态度的。他是一个炫耀技巧与符号并对其极其拥护的批评家。他认为，文学不只是"基本的、本质的不真实"，也包括了"不真实语言下的一种意识"。巴特最喜欢的座右铭如古希腊戏剧的体制一般：人总是带着面具前进(Larvatus Prodeo)。

　　但是巴特"反作家"与"反真实"的主题在二十世纪七十年代全部转入了其彻底的后结构主义时代。但是在二十世纪六十年代中期结构主义的全盛时代时，他作为领军的符号学家，如索绪尔的语言一样宣扬了一般性信息科学的到来。语言式的模式拓展到了所有的文化现象之中——家具设计、流行服饰、照片、广告、电视节目、礼仪、酒会……以及出现在文化现象中的每一样东西如一杯酒，它并不是自然单纯的，而携带了社会涵义。他断言了一种社会意识形态，人类世界显露出作为一个力场(forcefield)存在，是因被不同的符号线条交叉所形成，尤其形成于二元对比的结构下。无论何处，我

凭借《广岛之恋》蜚声世界文坛的法国新小说派大师玛格丽特·杜拉斯

们都可以凭借含义而去感受或聆听。在这个含义中，社会性已经深植在我们体内——就像我们只能通过侦探小说的思想（idea）来感受侦探小说一样。

巴特还在《神话学》（*Mythologies*）一书中表达了自己很多特立独行的文化眼光，但是在《符号学元素》（*Elements of Semiology*）与《流行体制》（*The Fashion System*）两书中，宏伟的科学计划就已然崭露头角。全部的人类世界被看作是一个文本，在被文学文本最早所发展的象征学技巧下进行阅读。在这里，符号学再现了结构主义文学批评方法中"理想人物"法则。但与此同时，文学也沉没到了大众力场的狂澜巨浪里。在全面的文化科学分析中，文学与电影海报、餐饮广告是同等地位的。

但是，巴特仍主张动作具备非常不同的理想——先锋写作的理想。正如被关注的那些理论家一样，巴特是结构主义者中与众不同的一位。他的私人朋友圈中有很多同时代的作家，比如处于他人生历程里早期的"新小说"派（Nouveau Roman）[92] 与后期的"泰凯尔"派（Quel）[93]。那些年里，他赋予了符号学家代表人物们非常有信心的呼声，接着他继续将呼声放置到了先锋派的作家之上。且其后的呼声自然地包括了先锋派对于建立在假定之上对于社会性干扰的任务——尤其是一种被植入的观点，这也是一种符号学分析的目标。此类背离是明显的：既是传统含义的一种包容性网络，也是文学形式的特殊形态，它期望能够从这个网中挣脱出来。

与这种分歧相似，巴特为批评方式提供了两条歧路：一方面，这种批评处于文本之上或是之外，使用的语言是更高级的，也比文本自身的语言更加抽象、更加科学。"批评……是次要的语言，或是一种'变体语言'，它可以操控首要的语言"；另一方面，批评可以以其自身的层次，使用一种相同的、带有创造性的语言来反映文本。在最后，"将作品置于语言性目标与将科学置于变体语言"如"虚幻的特权"一样不得不解散了事。巴特在他不同时代的进程中对于不同角色产生了矛盾心理。

92 新小说（Nouveau Roman）法国现代派文学中的一个流派，风行于二十世纪五六十年代，代表作家为克洛德·西蒙、玛格丽特·杜拉斯。新小说派以反对传统的小说创作方法为宗旨，主张作者退出小说，摆脱作家的道德观念和思想感情，打破传统小说对时空结构和叙述顺序的限制，采用意识流和虚实交错、时空颠倒等手法，对物的世界进行纯客观的描绘。这类小说回避社会问题，重在揭示世界和人生的荒诞，在欧洲和世界曾发生较大的影响，到六十年代末开始衰落。西蒙于1985年获诺贝尔文学奖，表明新小说派的作品已进入经典作品的行列。新小说派不是一个自觉的、有组织的流派，每个成员在创作上各有特色月。——译者注

93 泰凯尔（Tel Quel），这是1960年由索莱尔、法叶等人在巴黎创办的先锋派文学理论团体，他们主张对文艺作用及其语言进行结构分析，并提倡所谓的"创造性"的阅读方法。——译者注

最后，这种矛盾是与变体语言相对的，"科学性的美梦"也随之破碎了。与一般性的后结构主义者们一道，巴特最后集中于如何从这种"网络"中解脱出来，甚至于如何打破这张网。与完全的后结构主义理论的阵地相比，先锋文学突围的路线尤其显得狭隘与局限。无论如何，巴特思想中早期先锋的一面明显地提出了一种已然定型的发展，尤其在全盛时期，任何人都可以成为一流的演说者。显然地，结构主义包含一种内在的矛盾，并为下一次的变革提供了契机。

从柏拉图到巴特：西方文艺思想史

尾声：进入后现代时代

两个"D"即当代西方最有影响的结构主义思想家雅克·德里达（左图）与吉尔·德勒兹（右图）的简称，前者以《哲学的边缘》闻名西方哲学界，后者以《千层高原》被称为"后结构主义唯一的大师"，巧合的是，两个人都是法国人。

后现代时代的开始是1967与1968年这两个有着决定性的年份，这两年既无世界大战也没有震惊全球的灾变，社会开始呈现了本质性的变化。人们开始以不同的方式思考，这种不同所展示的一个面貌就是反科学的心理状态，随后于1967年就出现了文化剧变。另一个面貌就是可选择的政治体制的出现，随后的1968年就出现了新的体制。学生与大学在这两次发展中都充当着弄潮儿的角色，并领先于教学关系与教育实践中。结构主义在这其中被旁落了。两次都是科学精神所引领，因为这种社会观点作为整体的、预先的力场，展示了理论在社会行动与社会形象上竞争的失败。

在这段时间——即1967、1968年左右——文学也进入了后现代的时代。后现代主义文学与现代主义文学联系到了一起，因为他们拥有相同的目标——对于业已建立的习惯思想予以抗争与冲击。但是，现代主义作家却帮助了被习惯所戕害的洞察力的再生，语言却因陈词滥调竟变得死气沉沉。后现代作家现在诉求非常自然的洞察力与语言，他们再也不玩篇章游戏，并将其果断抛弃，以至于这些主题能更好地获得目的性知识，主题和目的都在篇章中获得了体现，故而，知识也就不可能存在于传统的情景之中了。

后现代写作掀起了一轮新的文学理论热潮，但是这个潮流并未以一种方式蔓延。在浪漫主义或象征主义时代，可以说理论被创作实践所引导，但是这在二十世纪后半叶却无法做到了。后结构主义依靠其内在的推动力而发展了结构主义理论，其中的代表哲学家（或非哲学家）就是雅克·德里达（Derrida）与吉尔·德勒兹（Deleuze）[94]。后现代主义者刚一开始并没有引导文学发展。新的理论拥有他们自己的目标，并不仅仅附属于这些作家的身上。在后现代时代，介于文学实践与文学理论之间是一种平等合作的关系，两者相互联系、相互借鉴。

作为一种共同的潮流，这也是一种活跃性的集中。一方面，后现代主义作家并不是简单地创造一种角色，或传达一种实践。他们仔细思考了语言、文学以及他们所创作的文本。他们独特的后现代行为实质上是一种批评（critique）行为——于是他们也就不可避免地类似于理论或是批评家们的行为。从另一方面看，理论家与批评家并不是简单地将文本作为目标，他们将文本拓展、制造，并让其语言产生更为深远的含义。后现代文学理论放弃了非个人性的因素，客观主义者谈到了结构主义，并将其承担，在或多或少的层面上是一种代表性风格与创造性写作。

从这点看，学术的名词诠释也就变得十分重要。后现代主义成为了一种公认的名词——用来描述一般性情感以及二十世纪六十年代以来的文学。整个时代的文学理论都被解释为一种后现代。在相同的方法中，文学理论出现了现代主义情感之下并与后现代主义相联系的关系。与此同时，与新理论中最开始的"文本性"发生了抵触。就很多评论家来说，对于我们自身的内涵而言，这貌似不适当地在最后去继续发展后结构主义。不幸的是，这个名词常常被后现代主义所替代——所以后现代在同一个情境里被阐述为后结构主义的对立面，这两个名词在责任上承担着三种需要：在两个状态中任意的一方面都在整体上被赋予了一种新的趋势。这两种状态之间的不同，这里不再赘述。当然，在此以后我还要提到的，虽然繁琐但却全面，主要是针对"后现代－后结构"的文学理论。

后现代－后结构文学理论仍然步二十世纪语言学转向之后尘，非常特殊的是它仍然依赖于结构主义观点，这个观点是处于语言内部的，并存在于言语的单独性言论之后，但是语言与言语之间的关系被全然地倒置了。在结构

94 吉尔·德勒兹（Gilles Louis Réné Deleuze）法国后现代哲学家。1925年1月18日出生在法国首都巴黎，1944年中学毕业后进入巴黎索邦大学哲学系就读，开始致力于哲学研究，1995年病逝。他的哲学思想其中一个主要特色是对欲望的研究，并由此出发到对一切中心化和总体化的攻击。他的代表作《千层高原》与《反俄狄浦斯》被认为是后结构主义最为著名的经典作品。——译者注

主义的模式中，语言是静止的，在互相支持的系统中，含义的本质属性在与他者的对抗中获得了表现。然而这个系统由于单独性对话所赋予的词汇成为混合的稳定性含义。但是在后现代－后结构理论中，并非语言控制着言语，而是言语打破了语言的平衡。从特殊对话中特别的词汇开始，新的理论发起了一场运动，这个运动从某个细小的角落出发蔓延到了整个体系之中，巴特最终提供了一个完美的图景，这基于他提出的"结构会自然……运转"。这种相互支持的系统的稳定性质是建立在将属性集中到一切而已。假设一个属性出现了问题，那么整个相互支持的稳定性体系都会出现如多米诺骨牌一般的坍塌。

这种打破平衡的运动建立在一种对于语言的全部关注之上——尤其就寻找相反方面的新方法而言，这一切隐藏在单个词语的后面。如果一个单词不再被词汇差异之间的分界线所阐释，这种分界线就会失去作用，故而含义也获得了传播。这种相似性层面是被燕卜荪尤其是新批评家所营造的，他们打开了所有词汇的潜在性含义。但是燕卜荪以及新批评家去寻求的是一种大量贮藏的以及丰富的含义。后现代－后结构理论家集中在空虚之上，含义出现了失败，含义的贮藏也出现了漏洞，语言最终被自身毁掉，从其内在受到了颠覆。这种对于真实信息的破坏被后现代－后结构的阅读所暴露了。

无疑，这种与新批评所营造出来的明显相似性帮助新的理论被美国批评家所接受——这显示了一种与个体文本精读技巧的出发点的类似。但尽管后现代－后结构的阅读在一个单独文本中以不同单词的形式开始，其通过语言与一般性的符号性予以迅速性的分离，这并不是意味着含义可能尽可能地展开于文本的内涵之中。对单独文本所提供的统一性随之也被抛弃，就界限的文本而言，这种统一性被其他的分野所破坏。在混合的原则之中，是所有文本——目的是为了建立一种与社会真实上的关系，尤其在政治这个方面，新的理论鄙视任何将文本与世界隔离，从而使文学理论成为"政治自由"空间的行为。

一种后现代－后结构主义的阅读或许会游离到文本之外——所有的文本皆如此——目的在于与社会真实打造一种联系，尤其在"政治"这个语境下，携带新理论的尝试性文本会被低调处理，文学理论唯有在政治自由的空间中才能蕴育发展，但是，这仍将没有从普遍的情景中游离到重要性之外。因为社会也真实展示了一种含义范畴，结构主义将符号的概念拓展到了其他的文化研究领域之中。新的理论持续了这种延伸，但在这种活力之下，政治化的观点作为一种含义暴露出了与他者竞争的主导优势。这种观点的逻辑性部分地略述了巴赫金的选择。整个世界政治性确实被看作是不自然的行为，既不是区域性的，也不是个体性的，而是以一种更大的方式予以展现。在这个观点中，所有的政治实践、政治演说、制度形式的象征，以及他们的价值都包括了一种假定——去保护或颠覆这种既存的力量结构。

　　既然目的是为了与社会真实相联系，那么用略微不同的方式来阐述词语则是一种必要的手段，但是现代主义的阐释包括了象征的概念。后现代－后结构主义理论需要一种"迹象"（trace）的概念。约略看来，象征的概念需要一种面对高位符号的灵活点，但是这种迹象仅仅只是被遗留下来的，存在于力量之后的一种痕迹。这种痕迹的一种共同形式就是"沟壑"与"空白"，一种显而易见的空白与缺位性的联系存在于含义的表层周围，一如这空白在背景周围所留下的足迹。在文本中，政治力量的作用常常显现其自身作为一种再现，或是需要去排除一些在场的东西。在这里，迹象的概念有些接近于"症候"（symptom），如一种物质性符号的形式，而并非是弗洛伊德或马克思所说的纯粹物质。这种符号会在一些具体的迹象中消失，在后现代－后结构理论中，造成足迹的本身原因就是足迹，作为一种更深远的意义而言，阐述的过程将会在不明确的状态下继续。

　　与社会真实一道，新的理论为文学观导入了一种价值的标准，这并非美学判断，但是是一种之于社会真实、适当的政治判断。肯定性的价值一般都会附着于对既成力量结构予以破坏的层面之上，他们维持着否定的意义。

　　后现代－后结构理论家并不喜欢在一个很大的层面上来宣称文学的意义。在后现代的写作之外，他们趋向于去理解文学文本是每一件东西所留下的、非常强的痕迹，或是社会所制造出来的一种政治性错误。后现代－后结构理论中的一个重要观点，就是反对通过文本来表现一些不受欢迎的政治意识形态。

　　文本的另一种游移则是由读者所引导的。后现代－后结构理论新批评家精确地采纳了在"情感谬误"的整合下去寻找的一种放弃，这种放弃是建立在读者自己偏见与渴望之上。被抛弃的唯一前提就是文本内容的最开始的含义是读者擅自决定的。但就后现代－后结构理论而言，文本只是读者所收集的符号并将其排列到书页上，这种收集是依据读者自己的喜好而行的。伽达默尔对于这种喜好也有所关注，并表现出了英雄所见略同的观点：将所有的含义在根本上进行补充，任何阅读的目标必须要指向含义的制造，而更多的含义是被某人自己的兴趣导向与政治导向的需要而有意识地在文本中予以建立的，并声称对于文本的"关注"仅仅只表现在他们自身所渴求的方面是不够开放、意识性的。就文本的战略性转变而言，阅读只是与文本中清晰的"信息结晶"相对抗，且并不比所有读者准备的逻辑性延续要好。

所谓读者的权力同时也是批评家的权力。批评家站在读者代言人的立场之上，批评家与文本的关系不再是熟悉或陌生，就在文本中我们自己的层面之上制造一种含义而言，批评家明显是创造者而不是关注者——自然也不是独立的、无私的作壁上观。在文学与政治对抗的阵营中，批评家与后现代作家成为了同一个战壕里并肩作战、齐心协力的战友。如果文本并不能去颠覆一种业已建立的假设，那么批评家就会接过这未竟的事业。从这方面来看，批评与创作几乎变得难以区分。

就帮助建立一种政治含义而言，理论家或批评家希望在他们自己的政治真实中进行一种特殊的干预。在后现代时代，事关未来社会的宏伟蓝图已从议程中消解，这种蓝图的设计必须要超脱（detached）我们所处的社会——但是我们并不相信这种超脱的可能性。新的政治依赖于一种杠杆优势，而这又常常因为内因而变得非常不稳定。文学文本恰好成为了这种优势杠杆，尽管文学在整个社会系统中占据着非常小的空间，但是文论家与批评家却能在社会中发出振聋发聩的呼声——丝毫不逊色于政治哲学家与政治理论家。

关于后现代时代的文学理论，如上寥寥几笔，毛锥暂搁。但真实的图景——却尝试着在本书其他地方用简化的层次来表达——这是极其错综复杂的：德里达与福柯观点相左；美国结构主义与读者反应理论在新的视野里各占半壁江山；女性主义与后殖民主义文论在变革中有着自己的路子与转折。我在这里有限的叙述，只是为了将过去的理论与最近三十年的理论之间厘清一条脉络。在本书的"续集"中，笔者将指出近三十年文学理论中更加绚烂多彩的文化图景。

理查德·哈兰德

　　从悲剧史诗到基督教再到互联网，世界不断为文艺思想提供可以解读的各种文本，究竟什么是我们真正需要去思考的？或许，这才是本书为我们所提供的一个终极追问。

——译者

词汇表

动作元（Actant）

格雷玛斯创造出的一个词汇，"动作元"实际上是叙事结构中最基本的角色或媒介，他提出了主体/客体、提供者/接受者、支持者/反对者的动作元分类，这是非常抽象的。最后，这种分类既适用于人的角色，也适用于动物、目标甚至处所。

动情谬误（Affective fallacy）

所谓动情谬误实际上是建立在文学作品功用的描述与评价之上的假定性错误，这种感觉由作品的读者所决定。"谬误"一词是由文萨特与比亚兹莱命名的，但是却被公认的新批评原则所确定了。新批评认为这不只是一种主观反映的描述，亦非对于读者阅读反应所进行的统计性评判与归纳。一般说来，新批评所关注的是读者中有意义的反应，而且是针对受众在接受大众文化而非文学时所做出深思熟虑的信息反馈。

陌生化（Alienation effect）

布莱希特的陌生化理论或间离效果要求剧场中表演的人必须要忘却自我，并防止表演者们不产生明确的情感与体验。布莱希特要求，戏剧应该考虑到角色背后蕴含的社会和政治环境，他认为这个环境是演员们的现实生活所决定的。而戏剧中的陌生化实现形式有突然中断、转场的插科打诨等故意行为。

寓言（Allegory）

其概念亦指一种较高水平的文本，类似于故事之后的"思想"。而这个思想则是故事存在的前提和理由（Raison d'être），其形式会超越故事中创造性的动作与个体性的角色而存在。在很多寓言性的著作中，形式则是服务于中心思想的，譬如森林常常被赋予"神秘林"的称呼，其单纯的角色则被命名为"小红帽"。

在浪漫主义文学中，寓言常常极端地偏向于非象征即隐喻的二元对立。因而寓言常常被苛责为"小故事，大道理"的文本形式，而其象征意义则充当了从"小故事"到"大道理"的摆渡者。当然，也有人苛责寓言无非是用不同的故事来沿袭一成不变的中心思想，而这样的话一个主题中心就能寻找到千百个故事与之对应。自浪漫主义时代始，寓言就被看作是一种失败甚至拙劣的象征主义手法，甚至还不如我们自己理性的、历史的写作形式。

象征的声望是在象征主义与现代主义时期建立起来的，当时更多的结构主义者与后结构主义者对于从"小故事"到"大道理"的过渡心存疑虑。这种对比使其丧失了尖锐性，自然其一直以来的优越性也不再。

先锋派（Avant-garde）

先锋派是现代主义文学中的一个重要角色。先锋派作家筚路蓝缕地为后来者披荆斩棘，他们的作品亦被看作是语言或是思想的新策略。

纯文学（Belles-lettres）

亦翻译为"雅阅读"或"美文"，在文艺复兴或新古典主义时代，纯文学被看作是一种纯粹的美学写作，这是一种与科学或哲学相去甚远的写作形式。其后而来的名词"文学"（literature）则拓宽了这个概念的内涵与外延，"纯文学"的内涵亦被缩小，而不再名副其实。而"美文"不再是在内容上的一种虚构，而是一种较为时髦的散文写作。

从柏拉图到巴特：西方文艺思想史

经典（Canon）

从狭义上看，所谓经典，便是被大家真正所接受的一系列著作的书单—莎士比亚的经典若是亦列入其中那么这一定确凿是莎翁所撰写的；从广义上看，经典只是被大众文学所接纳的著作，确凿的只是是否有研究价值。英国的李维斯主义者与美国的新批评学者们热衷于遴选当代的经典，且这个工作正被其后的英美批评家们薪火相传地进行着。

狂欢（Carnival）

在中世纪以及其后的时代里，狂欢是被当作一种信仰性的无序活动而准许存在的，狂欢时教会组织是准许大家可以违反交规而纵情大笑的。巴赫金将"狂欢"这一概念拓展到诸多文化形式当中，自然也包括文学形式。在这里，可选择的声音战胜了占据优势地位的一元化论调。

净化（Catharsis）

所谓净化，是悲剧促使情感纯净的作用。就亚里士多德而言，净化是平凡的生活在面临虚构的文学意象时所产生一种强大的情感——怜悯、恐惧。净化既适用于剧场，亦可以适用于日常生活。

典型化（Characteristic）

在浪漫主义时代的德国文论中，"典型化"是一个独一无二的个体概念，常被人形容为"如此而已"。唯有出类拔萃的韵味方可把握他。

古典、古典化与古典主义（Classical，Classic，Classicism）

所谓古典主义，乃是一种持续性的优异，以一种无可比拟的卓越从平庸中傲然挺立。古典则包括古希腊与罗马时期的所有作品。令人困惑的是，形容词"古典化"所指的是一个概念；更令人费解的是，它亦可以指向与概念有关的内涵。关于古典主义理论，"古典化"是理论中绝不可能被边缘化的核心；而当事关古典化作品时，则被诉求于一种古希腊与古罗马的价值—抑制、自控、逻辑性与明晰。

"古典主义"这一术语则泛指所有鼓吹弘扬古希腊、古罗马价值的文化运动。但是古典主义被看作是浪漫主义绝对的对立面，有时也被庞德、艾略特等人利用当作对抗浪漫主义的工具，而此时早已与古希腊、古罗马的文学精神背道而驰。

我思（Cogito）

是笛卡尔名言"我思故我在"的简称。在笛卡尔所处的那个时代，"我思"则意味着无意识的主观中心，自然亦包含着人为的主观看法。所谓我思，乃是人类对于世界产生一般观点与一般看法的基础。日内瓦学派的批评家们认为，"我思"乃是作家形成作品的必要条件与基本前提。

梗概（Condensation）

这是弗洛伊德所生造出来的一个观念，即产生在事情的发展过程之中，是梦境中单一或是多个的意象或场景。一个做梦者或许在梦中会出现多个与他无关的人。举例而言，一个单个的梦境或许会衍生出无数个千奇百怪的梦境。这种超意识的图景或元素的呈现乃是建立在情绪的释放与解压当中。

转义（Connotation）

见"本义与转义"。

一致（Correspondences）

所谓一致，是一种反馈，一种记忆，亦是一种戏仿，更是一种关联。波德莱尔最初认为透过这种一致性可以窥探到文本本质的真实。后来的法国象征主义作家将这种反馈与关联拓展到自己的诗作与写作当中。

得体（Decorum）

所谓得体，是具备普适性的一种"适宜"。就得体而言，动作、语言都必须与角色相符；风格与措辞必须又要与主题一致；而语言又要为主题、类型服务；而情感又要与受众保持一以贯之的步调协调——"得体"这一概念乃是诸多批评原则之滥觞。华兹华斯之所以逆潮流而动，乃是因为他意图去撰写华丽而又堂皇的唯美诗作。

从贺拉斯及新古典主义批评家们来看，他们对于"得体"这一概念心存偏见，他们认为"得体"无非是为作品中某一部分的一般形式而服务的概念。譬如，一个老人必须举止老成持重，而一个国王说话做事就要拿腔拿调。但是值得注意的是，杜纳（Donne）将科技术语放到爱情诗里，诗篇或许会显得更加"高雅"，而反派角色也不尽然都是通过陀思妥耶夫斯基笔下一些人物所表现的。实际看来，这种得体实际上并不包含一些特例或擦边球般的个案。

新鲜感（Defamiliarisation 或 Ostranenie）

史可洛夫斯基认为，我们日常生活中的乐趣逐渐被习惯的刻板所销蚀掉了。而作家的任务，则是用一种非同一般的角度来审视我们日常生活中不为人发现的"新鲜感"。这个名词甫一开始曾在"刻板症"的研究中举足轻重。简而言之，所谓新鲜感，便是打破惯例中的陈规陋习，并为之赋予一种新鲜感。

本义与转义（denotation versus connotation）

词语的本义便是其与生俱来的真实含义，这是可以印刷在辞典当中的。譬如说"酒"的本义就是"发酵的葡萄汁儿"——这足以甄别"酒"和其他东西的差异所在。对比来看，这个单词是定性的，是与上下文相关联的。但是"酒"的转义却是包含着丰富的颜色、带有仪式性并可以喝醉的，既可以带来喜悦也可以招来祸害的东西。

对话、对话式、对话体（Dialogism、dialogic、dialogical）

巴赫金与沃洛西诺夫的语言学理论认为，所有的语言形式都被个人或群体的意识形态世界观打下了深刻的烙印。在同一个时代，每一种口头表达都与其他的口头表达相一致或相背离。语言产生于迥然不同两种世界观沟通与碰撞的持续性进程之间。而这种进程因同种语言的沟通与碰撞而持续存在，而这种进程的结局则是可以知晓的。

对话的理论为巴赫金首创，并用之于"对话式"或"对话体"的小说当中。不同的语言乃是为了表述并捍卫各自的世界观，甚至可以与作者的观点相悖。巴赫金称这类小说为"独白体"或"独白小说"，作者的观点在其中受到限制。

巴赫金还阐释出一种"复调小说"，这个概念与"对话体小说"可以相互使用。

叙事与模仿（Diegesis versus mimesis）

柏拉图就叙事与模仿进行了明确的两分，模仿是指对话与戏剧性表现，而叙事则是演员在表演一种叙事时所作出的表现。"模仿"在这里并非仅仅只是简单的鹦鹉学舌。从广义上看，当文学作品在用语言描摹一件事情的存在时，这就已经是在鹦鹉学舌了。

近年来，叙事学者在叙事层面为"叙事"赋予了更多新的内涵。小说最原初的叙事就是故事的主干，可供叙事的层面存在于"超故事层"（extradiegetic），此时"子故事"（sub-story）因角色的存在而存在于"准故事层"（hypodiegetic）当中。

置换（Displacement）

就弗洛伊德而言，置换仍是进程中的名词之一。即无意识的观念从最原初的客体转换到被替代的客体当中，目的常常是为了躲避问责。譬如说，当一个人与被禁止的某种情感发生关联时，他将会在梦中邂逅与这种情感有关的人或物件。

女性写作(Ecriture feminie)

是指与传统的男性写作相背离的一种单独的、个性的女性书写。西苏认为，当女性开始关注自己身体与性爱时，这种写作形式就自然成立，于是她就生造出"女性写作"这样一个名词。但是，就身体与性爱而言，其可被理解的前提是因为身体与性爱是生命意义 (lived) 的，而非医学生理领域的。西苏认为，法国作家让·热奈 (Jean Genet)虽为男性，但是也能写出"女性主义"的文本来。

移情（Einfuhlung）

与移情 (empathy) 概念一样，表达的是一种直接的感情。指的是某种感情进入某人的身体当中，替代之前自我的感情。读者与批评家会努力移情进入某代表性角色、作者甚至时代精神；但诗人则会把情感寄予白云苍狗。德国浪漫主义理论认为，移情认知会促使内在的理解比外在的知识更加深厚。

故事与情节（Fabula versus syuzhet）

这里所说的"故事"，乃是未经加工的情节素材，构建文本时会将"故事"之外的东西也考虑进去；而情节只是就故事所做的一个特殊性的处理，即如何展现给读者。在这个形式中，如何按照时间顺序次第叙事，如何展现作者自己的观点，如何戏剧化地处理细节与详略得当，诸如此类等等。这种差异最开始被俄国结构主义者们所确立，呈现在大量事关"故事"的历史、叙事文本的变体以及情节的起承转合当中。

幻想与虚构（Fancy versus imagination）

在浪漫主义时代之前，虚构与幻想被看作是同一个意思，认为是智慧与才能的衍生物。但是浪漫主义者们却从巴洛克与新古典主义所主张的虚构中生发出了自己的虚构概念。将幻想降格为其虚构。幻想于是变成了意识流作品中的玩弄形式与白日梦，而此时虚构就被当作是一种内在的观点和内部真实的严肃性理解。柯勒律治也认为，幻想只是维系一种表面性的联系。在文学理论中，虚构是一个巨大的魅影，而自浪漫主义之后，幻想这一说便不再被人提及。

功能（Function）

普洛普以及其后的叙事学家们认为，功能是叙事行为中最小的独立单元，被削减到最平凡无华为止。所谓叙事目的，便是把最小的"功能"最大限度地联系到一起。

风格（Genre）

所谓风格，即文学作品中所独有的个性与特征。而这种特色涵盖了再发性的形式、内涵、立场或受众反映。风格差异存在于文本的不同的阶段与层面当中。譬如说，歌剧、诗歌、小说、悲剧、杂文、格言、传记、评论、科普文等等……从狭义上来说，这些都被描述为一种"次风格"(Sub-genre)。

亚里士多德很明白地认同这些作品是由不同独立的部分所组成的。值得强调的是，新古典主义者们期望作者们能够按照他们的规则来选择风格，但浪漫主义者、现实主义者与现代主义者则对风格无所求从——因为他们早已无将规则抛在脑后。在二十世纪后半叶，风格理论再次被诺斯诺普·弗莱的批评观与法国结构主义者们所确立了。特多诺夫在历史风格之间建立了一种文学史层面的确定性，这又是与文论层面的不确定性理论性风格相对的。

虚构（Imagination）

见"幻想与虚构"。

意图谬误（Intentional fallacy）

意图谬误是文萨特和比亚兹莱所提出的一个著名论断，亦是新批评中一个主要观点。即作者的意图不能作为评判、评估文学作品的一个标准。文萨特和比亚兹莱认为，文学作品是由不受作家控制的、中立的语言所决定的。由是观之，作品的成就不是靠作家的主观努力就能获得的。文萨特与比亚兹莱主要关心传记文学的可信赖性，而这个则和假定性的文学作品没有必然联系。

互文性（Intertextuality）

这个概念最早由文论家克里斯蒂娃提出，是后结构主义中一个较为重要的理论概念。这个概念认为，没有什么文本是独立的。每一个文本的反应、影射都与其他文本关系密切，并且这些意义被其他文本所持续。这并非源于作者的灵感，而是基于其他作品的旁征博引。文本并不能为了"含义"而帮助去反馈其含义。

反讽（Irony）

反讽是一种言正意反的表述方法。在一般性的反讽中，其观点往往被受众所颠覆，但时常却与作者的原意相悖。在戏剧性或应时性的（Situational）反讽中，其观点往往由角色或具体的语境、受众所决定。在广义性的反讽中，全人类的观点都是被质疑的，就像莎士比亚的《特洛伊罗斯与克莱西达》（*Troilus and Cressida*）或哈迪的小说。

反讽在习惯上包括了极端性的不同，常常以一种直接性的颠覆形式存在于真实含义与过度渲染之间。但是，更广义的"反讽"则在现代主义时期变得非常流行。主张现代主义的批评家们认为，所有的观点都存在着联系，每一个观点都由单独的观点所决定。在这里，反讽不再是贯穿真实含义与过渡渲染之间的一条线索，而是介于不同合理性观点中的一个伎俩，这只是部分性的有效，而非全部性的真实。

语言与言语（Langue versus parole）

"语言"被描述为一种规则性的总体体系，亦是不同种属个体表述（individual utterances）的一个整体性集合。体系先于个体表述好似一个棋手先知晓棋理后能下棋一样。对比来看，"言语"则被描述为一种个体性的表述。所有言语全部集中起来并非就意味着产生很大的声音——因为许多言语并不是处于同一层面的——潜在性的系统才能制造"表述"。语言被嵌入的前提是排除掉作家本身有意识的选择与意志——有意识的选择与意志则是"言语"，此时，不同的说话者才可以从语言所提供的可能性中进行抉择或遴选。

文学性（Literariness）

区分文学文本与非文学文本的一个特殊标准。"文学性"一开始乃是批评家们专用的一个语汇，俄国形式主义者们正是依靠它将文学研究与历史研究、哲学研究与心理学研究划清界限的。

元语言（Meta-Language）

是一种语言的较高层次，它包涵了语言在一般性层面上所具备的东西。

隐喻（Metaphor）

所谓隐喻，是指两个被定义为风马牛不相及的概念在一般意义上则可被看作两两分离的，但其中一个单词或是片语却可以被另一个单词或片语所替代。隐喻则在这两者之间建立了一种既成的关系，这种关系在此之前并不存在。当单词或片语常常无法围绕相关语境来进行文学解读时，读者就会被迫地进入到这层文学关系之中。

在传统的概念中，隐喻常常用"好似"或"像"来表达，譬如："我的心好似一个车轮"→"我的心是一个车轮"；"他们的幸福像花儿一样"→"他们的幸福是花儿"。但浪漫主义尤其是现代主义者认为，最好的隐喻者能够不让我们去联想其他，而读者也不仅仅只是为了获得一个暗含的内容，而是为了通过两种方式在文学含义与隐含含义中获得一种新的洞察力。现代主义有一种观点认为，当下的语言中存在着很多的含义，事实上这就是"隐喻"所遗留下来的。譬如说，"子公司"中的"子"，"抓要领"中的"抓"，这充分说明隐喻无处不在，早已贯穿在我们的思想当中。

换喻（Metonymy）

所谓换喻，是对两个同时出现、带有典型性性质的存在（entity）的定义，且一个单词或片语可以将另一个单词与片语完全置换掉。这种并发可以出现在很多形式当中。譬如王冠之于国王，"媒体"常指代新闻工作者，白宫是美国总统的又一种称呼。接近性与相似性构成了换喻的原则，换喻关系是被关系相近的两者所定义的。

模仿（Mimesis）

模仿是希腊语"效仿"的意思，是亚里士多德主义与新古典主义文论中的核心概念。文学也是对于客观存在进行复制与再创造的一种模仿，当然，文学不仅仅是抽象层面上的模仿。但是就这个概念的应用而言，叙事性作品明显要比诗歌作品要明晰得多，毕竟所有的叙事作品都无限地去与真实客观世界的人或事靠拢。但是，模仿这一概念的内涵并不包含当下时代所说的"照相"般的复制。对于亚里士多德学派与新古典主义者们而言，是否关注细节都无关紧要，重要的是能否让人们从中获得理解。

见词条"叙事与模仿"中关于"模仿"的介绍。

客观关联物（Objective correlative）

在艾略特最初的理论范畴中，客观关联物可以是目的、情境或立场，其意图在于唤起一种特定的感情并将其具体化。艾略特反对现代主义者所认为作家与读者的情感一致性。正如其后的批评家们的主张一样，客观关联物既非感情的确切动因，也非感情的一种再现，但有时她表现为感情的一种表现。艾略特本人的诗作为之提供了一个很好的范例。譬如说他的《四首四重奏》，其中有两句："教堂楼台烟雨中"与"葡萄溢香满秋案"，很明显，这表达了诗人曾经的具体情感，并且意图唤起读者们的情感共鸣。

尖锐化（Ostranenie）

见"新鲜感"。

多元决定（Overdetermination）

见"梗概"。

横组合与纵聚合（Paradigmatic versus Syntagmatic）

在索绪尔之后，结构主义语言学家与结构主义批评家在任何口头叙事中归纳出两种关系。其一，某单词在一个口头句式中，纵聚合地与前后其他单词会产生一种联系。譬如，"坐"可以与"和一只猫"、"在草垫上"连成一个句式。一方面，"坐"在这里与其他某些具备独立性但未在此被遴选的单词意义相迥——譬如说"站"、"跑"或"跳"，这种可选择的关系则被称为横组合，这种理解既是构建于其相似性之上的，亦是构建于其对比性之上的。"坐"与"站"虽对比来看意义不同，但相似之处都是人的体态姿势，但两者在概念上的差异在于身体运动的概念而非身体姿势。

言语（Parole）

见"语言与言语"。

赞助人（Patronage）

所谓"赞助人"是古典主义、中世纪、文艺复兴与新古典主义时代对作家赠予礼物（非现金）

的给予者，其目的要么意图让作家为其服务，要么是对作家本人的仰慕。赞助人类似于作家的"靠山"，赞助多少则视作家的社会影响的大小而决定。赞助的财团法人是与时代共生的，其赞助的目的是为了打造自己的公共形象以便在社会上获得更高的信任。

明晰（Perspicuity）

所谓"明晰"，实指语言的透明度，读者可以毫不费力地洞察其含义。明晰这一概念，在新古典主义时代极其有价值。

诗性公平（Poetic justice）

所谓诗性公平，是指在叙事的最终结果中抑恶扬善。

观点（Point-of-view）

是指在叙事时的一种角度与立场，观点所关注的是"谁"就所发生的一切如何想？如何说？从历史角度来看，当作家第一次明确地表达自己观点时，这种关注就变得非常有用：这种选择是有目的地通过角色 A 或角色 B ——或通过中心思想，或叙述者或"第三只眼"进行归纳总结。

杂语性（Polyglossia）

这是巴赫金为了描述单一官方意识形态语言文化与社会多元语言共生时所杜撰的一个词语。一方面，所有英国人或俄国人都说同一种语言，但是从另一种角度来看，不同的社会群体的人自然其背景、兴趣与意识形态观点也不一样。巴赫金将这些分歧予以强调并认同了其价值所在。

类似地，"奇言杂语"（Heteroglossia）在描述大背景下的社会与语言亦有着与杂语性相似的地方。但是，巴赫金亦阐释了"杂语性"与"奇言杂语"的声音在一个文学文本中的共存性，在这里，这两个名词倒是有些接近"复调"这个概念了。

复调小说（Polyphonic novel）

见"对话、对话式、对话体"。

修辞学（Rhetoric）

所谓修辞学，是指对说者（作者）以何种方式对听众（读者）予以影响的研究。在古典主义、中世纪与文艺复兴时期，这种影响被当作一种有价值的工具进行研究、关注。其后的科学时代促使信息走向个体的独立性与存在性，修辞学几乎被当作一种子虚乌有的东西来对待。近来，修辞学的重要性被后现代时代的文论家重新发现，他们认为所有的影响都是语言组成，信息并不能独立地存在。

符号矩阵（Semiotic square）

在格雷玛斯的符号学理论中，相反的概念（譬如生与死、自然与人文）常常被使得导致"符号矩阵"的外延中另一种概念生发。然而，黑格尔的辩证法把系统中的对立分割为单个的概念，格雷玛斯的"分解"则导致了更多的对立词组的产生。

符号学与符号理论（Semiotic and semiology）

两者所指都是关于符号的科学，只是命名者不同，前者由索绪尔命名，而后者则由美国哲学家皮尔士所命名。甫一开始，这两个名词的分歧仅仅只是由于法国学派与英美学派的观念之差。但是两者最终殊途同归——直至被皮尔士颠覆，他用潜在的哲学观点彻底地促使这个概念从他的观点中挣脱出来。所幸的是，皮尔士的"符号理论"一说在学术圈已经比"符号学"要流行得多。

崇高（Sublime）

所谓崇高，是给人一种敬畏远胜于美感的精神启迪，它与广袤、力量与神秘相联系。用另一种方式来理解，所谓美是可以安全地、无忧无虑地拥有，而崇高则需要有一种对于压迫力量的承担。崇高这一概念在十八世纪获得极大的推崇，它与新古典主义所强调的"魅力"与"美丽"这类感情反应遥遥相对。

象征（Symbol）

所谓象征只是某种东西的代表。譬如在语言中，纸张上的自然符号就有一个代表性的意义，"玫瑰"这个词所指就是玫瑰花的意思。但是，文学象征则是在原初的语言学含义之后还另包含着一重特别的所指，那么玫瑰的另一层意思就是自然之美、圣洁完美以及爱情的铺陈。这种含义的变迁实质上就是同一点上定义的垂直位移。

当下对于文学象征的认知多亏象征主义与现代主义作家们的实践，正是他们才将文学中象征的重要性拔擢到一个重要的新高度。在这种实践中，象征典型地以创作出来的鲜明意象为背景（因此类似于介于意象与象征之间的探讨）。归根结底，其本质就是玫瑰各型各样、五颜六色的花瓣——而象征则是对其语言学基本含义的一种升华。从这方面看，象征是将本质变得厚重，而讽喻则是把本质变得更加轻薄。

若想把象征与讽喻做对比，请参阅本词条与词条"讽喻"。

提喻（Synecdoche）

以部分的名字来指代整体（譬如以"带底盘儿的"或"四轮玩意儿"来指代汽车），或以整体的名字来指代部分（如以"大檐帽"来指代法院的法官，其实"大檐帽"还包括其他的职业），其前提是整体与部分是有着共时性的联系，一般来说，隐喻会被当作另一种换喻。

纵聚合（Syntagmatic）

见"横组合与纵聚合"。

叙事（Syuzhet）

见"故事与叙事"。

鉴赏（Taste）

所谓鉴赏是一种鉴别与甄别的能力，且这种能力是可以培养、发展的。正如虽然几乎每个人都不由自主地喜欢甜食，但是其中更多的人热衷"品"酒。鉴赏是新古典主义的重要概念，鉴赏力提高后是可以获得酬劳的。

要旨（Tenor）

见"隐喻"。

试金石（Touchstones）

在大部头文学作品中一段非常小的引用，目的在于将此作品中的观念作为一个标准来权衡其他等而下之的作品。这个观点最早由马修·阿诺德提出，他要求一本书中"试金石"的长度大约在四行以内。

比喻（Trope）

所谓比喻，是言谈中所出现的可以指代某词的形象，而这种形象在含义上又是非文学性的——如转喻、换喻、明喻、讽喻、夸张等等。从古典主义到文艺复兴时期，这个单词一直处于修辞学辞典中最核心的部位。但在那时，修辞只是被当作是一种低级的策略被予以诋毁。直至后现代时期自

我意识的戏剧与深思熟虑的策略才将"比喻"从二流的行当中解救出来。

统一（Unities）

"三一律"与"统一"是被意大利亚里士多德学派批评家所发展，并在古典主义时代成为所有戏剧的清规戒律。这种行动的统一规则与叙述的统一规则是趋于一点并紧密相连的。其中，时间的统一在于情节内容不超过十二小时（或二十四小时），而地点的统一则在于其维度不超过一间房子或一栋房子（或一个小镇）。

亚里士多德坚持这种悲剧中的原则并宣扬这种原则对于戏剧的限制作用。但是意大利的亚里士多德主义者们认为行动的统一尤其直接地包含了次要情节（sub-plot），并且发展了时间统一的基本原理。相较之戏剧展演中特殊环境的真实性而言，这种新的原理缺乏集中性的美学价值。毕竟受众看戏需要耗费他们的真实时间，又教他们如何去相信戏剧中一眼万年的虚拟时空？与之相似还有地点的统一性（这个亚里士多德并未提到）：因为受众所看到的舞台是一个真实的场景，他们又应该如何去面对戏中的关山飞渡？新古典主义者们并为没有认可空间与时间的跳跃，因为他们并没有认识到其中的断裂——这个断裂能够让受众认同为时间与空间作为一个新结构的重新开始。

媒介（Vehicle）

见"隐喻"。

逼真（Verisimilitude）

所谓逼真，是新古典主义者们就文学作品的"神似"所做出的一个概念判断，这并不是一些细小细节上的真实。在一部小说中，这更包涵着一个巨大框架原则的真实。

在十九世纪与二十世纪以降，这个名词适用于更加现代的现实主义——但是其外在只是更加的幻影与不真实。一般认为，"逼真"与"真实效果"属于同一概念。

方言（Vernacular）

方言只是带有地方性腔调的日常语言——这与高尚的、典雅的、舶来的或濒危的语言是截然不同的。

民族精神（Volksgeist）

民族精神是指民众或民族的整体性的特色精神。其余可参见词条"时代精神"。

智慧（Wit）

智慧最初的含义是指天才与敏锐，以及无可置喙的幽默。就伊丽莎白（Elizabethan）及其哲学诗而言，智慧意味着善于创造的创造力，且自负轻狂。在中世纪，这个概念被赋予聪明、灵巧的意思，尤其有着心灵手巧的意思。在其后的时代里，这个词开始与荣誉相联系，并且逐渐越来越带有褒义。有趣的是，智慧从来与肤浅、琐碎无关。在一般性的现代观念里，艾略特尝试去解读现代主义时，他意图让哲学的智慧一说变得更流行。在前后矛盾的吊诡之下，这重关系突然被重现了。

时代精神（Zeitgeist）

时代精神是指整个时代的特色精神，批评家期望通过对于观念与单一思想的移情来揣摩时代精神之所在。毋庸置疑，时代精神这一概念是趋于同质设想下社会与文化冲突的。

译后记

从 2006 年初至今,《从柏拉图到巴特:西方文艺思想史》终于历经诸多辛苦顺利地完成了,这是我的第一部译著。初次接触这本书的时候,我才是一个大学毕业生,两年过去转眼已经是一名博士候选人。第一本书就找这样一本充满着复杂逻辑与专业词藻的典籍来翻译,明显是有着极大难度与挑战的。

之前在上海的《社会科学报》作了几年笔译,发表了几篇译稿,后来辗转到国外的一些报纸,发表了一些学术译作与英文评论。做文字就是这样,发表了几个中长篇,就想写长篇小说;作了几年比较文学与翻译之后,觉得不过瘾,于是就开始翻译这本近 20 万字的《从柏拉图到巴特:西方文艺思想史》。但是事实上哪有那么容易?面对一次次艰辛困难,又一次次峰回路转,在诸位教授、家人与朋友的温情帮助下,我这个自不量力的工程终于得以持续。

今年是著名翻译大师傅雷先生诞辰一百周年,巧合的是我第一本译著也是今年付梓,更巧合地是傅雷先生首次发表自己的译著也是 22 岁,和完稿时的我同龄,我当然不敢与这位世界级的翻译大师相提并论,但是生活在高度开放、高度全球化、多元化的时代里的我,能够感受一次翻译的过程,我想也是一次全新的生命体验。

充满挑战的道路上,仍然是充满激情的,首先感谢的是恩师周华斌先生。若是没有恩师周华斌教授的悉心提携、指导,我相信这部书是无论如何也无法完稿的。这部译著也是献给恩师的一份作业。在本书出版时,华斌师又为该书撰写序言,此等关爱,学生当永世不忘。

感谢母校中国传媒大学的关心,自我进校以来,就深深地感觉到这所大学的学术氛围与青春激情。同样感谢我的老师、翻译家周靖波先生曾多次为我指出译著中的谬误之处。难忘与他在空闲时切磋某一个名词的用法等细节镜头,有此校此师,是我一生之幸。

感谢本科期间母校西南民族大学与文学院徐希平、罗庆春等老师的关心，这本书中有一部分是在我本科期间完成的。

衷心感谢我人生中的精神导师、著名学者刘吉教授拨冗为译著题写书名，同时也感谢我国翻译界的泰斗、著名文艺理论家江枫先生为本书第三稿、第五稿所提供的批评意见。

感谢中国社会科学院文学所研究员王达敏老师，为我提供非常珍贵的原文资料，并拨冗为我整理邮寄，确实让我深深地感动。

同时表示由衷感谢的还有如下在国内外学术界声名卓著却对晚辈学人倍加提携的学者：傅雷先生的公子、著名英语专家傅敏教授，世界新左派大师、英国威斯敏斯特大学柯林·斯帕柯斯教授，北京大学申丹教授，清华大学陈永国、胡壮麟教授，南京大学董健、许钧、张新木教授，中国社会科学院王飚、刘悦笛教授，北京语言大学宁一中教授，华中师范大学聂珍钊、张永健教授，苏州大学王尧教授，上海大学葛红兵教授，浙江师范大学叶志良教授，四川大学赵毅衡教授，福州大学潘虹、徐朝晖教授，武汉大学樊星教授，香港中文大学金圣华教授，美国北卡罗莱纳大学魏若冰教授，卑尔根大学安德鲁·莱森教授，英国曼彻斯特大学欧文·卡麦隆博士，台湾中央大学吕文翠博士等诸位前辈专家，在翻译的过程中，曾不断以电话、书信等形式请教过他们，或是获得他们直接的关心、指点与启发，正因为此，本书才得以顺利完成。

感谢我的文学导师、湖北省作家协会副主席陈应松先生对我一直以来的关心与提携。

感谢国家图书馆、首都图书馆、香港中文大学图书馆、中国社会科学院图书馆、上海图书馆、中国传媒大学图书馆、四川大学图书馆、湖北省图书馆等资料机构为本书的翻译所提供大量的资料。

感谢我的父亲母亲以及祖母，为我的翻译工作，提供了非常优越的条件，在一个充满文化气息与人文关怀的家庭中生活成长，是我一生中最大的财富，而我能回报的只有这20万字的辞章。

感谢我的女友刘璐，在本书后期校对、整理时对我的关心与陪伴，不但为我的生活提供帮助，而且在精神上对我无微不至地支持。

感谢资深出版工作者周传财先生在为本书在语法、修辞上所提出的修改建议。

感谢中央编译出版社的谭洁老师与苗永姝大姐，您的认真负责，让这本小册子更加完美、精彩。

最后向中国作家协会原副主席、著名作家玛拉沁夫先生与其夫人、民族文学学家娜仁戈娃女士衷心致敬、致谢。感谢两位老人家一直以来对我的关心，并对本书翻译工作的屡次关心与过问，让原本枯燥的过程，充满着令人感恩的温情。

韩 晗

二零零七年十一月十日夜八点，初稿于传媒大学图书馆

二零零八年二月十三日，凌晨大雪，再稿于湖北寓所

二零零八年五月四日，三稿于武汉大学

二零零八年七月十日，四稿于南京大学南苑宾馆

二零零八年七月二十五日，五稿于庐山天沐温泉

二零零八年八月七日凌晨，六稿于北京奥运会前日

二零零八年圣诞节，终稿于传媒大学

译后记

图书在版编目（CIP）数据

从柏拉图到巴特：西方文艺思想史／
(澳)哈兰德 (Harland, R.) 著；韩晗译.
——北京 ：中央编译出版社，2014.1
书名原文：Literary theory from Plato to Barthes：an introductory history
ISBN 978-7-5117-1873-0

Ⅰ．①从…
Ⅱ．①哈… ②韩…
Ⅲ．①文艺思想史－西方国家
Ⅳ．① I109

中国版本图书馆 CIP 数据核字(2013)第 268821 号

First published in English by Palgrave Macmillan, a division of Macmillan Publishers Limited under the title S Literary Theory From Plato to Barthes by Richard Harland. This edition has been translated and published under licence from Palgrave Macmillan. The Author has asserted his right to be identified as the author of this work.

从柏拉图到巴特：西方文艺思想史

出 版 人：刘明清
出版统筹：薛晓源
责任编辑：王忠波
责任印制：尹　珺
出版发行：中央编译出版社
地　　址：北京西城区车公庄大街乙 5 号鸿儒大厦 B 座 （100044）
电　　话：(010) 52612345（总编室）　　(010) 52612339（编辑室）
　　　　　(010) 66130345（发行部）　　(010) 52612332（网络销售部）
　　　　　(010) 66161011（团购部）　　(010) 66509618（读者服务部）
网　　址：www.cctphome.com
经　　销：全国新华书店
印　　刷：北京瑞哲印刷厂
开　　本：720 毫米×1020 毫米　1/16
字　　数：311 千字
印　　张：19
版　　次：2014 年 1 月第 1 版第 1 次印刷
定　　价：58.00 元

本社常年法律顾问：北京市吴栾赵阎律师事务所律师　闫军　梁勤
凡有印装质量问题，本社负责调换。电话：010-66509618